你不了解的两晋南北朝

东方小北 著

辽宁人民出版社

ⓒ 东方小北　2022

图书在版编目（CIP）数据

你不了解的两晋南北朝 / 东方小北著 . —沈阳：
辽宁人民出版社，2022.3
ISBN 978-7-205-10412-2

Ⅰ . ①你… Ⅱ . ①东… Ⅲ . ①中国历史—魏晋南北朝
时代—通俗读物 Ⅳ . ① K235.09

中国版本图书馆 CIP 数据核字（2022）第 011593 号

出版发行：辽宁人民出版社
　　　　　地址：沈阳市和平区十一纬路 25 号　邮编：110003
　　　　　电话：024-23284191（发行部）　024-23284304（办公室）
　　　　　http://www.lnpph.com.cn
印　　刷：北京长宁印刷有限公司天津分公司
幅面尺寸：170mm × 240mm
印　　张：22
字　　数：280 千字
出版时间：2022 年 3 月第 1 版
印刷时间：2022 年 3 月第 1 次印刷
责任编辑：赵维宁
封面设计：乐　翁
版式设计：新视点
责任校对：郑　佳
书　　号：ISBN 978-7-205-10412-2

定　　价：59.80 元

序　言

"夏商与西周，东周分两段，春秋与战国，一统秦两汉……"

这首耳熟能详的历史朝代歌，就像是中华民族的辈分表，很直观地把传承脉络展示在我们面前。每个朝代，像是一个个存在我们脑海里的文件夹，点击开来，立即会呈现出不同的历史样貌。

而其中有一个文件夹显得尤为混乱，里边的内容交错更替，总给人一种失控的感觉。

这个文件夹的名字，叫作"两晋南北朝"。

算上曹魏政权，这一历史时期的跨度长达近四百年，深深影响着后来的历史格局和民族文化。

日本历史学家川本芳昭就曾经以"中华的崩溃与扩大"，来概括他心目中的魏晋南北朝。这看起来充满矛盾的描述，也恰当充分地展现了这个历史时期的复杂性。

经历了三国时期的分裂，魏、蜀、吴三个政权都想当家长，谁也不让谁。最后争来争去，却被司马家族钻了空子。

坐收渔翁之利的司马家族上位之后，晋朝拉开序幕，天下太平了几年。直到司马炎临死的时候，把位子传给了一个傻儿子，很快闹得风波再起。

权谋篡位，在历史上原本算不得什么稀奇事儿。亲戚间打来打去，最终还是回到一口锅里吃饭，逢年过节还是要拜一个老祖宗。

直到这其中有人为了提高自己的战斗值，拉来了邻居帮忙，才彻底打乱了格局。当权力的后门被打开，北边原本以放羊打兔子为生的邻居们都被纷纷召唤了进来。

司马家的不争气子孙原本只是想利用邻居为自己镇镇场子。结果邻居进来一看，瞬间晃瞎了双眼：早就听说你家里过得比我好，没想到竟然是这么好！

那一刻，这些邻居十分想把看到的东西占为己有。但一开始他们并不想硬抢，故而想到了结亲的办法。

于是，这些邻居便强行做了上门女婿，以"十六国"的节奏分走了家里的蛋糕。

资源有限，狼多肉少，战况变得更加复杂。

因此当我们看这一段历史的时候，会感到目光所及之处，都是昏天黑地，乌烟瘴气，堪称名副其实的"乱世"。

后来，一户姓拓跋的女婿，总算把北边乱七八糟的场面给收拾利索了，而南边，则是宋、齐、梁、陈四家轮流做家长。

俗话说，天下没有不散的筵席，一家人没有凑不起的麻将局。

终于，家里出了个厉害的主儿叫杨坚，在乱了多少年后，经过他的洗牌摸牌出牌，天下终于又和了。

有人说，读历史，更像是一种精神上的旅行。

如果你乘坐穿梭机游览到这一段历史的时候，导游也许会对你说：这个地方没啥好玩的，治安也不大好，不如直接去大唐站吧。

我建议你不要听他的。

时间种下的因果，总是自有它的道理，值得我们一探究竟。

当你辞别导游，走进这道大门，应该先去旁边的报摊买一本叫《世说新语》的八卦杂志，揣到怀里，回程路上品读，这本书新奇有趣，包罗万象，而且秘闻多多，大有排忧解闷之功效。

这个时代的审美有些阴柔，所以当你看到搽脂抹粉的美女从面前走过，先别着急心动，因为那个"女人"，可能是男的。不信就去看一看那载着满车爱情果，号称天下第一美男子的潘安，有多娇媚。

这里最火爆的打卡圣地，是一片竹林。

舞台上的七个人，会红好多好多年。当最中间一位男子抚琴的时候，你最好用手机录制下来，因为那首叫作《广陵散》的曲目，在人间已成绝响。

如果你胆子够大，泪点够高，也可以等到曲终人散后，看看这位老者是怎样用自己的铁骨，把历史的屠刀硬生生杠出几道口子！

如果你想戒酒，那就去找刘伶，看看那个喝了酒喜欢光屁股的酒疯子。

欲知断酒法，醒眼看醉人！

如果你想劝他戒酒，还是别费口舌了，因为他们那波人的脾气之倔，几乎是空前绝后的。

而你如果想体验一下农家乐，采摘几篮无公害的瓜果蔬菜，五柳先生家的园圃绝对是不二之选。若是与那老头投缘，他一高兴，还有可能送你一张绝版的桃花源门票，那可是后世多少达官贵人都求之不得的。

如果你是带孩子来的，那么恭喜你，这里的老师，都是祖师爷。

书法老师王羲之的大名自不必多说，一纸兰亭醉千年；数学兼科学老师祖冲之的大脑，是那个时代计算机般的存在；语文老师闭着眼睛选就是了，不管是"建安七子"还是"竹林七贤"，随便拉出一个来，顶个博士生导师还是绰绰有余的；还有地理老师郦道元等，可以说各科老师应有尽有。

如果你觉得不够刺激，可以继续往前走，那里波诡云谲的景象也许合你胃口。

在这个时代，就像身处一家大型自助餐厅，专治众口难调。

有人喜欢吃咸，有人喜欢吃甜，有人还喜欢从苦瓜里吃出蜜的味道来。

这个在苦瓜里吃出蜜味的人叫谢安，而那个苦瓜，名叫苻坚。

八万士卒对垒八十万大军，最终绝地求生，这足以让淝水的水染成血红，也足以使两岸的草木，都生出灵性。

主帅谢安心里甜成蜜，却依然摆出一副云淡风轻的姿态，让人不禁感叹，他装酷的样子，真帅！

而本来想要给人家苦头吃的苻坚，心里的苦水却汇成汪洋。

其实苻坚也不必感到孤单，因为在苦瓜群里，向来不缺天涯沦落人。

佛曰，众生皆苦。

说这话的人很有意思，反复地被人邀请进群，又反复地被人踢出群聊，在苦瓜群与富贵群里来回游走，群里无奈的表情包几乎都是这些人的印记。

他们总是强忍着忽喜忽悲的刺激感，默默念叨着：阿弥陀佛，一切都是幻象。

那信仰也是幻象吗？

没有信仰的人可能体会不到没有信仰的茫然感，但没有钱的人，一定能体会到没有钱的窘迫感。

在这一点上，班务水平极高的贫农刘裕同学最有发言权。

当这个小名叫寄奴的穷 N 代站在台前，慷慨激昂地发表完一篇名为《论万恶金钱》的演讲后，便一拳打翻了台上富 N 代且官 × 代的班长晋恭帝司马德文，随后便占有了司马家的房产、地产，当然还包括那些"万恶的金钱"。

这还没完，为了表现出自己的阶级仇恨，他后续又把司马一脉连根拔起，毛都没剩一根。

仇富仇到这个份上的，也算是亘古难寻了。

要说那个时候比刘裕还要狠的有没有，答案是：多如牛毛。

心不狠，站不稳。

在这里要点名一下把和尚们通通赶进苦瓜群的北魏班长拓跋焘。

拓跋焘表示他也不想做得这样绝，只是那些家伙占着班里的名额，不值日，不出操，还不交作业，实在可恨！

佛挡杀佛，灭了再说！

有人说，这就是个"荒唐而美丽"的时代，试问哪个朝代又不是呢？

当我们用高超的技术，将这个文件夹的故障修复。我们会发现，原来在那些烟雾之下，竟处处透着阴森瘆人的寒气，还有无数尸骸散发出的磷光。

抛开前边看到的散碎文件，我们将修复后的全景理顺一遍。

公元 220 年，曹丕篡汉称帝，建立曹魏政权，45 年后的某天，司马炎如法炮制，篡魏建立西晋。

公元 280 年，西晋灭吴，统一中国。

公元 291 年，西晋内部的八王之乱拉开大幕，一直闹到公元 307 年，兄弟们之间才算完事。

家不和，外人欺。

公元 304 年，与成都王司马颖眉来眼去的匈奴盟友刘渊，趁乱侵夺西晋大片国土，建立汉赵，也叫前赵，潘多拉魔盒被打开，北方五族纷纷马踏中原。

公元 316 年，前赵灭亡西晋。

公元 317 年，西晋的皇室司马睿在建康（今江苏省南京市）建立东晋。

公元 351 年，前秦建立，后在苻坚的领导下，统一北方大部分地区。

公元 383 年，苻坚率八十万大军进攻东晋，惨败！随后，北方再陷分裂状态。

公元 386 年，拓跋珪建立北魏，经过三代人的努力，于公元 439 年统一北方。

公元 420 年，刘裕废除东晋皇帝司马德文建立刘宋政权，与北魏成对峙之势。

公元 524 年，北魏爆发六镇之乱，随即，北魏分裂。

公元 581 年，杨坚顺承天命，接受禅位，改北周国号为隋朝。大隋建立。

公元 589 年，杨坚灭南方宋、齐、梁、陈的最后一个政权陈。

公元 590 年，岭南归顺大隋。

至此，天下一统！

这一段历史看似寻常，却是字字带血。虽然中间也有过短暂的中兴大治，总归是战多和少。

无论是少数新兴政权，还是所谓中原正统的统治者们，为了权力欲望倒是可以赴汤蹈火，甚至万劫不复都在所不惜。却没有几个，停下脚步，看看在残垣断壁夹缝里挣扎着的百姓。

正如元人张希孟所说：兴，百姓苦；亡，百姓苦！

目 录

第二章	权臣视角：是推手，也是掘墓人

第三章	文化宿命：博弈之外，何处言情

第四章 | 动荡事件：让历史告诉未来

第一章

皇位凝视：乱世中的守与变

作为历史上政权更迭最频繁的时期，两晋南北朝暴君昏君层出不穷。政权不稳的情况下，皇帝随时可能被拉下马，篡位杀戮无处不在，因此更加凸显了皇权斗争中的残忍与戾气。疯狂政斗中，权力格局不断被打乱，朝代与皇帝都很短命，更加集中地展现了权力的演变。

被玩坏了的"禅让"

上古时代，当"禅让"这个制度出生的时候，它代表着一种极度高尚美好的行为。传位给有德行的人，而不是自己的血亲，这需要极高的道德标准。

然而在魏晋南北朝时期，禅让变成了一种表演。

它像是一层遮羞布，遮盖着血污与不堪。

观众与演员都心知肚明，但依旧煞有介事地完成整套流程，就像一场无比严肃的闹剧。

1

曹操去世的同年，曹丕就动了称帝的心思。

曹操之所以没迈出那一步，一是因为顾忌刘备和孙权，总想着一统天下之后再办手续；二是因为顾忌士族们的阻力，认为时机尚未成熟。

为了步子走得稳一些，老曹没有冒这个风险，将机会留给了自己的后人。而心急的小曹，此刻就想立即干了这碗热豆腐。

有人说曹丕隐忍，所以才能在与曹植的争斗中占了上风。其实那只是无奈，并非他的本性。无论女人还是权力，只要他想要，就恨不得立刻抓在手里。

人生苦短，谁知道明天又会发生什么事情。

他心里有了打算，于是命人唤来了陈群，两人打算开一个重要的小会。

陈群曾经向曹丕提出过一个制度改革的方案，当时曹丕觉得不太靠谱，暂时搁置了起来。但左思右想之后，他又觉得有点意思。

不是因为制度有多完善，而是他发现这里面，极可能藏着至尊王座的登录密码。

陈群提出的，是一种官员选拔制度。

在曹操的时代，因为对人才的渴求，曹操采取的是"唯才论"。只要你有能力，无论什么来路，什么出身，可以立刻就来上班。我们是创业公司，干就完了。

乱世之中，用人本该不拘一格。曹操的这种做法，其实是非常灵活先进的。

但是，它显然触动了某个群体的利益蛋糕。

士族。

汉朝的时候，官员选拔是通过"举孝廉"的方式，也就是推荐。不过在"士、农、工、商"当中，只有"士"才有被推荐的资格。所以，政治的舞台，事实上只对这部分人开放。

可想而知，推荐来，推荐去，官员之间形成一种"你中有我、我中有你"的状态，渐渐变成了一个利益共同体。

曹操的做法就是打破了这种制度，和平年代你们"拼爹"也就罢了，乱世你们还要"拼爹"？

这一举措，让士族十分不爽。同时，因为曹操是宦官的养子，士族对曹操的身份也一直很不屑。所以曹操虽然掌握了重权，但是想登上帝位，还真不是一件容易的事情。

此一时，彼一时。

在陈群的提议中，选官的天平再次倾斜到了士族一方。身为士族子弟的他，像是感知到了某种上天的使命，一门心思要为士族代言。于是，他新瓶装旧酒，提议选官要看"世、状、品"，再由士族评定品级官位。

如此，是为"九品中正制"。

曹丕知道，这份送给士族的大礼，一定会换来他想要的回报。只是他不知道，这也即将成为魏晋南北朝的恶性制度源头，造成"上品无寒门，下品无士族"的局面。

为了滚烫的皇权，他豁出去了。

果然，效果立竿见影。

九品中正制让曹丕立刻获得了士族的支持。作为利益交换，士族开始频频向皇帝施压。

曹丕陆续接到一些"命令"。比如追尊自己的祖父祖母，比如阅兵，比如南征。其实，这都像是曹家势力的检阅游行。

除此之外，民间传说和异象也多了起来。什么麒麟降生，什么天降甘露，都预示着要有大事发生。

皇帝刘协如何扛得住这一波一波的攻势？大权旁落多年，命运早已不在手中，又何必苦苦挣扎。

公元 220 年，刘协无奈退位，将皇位"禅让"给了曹丕，自己被封为山阳公。

良辰吉日，禅让大典，大小公卿齐聚，一切都是那么盛大耀眼。在无数目光的注视下，魏文帝曹丕登上了皇位。但在亡国之君的眼中，目光所及都是凄凉。

刘协交出玉玺的那一刻，400 余年的时光仿佛瞬间奔流而过。可叹曾经创造过无数奇迹的汉王朝，就这样唱响了"难忘今宵"。

2

夺得皇位的曹丕，没有料到自己的寿命那样短。七年后，屁股还没坐热乎的他，就早早翘了辫子。

曹家子孙个个不争气。伴随着司马家族的崛起，"司马昭之心，路人皆知"的金句广泛流传。人们都揣测着，相似的戏码，仿佛又要重演了。

如果没有曹髦的捣乱，"禅让"大戏一定会准时开播。

经过了司马懿、司马师、司马昭的叠加努力，人人都看得出来，司马取代曹魏的故事走向，就像当年曹魏必将取代汉一样清晰。

只是谁也没有想到，牵线木偶也有想要逆天改命的冲动。

公元 260 年，曹髦这个 19 岁的少年，终于忍无可忍，克制不住体内奔涌的血气。他发动了禁军，写好了诏书，气势汹汹地高喊"讨伐逆贼"。

司马昭的鼻子一痒，忽然打了个喷嚏。

看着大家不知所措的样子，司马昭丝毫没有慌乱，只是向贾充示意，摆了摆手。

不久消息传来。激烈对峙下，曹髦被长矛捅了个窟窿，已经一命呜呼了。

"哎哟，怎么这么不小心呢？"司马昭皱了皱眉，顺便打了个哈欠。

当然，他看似轻松，实则苦恼。曹髦以卵击石，不自量力，死了也就死了。但是他的死，并非完全没有价值。

这是帝王的威严，也是人性的光辉，虽然只是昙花一现，但已经足以成为一种威胁。

曹髦这一闹，"禅让"这场戏，只能延期了。

有骨气的曹髦以生命为代价，为曹魏人为地延长了几年寿命。虽然意义不大，但是可作为一种精神价值。这个生不逢时的少年，本来有机会成为一代明君，但他的才能没有发挥的空间，只能以令人唏嘘的方式消失在了历史的烟云里。

没错，禅让只是一层遮羞布。但是现在司马昭的羞，恐怕是遮不住了。

于是，那些一直全力支持司马昭的士族，也都偃旗息鼓起来，再也不提"禅让"的字眼，不再积极劝进。因为无论怎样，有了"弑君"这样的事件发生，"禅让"就无法合理出场了。

曹髦死后，曹奂登基。

本来到了寿命的曹魏硬是被插上了管子，又苟延残喘了几年。

造化弄人，司马昭的命运，承载不了他的野心。当接力棒传到了儿子司马炎这里，"禅让"的一套流程才重新启动了起来。

公元 265 年，曹奂毫无悬念地"禅让"，司马炎登基。

晋取代了魏，在历史的牌桌上做起了庄家。

自此，"禅让"作为一种篡位工具，也暗暗变成了一种潜规则。

3

在魏晋南北朝期间，"禅让"几乎被野心勃勃的篡位者们玩坏了。它频频出现在这段历史的天空上，见证了数不清的悲剧。

公元 301 年，司马伦在一番装神弄鬼之后，逼着晋惠帝司马衷禅让。登基后，他将司马衷幽禁于金墉城，冠以"太上皇"。

荒谬的是，以辈分来论，他其实是司马衷的叔祖。

乌烟瘴气中，闹剧不断上演：

宋武帝刘裕登基，东晋恭帝司马德文禅让；

齐高帝萧道成登基，宋顺帝刘准禅让；

梁武帝萧衍登基，齐和帝萧宝融禅让；

陈武帝陈霸先登基，梁敬帝萧方智禅让；

……

半推半就的表演中，权力更迭变得更加肮脏与阴险。从这个角度来说，曹丕真的开了个坏头。

　　如果说刘协和曹奂作为亡国之君，还都算受到不错的对待，安然度过晚年。在后来的禅让故事里，却鲜少听到温情的结尾。

　　"禅让"的意思，原本是将权力传给更有道德、更有能力的贤德者。此刻，它的含义却变成把刀架在了皇帝的脖子上，被逼着要变成一套合法手续。

　　手续虽然合法，行为却是违法的。

　　当鸠占鹊巢的游戏，玩了一代又一代，"禅让"这个概念，也只剩噱头，空留包装，彻底违背了儒家字典里的含义，变为陨落的神话。

"傻儿子"是如何登上帝位的?

中国有句古话,"十分伶俐使七分,常留三分与子孙"。说的是,一个人不可将聪明用尽,要给子孙留些余地。

可惜,当年忙着创业的司马懿没有把这句话贴在自己的床头。

靠着"装病大法"赢天下的司马懿,聪明得连曹操都是其手下败将,堪称玩转政治斗争手段的第一人。

但谁又能想到,这个沉得住气、弯得下腰、抬得起头,不惜以数十年时间做一个局的最后赢家,会在子孙这件事上栽跟头。

他精心布置了司马家族的政治棋盘,在老中青祖孙三代的努力下,司马氏似乎刚刚可以稳坐江山了。这时,司马炎却生出了个"傻儿子"。

不只如此,他还要亲手将这个"傻儿子"送上皇位。

九泉之下,司马懿捶胸顿足,干着急使不上劲。

他用颤抖的手点开了西晋的大结局预告:司马子孙沦为供人取乐的奴仆,端茶倒水备受欺凌。

1

司马衷的"傻",令人百思不得其解。

父亲司马炎和母亲杨艳,分明都是人精。他却仿佛是破译了遗传学的漏洞,完美绕过了他们的优良基因。

所以后人都将这种情形,归结为祖辈太过机关算尽。后来曾国藩也曾有过这样的劝诫:"家门太盛,有福不可享尽,有势不可使尽,人人须记此二语也。"

司马衷被贴上"傻"的标签,主要有两个故事做佐证。

一是世人皆知的"何不食肉糜"。朝堂之上，众人讨论如何赈灾，让百姓免于饿死。司马衷看着唾沫星子飞来飞去，有些头晕。他对着脸红脖子粗的各位大臣，不由得脱口而出一个"很傻很天真"的问题："他们为啥不喝肉粥呢？"

朝堂顿时一片静寂。

这个问题，实在太难回答了。

类似这种灵魂考问，司马衷还问过一次。那时，他与随从到华林园散步，在池塘边听见了青蛙的叫声，于是疑惑道："它们鸣叫是为公，还是为私？"

又是一片静寂。

这个问题，要么是白痴问题，要么是哲学问题。哪一种都不好回答。

良久，有随从战战兢兢答道："公家地盘的为公，私人地盘的为私。"

如果生在寻常人家，天生愚笨的司马衷可能连仕途的边儿都摸不着。但好巧不巧，人家是皇后的第二个儿子。长子早逝，他成了太子的第一顺位人选。

立太子的那年，司马衷只有九岁。

当时，众人没有对这个孩子有过多的指摘。他年纪尚小，有些钝感可以理解，或许只是先天内向不爱说话，也没什么大不了的。

但随着司马衷一天天长大，连亲爹司马炎都开始内心打鼓了。史料记载："帝以皇太子不堪奉大统，密以语后，后曰：立嫡以长不以贤，岂可动乎？"

司马炎跟媳妇商量，"这孩子好像继承不了大统，要不咱换个太子吧"。皇后杨艳坚决不同意，她认为自古以来都是立嫡长子，不考虑能力高低，这事儿不能说改就改。

司马炎只好不了了之，但心里一直在犯嘀咕。

立太子是一件事关千秋社稷的大事。祖辈打江山，不，窃取江山多不容易，司马炎也不想在自己手里出现什么差错。

随着司马衷"傻"得越来越明显，很多人都认为他难以胜任太子之位。质疑之声，开始不绝于耳。

事实上，关于太子之位的争议，一直持续到了登基那日。朝堂之上，始终暗流汹涌。

在这场权力之争的大戏中，以司马衷本人的智商，恐怕半分力也使不上。

那么，他究竟是依靠什么，稀里糊涂登上了皇位呢？

2

司马衷的第一个推手，是母亲杨艳。

杨艳身居皇后之位，但如果你认为她的能力仅限于自己吹吹枕边风，那就大错特错了。

她不只自己吹，还买通别人一起吹。

司马炎的宠妃赵氏，因为得了皇后的好处，也整日为司马衷说好话。她还专门策划了一套"鸡汤"式的说辞：这孩子小时候没有什么雄才大略，是很正常的事，只要秉性善良，只要愿意努力，日后一定会有所作为。

这话，其实和没说一样。但司马炎听得久了，也莫名多了点信心。

杨艳的力度当然远不止这么简单，她的背后是弘农杨氏，在东汉末年有"四世三公"的显赫背景，杨彪和杨修就是出自此宗。

伴随着杨修之死，杨家沉寂了半个世纪，直到杨艳登上后位，才再度登上政治舞台，渐渐成了最有实力的外戚，也成了最坚定的"太子党"。

无奈，杨艳福薄，一病不起。

临死之前，她向司马炎托付了一件事情，请求其务必答应。

她将堂妹杨芷介绍给了司马炎，接替了枕边风的位置，也递出了扶持司马衷的接力棒。

司马炎信守承诺，立杨芷为后。

杨芷也不负所托，一心一意玩好击鼓传花，在无数次危急关头，尽职尽责地维护着司马衷的太子之位。

3

司马衷的第二个推手，是妻子贾南风。

政治联姻的重要性，杨艳最清楚不过。所以在离世之前，她就为儿子物色了一门婚事，与贾家联姻。

贾充是西晋的开国功臣。当年魏帝曹髦喊出了那句"司马昭之心路人皆知矣"后，亲自带兵讨伐司马昭。两军对垒之时，贾充立刻看出了形势不妙。因为曹髦御驾亲征，司马昭这边显然理亏，大家都有道德压力，所以缺了那临门一脚的勇气。

关键时刻他环视了一圈，盯准了一向冲动热血的司马家臣成济，大声喊话说："司马公豢养汝辈，正为今日之急，你还等什么！"

成济果然心眼儿实诚，立刻被当了枪使，纵马一戈就把小皇帝捅死于马下。

无脑的武夫一抓一大把，像贾充这样精明的人却不多。

司马昭为了掩盖自己的狼子野心，诛杀了成济的三族。贾充则一路封侯增邑，成了司马家的心腹。

在杨艳的安排下，15岁的贾南风成了司马衷的太子妃。她亮相的那一天，所有人都捂住了嘴，努力抑制住翻腾的恶心。这个女人，实在太丑了。

贾南风不是等闲之辈，她无貌无才无德，但是继承了父亲贾充的谋略与心机。

有一次，司马炎派人密封了几个疑难问题，让司马衷来解答。

贾南风敏锐地捕捉到，这是一次别有用心的"测试"。太子府里迅速聚集了大量枪手，将几个问题回答得滴水不漏。

正在大家长吁了一口气，要将答案送回的时候。贾南风再次意识到了不妥当，她果断地喊出了一声"且慢"。

考试作弊，也是一门学问。学渣原封不动抄了学霸的卷子，试问哪个老师会看不出来呢？

于是，贾南风立刻命人重做了一份答案，口吻完全按照司马衷平日的大白话风格来，呈现出一种表达朴实，但是内在逻辑很清晰的状态。这，才是打小抄的正确姿势。

下人送来的答案，着实让司马炎激动了一阵子。

他逢人就说，太子其实并不愚笨。

殊不知，当时的自己有多愚笨。

4

司马衷的第三个推手，是儿子司马遹。

虽然在贾南风的加持之下，司马衷顺利通过了各种"考试"，几次在废立太子的边缘被拉回。

但贾南风自己，也是一道巨大的考题。

这个女人放在任何宫斗剧里，都是逆天的大反派。

相貌丑陋不是她的错，但是她还善妒、恶毒、有心机、钻营、恋权，并且见到美男就迈不开腿，在中国历代后妃中，算得上一个典型的毒蝎人物。

从贾南风进了东宫开始，她就盯紧了各位美人儿的肚皮。司马家的江山，必须要揣在自己兜里，谁想在她的眼皮子底下生孩子，那就是死路一条。

古书记载，她残忍到"以戟掷孕妾，子随刃堕地"。

一个十几岁的女人，可以亲自动手残杀胎儿，真如疯子一般，让人不寒而栗。

司马衷想要繁衍后代，谈何容易？所以司马炎左等右等，也等不来东宫里的喜事。

如此一来，司马炎心里又有些打鼓。他隐隐有些担心，这个傻儿子是不是缺少点性知识。对皇储来说，繁衍后代是不能耽搁的大事，于是赶紧在自己的后宫找了一位补课老师——谢玖。

谢老师精心备课，帮司马衷补了一个通宵，成果特别喜人。——只上了一节课，她就怀孕了。

不过，当她看到贾南风眼神里的阴风阵阵，不由得打了个哆嗦。她立刻明白，东宫有猛虎，司马衷并不需要补课。

谢老师留了个心眼，没有公布喜讯，并申请调回原职。

几年后，司马衷去拜见父亲，看到一个三四岁的小男孩和弟弟们在一起玩耍，甚是喜爱。接着，他被司马炎的引荐吓了一跳，"衷儿，来，认识一下，这是你儿子"。

傻子，当下也被吓傻了。

这个小男孩就是司马遹。他聪明伶俐，又乖巧懂事，深得司马炎的喜爱。司马炎每每看着这个孩子，心里就说不出的骄傲。

一次宫中起火，司马炎站在城楼上观看形势，旁边5岁的司马遹拉了拉他的衣角。

"此时是深夜，外面情势不明，祖父不应该站在亮处，以免遇到危险。"

司马炎不敢置信地看着孙子，湿润的眼眶里，终于燃起了希望之火。

太子虽然愚笨了些，但是孙子是个好苗子。

司马衷的这堂课，没有白补。

5

司马衷的第四个推手，是司马炎。

尽管在废立太子的问题上，司马炎时常纠结，多次自省，动不动就找人开会探讨。但是内心深处，他并不希望更换太子。

原因并不是他对司马衷有多偏爱，而是他对太子的第二人选有所隔阂。

他膝下共有 26 个儿子，更换一个没什么大不了。但主张废立太子的大臣们，拥护的却是司马攸。

司马攸是他同父同母的弟弟，从小就被过继给了司马师，曾是他登上皇位的最大竞争者。

司马昭成为晋王后，几次都想立司马攸为太子，他常说，"天下者，景王（司马师）之天下也。吾摄居相位，百年之后，大业宜归于攸"。这话里话外的意思，已经再明显不过了。

在司马炎的印象中，他几次看见父亲拍着自己的座位说，"桃符，这是你的座位啊"。

桃符，就是司马攸的小名。这一幕，几乎是司马炎少年时的噩梦。

司马昭临去世之时，被包括贾充在内的亲信近臣死死劝谏，才打消了这个念头。

司马炎终于坐上了龙椅。

他封司马攸为齐王。齐王的威望极盛，《晋书》记载："齐献王攸，字大猷。少而岐嶷。及长，清和平允，亲贤好施，爱经籍，能属文，善尺牍，为世所楷。"

每当司马炎翻开废立太子的奏章，司马攸的名字总是赫然在上，这让他十分不爽，仿佛噩梦又要卷土重来。

皇宫之内，少不了研究皇帝心思的人。太子党的人，渐渐抓住了这个弱点，大肆编造司马攸的谣言。

"陛下万岁之后，太子不得立也。"

司马炎大惊："为何？"

"朝廷内外都拥护齐王，太子又怎么得立呢？如果不信，陛下可以假装下诏书让齐王回到自己的封地，肯定会有大批人站出来反对。"

司马炎觉得很有道理，于是下诏为齐王增加了封地，又封了他的儿子为北海王，命令司马攸回封地就藩。

果然，朝中大臣都纷纷跳出来反对，认为司马攸应该留下来辅政。劝谏之言一波接着一波，气得司马炎浑身发抖。凑巧的是，司马攸此时又恰好生病，无法启程。眼见着催促的诏书一道又一道下来，他在这种不信任中急火攻心，病情越发严重。

另一边，所有人都认为司马攸在装病。

就连去看病的御医也被买通，向司马炎报告"齐王身体安康"。兄弟之间的猜忌，越来越深。

司马攸得知一切，痛心不已。这个死要面子的人，选择了支撑起病体，换上朝服，整理仪表，在朝堂上向司马炎告别。为了争一口气，他收起了疲惫，丝毫没有惧色，礼仪过后向封地启程。

转身的那一刻，司马炎心想：哼，果然是装的。

6

几日后，司马攸在路上吐血而亡。

收到消息的司马炎，就像被人抽了耳光一样羞愧。他为司马攸操持了隆重的葬礼，处死了撒谎的御医。

他仿佛再次赢了，却赢得毫无光彩。

司马衷从来没有能力去守护自己的太子之位。但是无形之中，杨氏一族的守护，贾南风的精明，司马遹的聪慧，司马炎对司马攸的猜忌，都成了暗中助推的手。

"傻儿子"稀里糊涂地走上了皇位，为西晋的政权埋下了祸患的种子。

有人说，司马衷的"傻"，是历史的偏见。

当嵇绍挺身保卫他的时候，他会大声呼喊，"此乃忠臣，不要杀他"。

嵇绍死后，侍从要清洗御衣，他却流泪说，"这是嵇侍中的血，不要洗去"。

聪明是一种与生俱来的天赋，情义是一种选择。如此看来，司马衷或许是一个难得的有情有义之人。

是的，在历史的只字片语之中，鲜活的人物有时会因为书写者的偏见，变成扁平的标签。司马衷的"傻"，可能是真傻，也可能只是寻常可见的头脑不灵活。

但是，从他一脸茫然地坐上那把龙椅，不去探究"肉糜"的真相开始，从他放任贾南风的那只黑手，搅动朝廷风云开始，他就失去了为自己代言的权利，只能栖身在"傻子"这个标签里，博得谩骂或者同情。

在位 17 年，他被各种势力玩弄于股掌之间。

他的"傻"，让贾南风祸乱朝纲，引发了"八王之乱"，最终导致了西晋的灭亡。

他签署了无数不知所云的诏书，目睹了无数兄弟、子孙的惨死，尝到了糙米的滋味，也捡过下人的鞋子穿。那一刻，他终于再也不会问出那句"何不食肉糜"。

他像一个木偶人，被操控了一生。

得到，是别人的得到。失去，是天下的失去。

48 岁那年，他吃了东海王司马越赏赐的一张大饼，毒发身亡。

司马衷的戏份，终于杀青了。

人生的痛苦，来自错位

《世说新语·容止》一篇中，记录了各路男神的美貌气质。

其中一位叫作司马昱，是当时的会稽王。

文中记载，皇帝每次上朝的时候，都会觉得朝堂特别暗，到处问："咋不开灯呢？"

直到会稽王司马昱走上来，人人都觉得"轩轩如朝霞举"，好像整个朝堂上都升起了朝霞，立刻有了迷人的光亮。

这一波彩虹屁拍的，实在是高明。

当然，其实"轩轩如朝霞举"不仅仅是在夸奖司马昱的容颜，也是在隐晦地赞美他的内在风华。

司马家的皇帝们，大多不是冰冷残暴，就是恶毒心机，再就是痴傻愚笨、懦弱无能。司马昱，算是与众不同的一个。

虽然也常有史家评论，说司马昱是个毫无用处的"政治花瓶"。用文艺青年的那一套来治天下，注定要被天下所耻笑。

但他的名士风流，还是为东晋王朝添加了一抹不一样的色彩。

1

司马昱的皇帝之路，曲折而漫长。

作为东晋开国皇帝司马睿的小儿子，虽然小时候就被郭璞点评"兴晋祚者必此人也"，但还是与继承人的位置擦肩而过。这一错过，就是几十年，先后经历了元、明、成、康、穆、哀、废七朝，才登上了皇位。

司马睿临终前，将皇位传给了司马绍。

但输给司马绍，其实司马昱不算冤。

司马绍天资聪明，且情商极高。这一点，在小时候就可以看得出来。

有人从长安而来，要见晋元帝司马睿。当时小小的司马绍就坐在司马睿的腿上。司马睿随口逗孩子玩："你觉得长安和太阳，哪个近，哪个远？"

司马绍奶声奶气地回答："我觉得长安近。因为长安有人要来，可没听说过有人从太阳那里来。"

这回答颇为精妙，司马睿越品越有味道。

第二天，司马睿宴请群臣。他忽然想显摆一下，于是故意又问了一遍。

没想到，司马绍这一次却改口了。他回答说："我觉得太阳近。"

司马睿很诧异，连忙询问理由。

司马绍回答说："我抬头就能看见太阳，但是看不见长安。"

这次的回答依旧很精妙，惹得群臣们不断点头议论。

原来，司马绍之所以更改了答案，是因为那日父亲为他讲述了洛阳与长安沦陷的场景。那也是他生平第一次，看到无比威严的父亲在他眼前落泪。

为了避免再次勾起父亲的伤心情绪，他才做出了这样的选择。

一个仅有几岁的孩童，能够有这样的敏捷思维和处事分寸，就是与生俱来的政治天分。

这个时候，还在娘胎里的司马昱连起跑线都没有摸到，就已经输了。

2

输了就输了。

比起做皇帝，司马昱更向往名士的生活。

在做会稽王期间，他的府邸俨然就像是学术论坛的中心，会集了当时的名士名流，一起聚会清谈，钻研玄学。

司马昱的业务水平，在众名士中并不是一流的。

但是他太热爱这件事情了，倾注了很多精力，也对清谈大师们极度礼遇。

在高朋满座间，虽然也有桓温这样格格不入的家伙。但是如殷浩、刘惔、王蒙等高手，都成了司马昱的簇拥者。

都说文人相轻，名士们倒都认可司马昱。

这不仅仅因为他是供吃供喝的甲方爸爸，也因为他的确是表里如一地在努力做个名士。

皇宫之内，司马昱就像一股清流，与周遭形成鲜明的对比。

面对皇家园林，他可以说出："会心处不必在远。翳然林水，便自有濠濮间想也，觉鸟兽禽鱼自来亲人。"

濠水与濮水，都是庄子隐居过的地方。他能拥有这样的超俗心境，堪称"大隐隐于朝"。

《世说新语》记载：司马昱是个内心柔软的人。

在做将军的时候，居住环境很恶劣，但他完全可以适应，甚至不让下属去擦拭灰尘，看到老鼠爬过的痕迹，都觉得很好。

有一次，一位参军不懂规矩，见大白天有老鼠爬出来，冒冒失失地上前把它拍死了。

属下们都很紧张，怕司马昱不爽，于是立刻提出弹劾这位参军。

司马昱却摆了摆手，拒绝了。

他说："老鼠被杀，我都会很难过。何况因为老鼠的事情伤害到的人呢？这就错上加错了。"

晋朝数年，人们在司马家族中很少见到如司马昱般厚道的人，不免啧啧称奇。

3

司马昱没有过早登上皇位，但并未远离政治。他以辅政的身份参与政治多年。

如果说，名士司马昱承载着爱戴，那么，执政亲王司马昱就承载着更多非议了。

最受人诟病的，就是他任用殷浩这件事。

殷浩是个清高的人。

在一次清谈中，有人问他："都说即将当官的人会梦见棺材，即将发财的人会梦见粪便，这是什么原因呢？"

殷浩扬起了鼻孔，露出不屑一顾的表情说："当官本就是腐臭的事，所以梦中有尸体；钱财本就如粪土，因此也没毛病。"

这人一脸清高，十分欠揍。但当时的时代，恰好就流行这个调调。

当有人找殷浩出仕的时候，他是一万个不乐意，一而再再而三地回绝，足足在自己家的草房子里待了10年。

直到司马昱出马的时候，殷浩同意了。

荒谬的是，司马昱开出的条件太高了：建武将军、扬州刺史。殷浩等于从来没在基层做过，出来就做了将军和市长，不知道夜里到底梦到了多少个棺材。

司马昱的这一步棋，其实是为了制衡桓温。

此时桓温的势力越来越大，一旦失控，后果不堪设想。但司马昱做出的这个选择，实在草率了些。

只会谈玄学的殷浩没什么政治头脑，只有书生意气，有事没事就找桓温的别扭。

桓温递上奏章，请求北伐。

殷浩把奏章压了下去，桓温气得照样出征，还是靠司马昱写信拉了回来。

桓温对北伐始终跃跃欲试，朝廷心怀忌惮。司马昱又做了一个很愚蠢的决定——竟然派殷浩去北伐。

殷浩带着七万大军浩浩荡荡，结果被自己的先锋官"窝里反"，杀了个措手不及。最后七万大军，或被杀，或投降，或逃跑，要多狼狈有多狼狈。

桓温趁机弹劾殷浩，殷浩被废为庶人，内外大权尽归桓温之手。

司马昱悔得肠子都青了。

4

桓温对司马昱的态度很矛盾。

他讨厌所谓名士清谈这一套，所以对司马昱的很多特质都是很鄙夷的。但在朝堂之上，与其他人相比较，司马昱又的确是个"干净的人"。

所以，他一手将司马昱推上了皇位。

对司马昱来说，这是一种命运的错位。他对这万人之上的位置，从来就不曾向往。

他也很清楚，自己只有做一个名士才能获得体面。如果做了皇帝，那等待他的只能是一声叹息。

王座如同刀尖，让他坐立难安。

有人夜观天象，见火星出现在了太微，他都会战战兢兢，连着几夜都睡不着觉。因为上一次出现这样的星象，是前任皇帝被桓温废掉的时候。

他将中书郎郗超召来，问道："天命很难估算长短，但从前那样的事情，你觉得会不会再发生？"

郗超是东晋重臣郗鉴的孙子，郗愔的儿子，是和桓温穿一条裤子的人。桓温扶持司马昱上位，他也起到了关键性作用。所以就连谢安和王坦之，都会让他三分。

郗超对司马昱颇温柔，安慰他说："大司马（桓温）忙得无法分身，既要攘外，又要安内，您担心的事情不会发生，臣愿以身家性命来担保！"

司马昱这才放下心来，对郗超点了点头："事情变成这个样子，是朕太无能了，实在羞愧难当。"

语毕，流下泪来。

这样的场景，难怪很多人唏嘘：名士的温暖，在皇位上却变成了窝囊。

5

司马昱体会到了身不由己的处境。

陶渊明尚且可以回家"悠然见南山"，但他却没有退路。

他只能接受这样的使命，在桓温的阴影下黯然神伤，在外人"君不君、臣不臣"的唾骂中辗转痛苦。

忧思之下，他在皇位上，仅仅活了8个月。

而出于一种奇怪的考量，桓温放慢了自己篡位的节奏。这个曾经说出"如果不能流芳百世，那么不如遗臭万年"的家伙，居然被某种力量牵制住了脚步。

这种力量，正是他一直鄙夷的"名士风度"。

司马昱的风度如何，桓温多次亲眼见证。

一次，他与司马昱和武陵王司马晞同车出行。暗中有人捣乱，现场乱作一团。司马晞方寸大乱，嚷着要下车。但司马昱却静静地坐在那里，让桓温忽然感受到了一种能量。

一种分明手无缚鸡之力，但竟然可以无形中震慑人的力量。

所以，他缩回了脚步。将抢，变成了等。

司马昱病危前，已经决定认命。名士最爱惜的羽毛，他早已不配拥有。

于是，他连发四道诏书，恭请桓温入朝辅政，并在遗诏中写下了，"少子可辅者辅之，如不可，君自取之"。

如果这张诏书发出，那么桓温的等，也算有了完美的结局。

可惜，诏书被谢安与王坦之撕毁。他们力劝司马昱，不可轻易将江山拱手相让。

司马昱泪流满面。他内心在想，皇权上的罪恶已经太多了，如果结果已经注定，这样难道不是可以阻止一场流血吗？

他的心，依然是当初不忍看到一只老鼠死去的那颗心。

可看了看谢安和王坦之的决绝，他心里叹了一声"罢了"。

6

在谢安和王坦之的坚持下，司马昱将遗诏改为："事大司马（桓温）如事吾"，"内外大事皆由桓公而决"。

桓温的等，终究是落空了。

司马昱去世十余天后，一肚子郁闷的桓温去拜他的陵墓。那一天，他神情恍惚，仿佛见到了鬼魂，不久后一病不起。

一年后，桓温求赐九锡而不得，遗憾地踏上了黄泉路。

阴差阳错间，东晋王朝没有终结在司马昱的手上，时间的进度条又延长了数年。

敲响丧钟的第一人

汉朝建立之初，刘邦曾经亲率 30 万大军攻打匈奴。

原本抱着势在必得的信念，不料轻了敌。他遇到了强劲的对手——冒顿单于，结果被困在白登山上足足七天七夜。

粮食耗尽，将士的眼睛里，逐渐失去了光芒。

幸亏谋士陈平脑子灵活，搜集了金银财宝，带着刘邦的狐裘，悄悄献给了冒顿单于的宠妃。

耳边温柔的小风轻轻吹，冒顿单于就坡下驴，松手放了刘邦一马。

不久，刘邦送来了一顶鲜红的大花轿。自此以后，每逢汉朝有新帝登基，或者匈奴有单于即位，汉朝都会为匈奴送去一位和亲的公主。

其实，这花轿里的姑娘，大部分是"上错花轿嫁对郎"，根本不是真正的公主。

不过，这不妨碍匈奴人当了真。

既然娶了公主，那大家都是一家人。

多年以后，他们开始改为"刘"姓，宣称自己是汉朝皇帝的外孙子。

1

在一众"外孙子"当中，刘渊算是一位有为青年。

他出生在太原，虽然相貌保留了胡人的特征，但是只要开口与他讲话，就会发现他仿佛流着汉人的血液。

无论"四书""五经"，还是各种儒家经典，都可以信手拈来。

七岁那年，他痛失母亲。不同于匈奴民族"硬汉式"的情感表达习惯，他跪在母亲灵前，几次哭到背过气去。

在儒家思想中，"孝"的含义重大。他深深懂得，不仅要心中有，更要表现出来。可以说他对汉文化，已经吃得非常透了。

一米八的身高，俊美的外形，优越的出身，不俗的谈吐……所有的条件加在一起，别说迷倒洛阳城的姑娘们，就连司马昭父子也对他赞不绝口。

刘渊是作为质子留在洛阳的。

很多人提醒过司马炎，不能太"颜控"，这匈奴小伙子并非善类，最好早点把他收拾掉。

但司马炎很有自己的主意，他甚至动过心思，想让刘渊去参加灭吴战争和西北平叛。朝中几位老臣吓得联名反对，司马炎才作罢。

其实刘渊那时并没有什么歪念头，对于一个喜欢汉文化的匈奴王子来说，他更希望能挤进主流，稳稳当当做个晋朝官员，就心满意足了。

但日子久了，晋之乱象尽收眼底。

尤其是在宗室之间互相残杀的"八王之乱"后，朝廷底线似乎越来越低。他眼见着晋王朝光鲜背后的藏污纳垢，本以为这里可以安放自己的梦想，没想到每天上演各种八点档的狗血低俗剧情。既然司马后代们将朝堂搞得乌烟瘴气，那么他凭什么不能取而代之呢。

想到这儿，他开始有了自己的计划。

2

匈奴骁勇善战，是人人渴望得到的助力。所以在"八王之乱"中，刘渊收到了很多份邀请。

他选了最热情、薪水最高的那一个，站了成都王司马颖的队。

司马颖这人没什么真本事，还十分喜欢吹牛，大饼画了一个又一个，实际上败仗连连，比谁都要尿。

跟着这样的领导，刘渊只能不断给他擦屁股，心累到极点。

但是，这个选择并非没有好处。

当年，呼韩邪单于涉足中原，曹操为了分化他们，将匈奴人划分成左中右南北五部。刘渊原本是左部帅，但司马颖封了他一个宁朔将军、监五部军事。他从此大权在握，成了五部匈奴的领袖。

司马颖以为自己"如虎添翼",但其实用错了成语,事实应该是"养虎为患"。

五部匈奴扭成了一股绳,当然不是为了去救司马家后院的火。他们的野心,是建立属于自己的帝国。

反转,不能靠强行,而要有情理来支撑。

有一次,刘渊再次被司马颖搞崩溃了,这几个亲戚打来打去完全没有路数,完全把匈奴军队当成了黑社会来使用。匈奴士兵的血,流得有意义吗?他一边抱怨,一边准备出兵去救援。

这时候,他的部下再也看不下去了。扑通一声跪下,紧紧抱住了他的大腿。

《晋书》中记载:"刘宣等谏曰:'晋人奴隶御我,今其骨肉相残,是天弃彼而使我复呼韩邪之业也。鲜卑、乌桓,我之族类,可以为援,奈何击之!'渊曰:'善!大丈夫当为汉高、魏武,呼韩邪何足效哉!'"

"大哥,咱不给他干了行不?这王八羔子从来都看不起咱,把咱当刀使,现在既然他们自己都乱套了,何不趁这个机会单干呢?"

"是啊,大哥,求您为兄弟们想想吧。"

看着这些出生入死的兄弟,刘渊的眼眶湿润了,不禁被这些人的情绪所感染。这才牙一咬,心一横,下了决心,摇身一变成了反贼。

因为下属的几句话就造反,这太不合情理了。之所以出现这样的一幕,其实也是找个台阶和理由罢了。

3

刘渊有这样的决定并不奇怪。

给别人当炮灰,还是为自己打天下?这并不是一道很难的选择题。

公元 304 年,刘渊自立门户之后,将自己的国号定为"汉"。但是因为四方未定,他暂时没有称帝,只称"汉王",并且按照汉制做了组织架构。

一个匈奴人的政权,叫作"汉",着实有些黑色幽默。不仅如此,刘渊还为刘备父子上了谥号,变成了自己的黄金背书。

他把自己变成了刘禅的后代,明摆着是"挂着羊头卖狗肉",目的就是获得汉人的身份认同。想当年刘备也是勉勉强强蹭了个"皇叔"的身份,没想到多年后,还有人蹭着做他的后代。

不过，刘渊总是会想起当年的窘事。晋武帝的时候，他被举荐去讨伐孙吴，但是大臣们死活不同意，理由就是"非我族类，其心必异"。这八个字当时深深刺痛了刘渊的心。

也是从那个时候开始，他知道自己无法真正融入这个朝廷，也明白了拥有合理性对建立一个政权有多么重要。

如今，他想要堵住汉人的嘴，就要扯起汉人的大旗。

除了自称汉朝皇帝的后嗣，他还任用了大量汉人名士来做官。比如任命崔游为御史大夫，任命东汉大儒的后代做儿子刘聪的太师。

称王之后，刘渊开始带兵直指西晋。

西晋内部早已乱作一团，给了刘渊乘虚而入的机会。他很快就打下了一部分地盘，并获得了石勒、王弥两名猛将。

投奔刘渊的人越来越多，几年内，他就陆续打下了北方的半壁江山。

公元 308 年，刘渊称帝。

他建立的前赵，是十六国的第一个政权。

若干年之后，明朝张大龄在《晋五胡指掌》中写下：

"自古夷狄为中国患者有矣，未闻入而帝中国也者，有之，自刘渊始。"

4

刘渊是个汉化很严重的匈奴皇帝。在他的性格基因里，也并不是残酷暴虐的性格。

他有一个部下，叫乔晞。

乔晞在出征西晋的过程中，曾经打下一个小县城。

县令贾浑颇有骨气，他拒绝投降，并对赵军骂道："我是晋国的守将，既然城没有守住，也不愿苟且偷生。如果让我投降你们这些贼人，那还有什么脸面活在这世界上。"

这番叫嚣的话语，激怒了乔晞。

杀了贾浑后，他见到贾浑的妻子宗氏很有姿色，于是起了据为己有的歹意。没想到，这女子也是贞洁烈妇，扑在丈夫的尸体上大骂乔晞。乔晞大怒，抽刀杀了宗氏。

这件事被刘渊知道后，他认为很丢人现眼。他不只叫人立刻召回乔晞，还想处决他，并说："这样的人渣，也配有后代留在人间吗？"

可以想象，这样的事情在战乱年代其实比比皆是。

而作为一个匈奴人皇帝，刘渊能有如此正的三观，实属不易。

他的儿子刘聪劝他："现在天下大乱，我们也正值用人之际，不要轻易斩杀大将。"

刘渊这才断了念头，让乔晞捡回了一条小命。作为惩罚，他还是将乔晞的官职降了四级，并将贾浑夫妇的尸体以汉人礼仪厚葬。

以乔姓来看，乃是匈奴四大姓之一。刘渊这样的举动，可以看出他重视仁义。

刘渊另有一名得力干将刘景，曾经奉命进攻黎阳。

攻破之后，他竟然下令将3万百姓沉入黄河。刘渊勃然大怒："刘景有什么脸面见我！况且天道也不会容忍这种行为。我想要除掉的只是司马家，百姓们有什么罪过？"

刘景复命后，在打了胜仗的情况下被贬官，从大将军变成了杂号将军。直到刘渊病死后，才被刘聪任命为太师。

5

公元309年8月，刘渊派儿子刘聪进攻洛阳，因轻敌而以失败告终。

同年10月，刘聪、王弥等人率领5万精骑再次攻打洛阳，已经攻到了洛阳城下，眼看大功告成，关键时刻遇到阻击，粮车无法前进，只得再次退兵。

虽然西晋王朝腐朽，洛阳人民都恨得牙根发痒，但是对于匈奴的入侵与统治，他们内心还是无法接受，所以奋力抵抗。

在西晋日趋衰败的情况下，其实刘渊只要继续坚持下去，破城指日可待。

可惜的是，死神的到来阻止了这一切。

刘聪急匆匆地撤兵回去，正是因为刘渊病危。怪只怪，他的时运不济，创业实在太晚了。刚刚打下了一片天地，根基还不稳，生命就已经走到了尽头。

公元310年，刘渊在山西平阳去世，仅仅在位6年。

临终之前，他将皇位传给了刘和，任命刘聪为大司马、大单于。

这等于将匈奴汉国一分为二，分给了两个儿子。那一刻的他，一定希望子孙和睦，合力延续前赵的辉煌，实现他的梦想。

没想到的是，这样的结果让两个儿子都不满意。

刘和认为，自己虽然做了皇帝，但是权力都在弟弟手里，这有什么意义呢？

刘聪则认为，自己陪伴父亲打下了半个江山，却败给了毫无能力的哥哥。

悲剧的种子已经播下。

刘渊尸骨未寒，儿子们开始互相火并，就像他曾经最鄙视的司马兄弟那样。

最终，刘聪杀刘和自立。

此时距离刘渊去世，仅仅不到一个月的时间。

公元 311 年开始，刘聪攻陷了洛阳，此后连续破晋，将晋怀帝与晋愍帝变成了脚下的俘虏。

从这个角度来看，刘渊正是西晋的掘墓人。

一个人生逆袭的样本

有一次，后赵皇帝石勒与大臣们吃饭。

他忽然陷入了沉思，抬头问中书令徐光："按你看，我可以和历朝历代的哪位皇帝相比？"

徐光一听，这不就是一道歌功颂德的题目嘛，好说。

于是他正了正衣衫，清了清喉咙，流利地来了一段小作文。主旨就是：皇帝大人您英明神武，已经超过了汉高祖刘邦，至于其他皇帝……那跟您就没法比了。

石勒从小就没文化，但还是差点喷出了刚喝下去的酒。

他瞪着徐光心想：你拍马屁能不能有点底线！

他斟了一杯酒，自己重新来了一段：

"我这人，还是有自知之明的。如果生在汉高祖的年代，我会尊崇高祖，和韩信和彭越比肩为王；如果生在光武帝的时代，我会和他在中原角逐，竞争成为一统天下的那个人。但无论怎样，做事必须光明磊落，像曹老头和司马老头那样，以欺负孤儿寡母为手段获取天下的事儿，我老石绝对不会去做。"

说完，将手中的酒一饮而尽。

1

石勒的一生，都在逆袭。因为他的起点实在是太低了。

纵观中国古代历史，也不乏出身低微的皇帝。比如刘邦曾经是个亭长，做着秦朝最小的官。比如朱元璋曾经放过牛，还要过饭。但他们，起码都是独立自主的自由人。

出身于奴隶的皇帝，怕是只有石勒一位了。

出生的时候，石勒还不叫石勒。

虽然当时很多胡人都在努力汉化，期待着能够跻身主流社会，渴望未来有更好的前程。但石勒一家，显然落魄到了没能力去动这个心思的程度。

石勒不愿说起自己的童年成长，因为那实在没什么好讲的，只是活着而已。

成年之后，他长成了一个健壮的男子，以做佃农维持生计，先后耕租邬县人郭敬与阳曲人宁驱家的土地。

他的人生，就是日复一日地辛劳与绝望。在肉眼可见的范围内，他可以看到亲人们都在这样的重复中直至死亡。

幸运的是，佃主郭敬与宁驱对他都很不错，有时候还会额外接济他。作为回报，他会更努力地耕种土地。可这样的日子，实在无聊透顶。

这时如果有人告诉石勒，他未来会成为皇帝，想必他也会认为那个人疯掉了。

人生有趣的地方，就在于此。

他曾经以为，这辈子最好最坏都不过这样了。但没想到，新的危机即将到来。他人生的转机，也暗藏其中。

在混乱的世道中，人性就会露出格外狰狞的面孔。

很多汉人官员为了充实军饷，会用买卖胡人的方式换到一笔钱，再拿着钱去为自己招兵买马。

除了汉人卖胡人，胡人也会卖胡人。一时间，人人都是猎人，人人都是猎物。在这样的情况下，石勒被反反复复买卖了很多次。

每次他都和其他奴隶一起，被一个大枷锁在一块儿，如同一头牲畜一样，在命运的颠沛流离中苟延残喘。

在押送的过程中，石勒遇到了将军郭阳。他是老东家郭敬的族兄。在郭敬的嘱托下，他一路对石勒多有照顾。也是因为这个，石勒才没有死在押送的路上，保全了性命，有了后面的奇迹。

多年以后，当时已经带兵打仗的石勒，俘获了一支乞活军。他正要下令将这些人活埋，却在人群中看到了郭敬的脸。那静默的瞬间，一下子击中了他刚硬的心脏。

两人之间的这次相见，已经承载了沧桑之变。

故人以如此方式重逢，命运的这个玩笑，真的一点也不好笑。

2

帮助石勒解除奴隶身份的，是师欢。

石勒是他府中的奴隶，而他在这个沉默的男子身上，看到了一种奇特的气度。再加上石勒还会相马之术，很让师欢喜欢，于是他免除了石勒的奴籍。

自此，石勒恢复了自由之身，也生平第一次思考了一个问题：我应该做些什么？

"做皇帝"这样的选项，此刻当然还没有出现在他的脑海里。

因为被奴役多年的经历，他最渴望的，还是"翻身农奴把歌唱"。于是他摇身一变，化身一名江湖大盗，并召集了17个愿意追随的人，一起打架劫财，号称"十八骑"。

石勒的第一次带兵经验，就由此开始。

别小看了这支不起眼的小团伙，里面有羯人、匈奴人、乌桓人、月支人，是一支名副其实的跨民族队伍。

他为了生存，被命运推搡着向前走，队伍竟然也越来越壮大起来。在这个过程中，他发现了自己的天赋，就是善于打仗，有人格魅力，天生具有领导能力。

战乱之中，兵与匪的界限本就很模糊。他投奔了一个反晋的团队，老板的名字叫汲桑。

为了获取汲桑的信任，他上演了一出精彩的"无间道"，以卧底身份混入了汲桑老对头的队伍。不久，他就为汲桑解决了眼中钉，还带回了两千兵马。

在汲桑这家"小公司"里，石勒混得越来越好。"石勒"这个名字，也是汲桑为他取的。当时没有人会想到，这个名字将会响彻中原，令晋朝官吏心惊肉跳。

石勒的人生，就像是一个不断闯关升级的网络游戏。

他从奴隶身份开始，已经解锁到了汲桑的得力助手。这个时候，新的副本也应该开始了。

一次战败，汲桑在败逃的路上被杀。石勒因此面临了再就业的选择。

此时的他，已经有了履历，有了信心，有了欲望，也积攒了一些资源。这回，他打算仔细研究一番，争取找个好工作。

看了无数的公司资料，他最后选中了"匈奴刘渊"这一家。

3

英雄的时代到了。

归属于匈奴刘渊旗下之后，石勒拥有了更多资源和机会。他的名字，很快成为一个响彻四方的子品牌。

当时，打着匈奴旗号作战的有两支队伍。一支是石勒军队，一支是王弥军队。

他们一起扫荡四方，与刘聪军队共同制造了"永嘉之祸"，成为无数晋人惧怕的梦魇。

消灭了强敌后，山中的两位猛虎开始将爪子伸向了彼此的咽喉。石勒和王弥，都想干掉对方。

王弥头脑简单，想了个不太高明的方法。在石勒赢了青州战役之后，他假装拍马屁，说自己想要做石勒的左膀右臂，协助其平定天下。

这种鬼听了都不信的话，石勒当然不会相信。

这反而坐实了王弥的居心叵测，让石勒更加反感，想要早点解决他。

机会很快来了，王弥与晋军僵持在寿春，危急之下向石勒求援。石勒本不想增援，但谋士张宾的一句话点醒了他："想要解决王弥，这可能是最好的机会了。"

于是石勒亲率大军去增援，大败了晋军，令王弥放松了警惕。

不久，王弥去参加石勒的饭局，被伏兵杀死。

对匈奴朝廷来说，石勒的做法当然必须谴责，但是此时石勒军队已经成了东部最强大的势力。匈奴朝廷纵使万般不满，也只有无奈默认，将石勒捧上了唯我独尊的地位。

在战乱流离当中，石勒品尝过命悬一线的绝望，也体会过大获全胜的快感。当他亲眼看见，饥饿与瘟疫夺走了兵将们的生命，不禁开始意识到，如果没有土地与权力，就永远不会真正地拥有安身立命的机会。

他的心，开始蠢蠢欲动。

很快，石勒将自己的大本营选在了襄国，西边是绵长的太行山，可作为天然屏障。东面是大平原，适于骑兵攻城略地。

但这里四周都是西晋的割据势力。他必须要除掉晋阳的刘琨和北面的幽州刺史王浚，才能获得安稳。

4

王浚是个奇葩，他父亲王沈更是。

当年，王沈就是个投机分子。

曹魏皇帝曹髦想要奋力一搏，杀了司马昭的那一次，找了很多人来商量，王沈就在其中。

但前脚刚开完会，王沈就跑到了司马昭那里告密。就是靠着这样的方式，他立下了功劳，成为西晋的功臣。

王沈有一桩风流韵事。一次，他色心大发，潜规则了一位穷苦人家的女孩。女孩生下的儿子，就是王浚。

这件事对他的人生原本不重要。他对这种很多男人都会犯的错误，不会放在心上。那对母子的死活，他也并不关心。

但他没想到的是，自己一直到死，竟然再也生不出儿子。所以王浚这根"独苗苗"，忽然命运翻转，继承了父亲那并不光彩的爵位。

后来，王浚也因为协助贾南风毒杀司马遹，换得了官运亨通。不得不说，他的发展轨迹与父亲极其相似，果真是血脉相连的魔力。

公元304年，王浚为了帮助司马越对付在邺城的司马颖，找来了鲜卑、乌桓的骑兵为自己补充力量。

结果鲜卑骑兵攻入邺城后，做尽了丧尽天良的恶行。他们不只抢劫杀人，还掳掠了几万名汉族少女。

士兵们分得这些少女，晚上强暴，第二天就会宰杀烹食，作为军粮供应，也称为"两脚羊"。所以，这支队伍走过的地方，尸骨如山。

当少女只剩8000人的时候，王浚才起了恻隐之心，要求鲜卑骑兵放了她们。但鲜卑兵没有留活口，把她们全部推到了易水里，易水为之断流。

对于这样的人，石勒恨得牙根发痒，恨不得立刻将其碎尸万段。

心是这样想，但石勒做事稳健。他决定稳住刘琨，智取王浚。按照谋士张宾的建议，王浚是个狂妄自大的人，很容易自我陶醉，于是他写信示弱，表示要拥立王浚为帝，并送去了大量的金银财宝贿赂其亲信。

不久，王浚派人来视察。石勒带着老弱残兵频频出镜，早就把精锐部队藏了起来。每次王浚的使者来送信，石勒都要面向幽州方向跪拜，就像接圣旨一样。

这一场戏，王浚竟然信了。

如同张宾的预测，他因为自大，已经糊涂到可以相信石勒这样的奸雄会愿意拜倒在他的王座之下。

公元 314 年，在王浚还在做白日梦的时候，石勒已亲率主力部队北上。

侦察兵发现了军队，火急火燎地向王浚报告。王浚却摆了摆手说："你们少啰唆，石勒是我的粉丝，一定是来为我增加力量的。"

蓟城开了城门。石勒赶了数千头牛羊入城，表面以送礼为名义，其实是堵塞了各个街巷。

王浚这才缓过神来，但已经悔之晚矣。

石勒逮捕了王浚。王浚则一直冲着他叫骂。

石勒轻蔑一笑："像你这种手握重兵，却坐视国家灭亡的人，活该死于奴隶之手。"

押回襄国后，王浚被当众斩杀。

5

公元 316 年，石勒击溃了晋阳的刘琨。

公元 319 年，张宾等 129 人上疏，恳请石勒称帝，石勒在襄国登赵王位。

公元 321 年，石勒对战渡江北伐的祖逖，双方打成平手，但祖逖赢得了石勒的敬重。

祖逖死后，石勒攻占了黄河以南大部分地区，地盘越来越大。

公元 330 年，石勒称帝。

从奴隶到皇帝，他亲手创造了一个逆袭的奇迹。

公元 333 年，他在病危前将皇位传给了儿子石弘。临终之前，他看着儿子背后站着的石虎，欲言又止。

聪明如他，想必已经看到了石虎眼中的野心勃勃。

可每个人都有他的局限，他用尽全力实现了逆袭的一生。至于子孙们的课题，他已无力解决了。很多人都说，如果石勒在临终前将石虎干掉，就不会出现后面儿子都被杀光的悲剧了。

其实，这只是看客们在全知视角下的自以为是罢了。

这道课题，如果只是杀一个人那样简单，石勒一定会毫不犹豫。

不杀石虎，威胁后赵的是石虎。

但，杀了石虎呢？

在闭上眼睛的那一刻，他知道自己的荣光已经落幕，只留下了子孙脚下的深渊。

他忽然想起了自己与人共同被锁在一个大枷里，在路上摇摇晃晃的时刻。

活着的意义，或许就是活着。

拿到了皇后的剧本

深宫之内，门掩黄昏。

羊献容看着庭院里的落花，感觉那就像是自己凋零的人生。

因为头顶西晋望族"泰山羊氏"的光环，她拿到了皇后的剧本，却没想到设定如此荒谬。从来不曾享受过千般宠爱，万丈荣光，至此，她已经鬼打墙一般地被五次废黜与重立。

此刻，她盛装坐在这院子里，不知装扮给谁看，就像是一个等待戏份的演员。

寂寞的扮相，仿佛只是为了维系皇家的体面。

她叹了口气，正打算接受这无望的残生，漫漫长夜伴孤灯入眠。

历史的灯光亮起，远方的马蹄声渐渐清晰，编剧为她准备的反转即将到来。

皇后的重头大戏，才刚刚开始。

1

羊献容最初拿到皇后剧本的时候，前面刚刚有一个演员杀青。她就是晋惠帝司马衷那臭名昭著的"毒妇皇后"——贾南风。

贾南风的一生，可谓不作就不会死。

她硬生生将皇后这个角色演出了独特的风格，不只一手酿造了"八王之乱"，也为自己谱写了凄惨的结局。

贾南风死后，"八王之乱"还在继续发酵。此时晋朝的实权掌握在赵王司马伦手里。

第二任皇后的人选，司马伦想了很久。他与亲信孙秀反复开了几次小会，最后选中了羊献容。孙秀与羊献容的外祖父是同族，羊献容本人的性格也非常温驯，断不会如贾南风那个疯婆子一样失控。

羊献容就是在这样的安排下，坐上了皇后的位置。

晋惠帝司马衷脑子不甚灵光，能够拿到皇帝的剧本，他也是稀里糊涂撞了大运。两个人在心惊肉跳中成了半路夫妻，被双双摆放在政治舞台的中央，全然没有一丝喜悦与兴奋。

这一次，羊献容做了三年零三个月的皇后。戏份安排，和跑龙套的差不多。

公元 301 年正月，司马伦终于忍不住为自己"办了手续"。他成功篡位，将晋惠帝一脚踢开，变成没有实权的太上皇，羊献容跟着成了太上皇后。

仅仅三个月之后，司马伦的王座还没有坐热，就被齐王司马冏斩杀。

一脸蒙圈的晋惠帝恢复帝位，羊献容第二次当上了皇后。

目睹了一场残酷的杀戮，那鲜血的腥味让羊献容夜夜不能安眠。那时候她还不知道，这种滋味她还将会体验很多次。

2

击鼓传花的剧情开始了。

司马冏在一年后被杀，凶手是长沙王司马乂。司马乂夺得权力之后，让河间王司马颙和成都王司马颖大为不满。

他们想要寻找借口讨伐司马乂，最后思来想去，把屎盆子扣到了羊献容父亲的头上。

司马颙攻入长安，理由是羊玄之作为皇帝的老丈人，滥用权力祸害朝政，所以他要起兵来"清君侧"。实际上连皇帝都没有权力祸害朝政，何况老丈人呢？

可怜老实人羊玄之终日志忑难安，最后竟然忧惧而死。

公元 304 年，羊献容因受到父亲的牵连而被赶下后位，废为庶人。

从此，她也终于看清了自己的命运，皇权不稳，后位就不是什么宝座。怯懦的晋惠帝如同提线木偶一样被人轮番操控，她这一生也无法获得尊严与荣宠。

纵使拥有倾城美貌，她也只是这战乱的牺牲品罢了。

相同的戏码继续上演，这回就像加了二倍速一样，折腾得更厉害了。

同年七月，司马颖与司马颙被百官讨伐，羊献容又被扶上了后位。

仅仅一个月之后，司马颙的部将张方杀回了洛阳。晋惠帝吓得差点尿了裤子，丢下妻子慌乱逃亡，还不小心在路上弄丢了玉玺。羊献容再度被废为庶人。

同年十一月，司马颙准备去带回逃亡中的晋惠帝。他前脚刚走，朝廷官员就趁机恢复了羊献容的后位。

第二年，晋惠帝被迁到了长安，羊献容再次被废。

反复之间，她的眉眼之间尽是疲倦，很想撕烂这垃圾透顶的剧本。如此一生，倒不如生在寻常人家，守得清贫，但也求得安稳。

她甚至速求剧终。

如果是这样的人生，不如死掉算了。

3

司马颙正有这样的打算。这个频频被自己废掉的女人，总是被"奸人"拥立，着实让他有些不快活。于是他拟了一道矫诏，想要将其赐死。

将羊献容从黄泉边上拉回来的，是大臣刘暾。

刘暾说，羊献容不过是个弱女子，一个深宫里的可怜虫，杀了又有什么用？这样的做法，怕只是会让天下人更加寒心。

这番话，为羊献容保住了一条性命。

"八王之乱"终于快到了尾声。东海王司马越与司马颙对抗，司马颙无术分身。将军周权乘虚进入洛阳，恢复了羊献容的皇后之位。

几天后，周权被杀，她又重新被打回冷宫。

就在她感到绝望的时候，司马颙和司马颖终于气数将尽。司马越将他们赶出了洛阳，成了"八王之乱"的终结者。

晋惠帝被迎回洛阳，羊献容看着后位百感交集。她多希望这一次，可以将这个位置一坐到底。

没想到5个月后，晋惠帝驾崩了。命运在羊献容耳边发出了刺耳的笑声。

不过这次，羊献容生平第一次想要为自己搏一回。

继位人的选择，决定着羊献容是否可以坐上太后的位置。

她膝下并无子女，晋惠帝唯一的儿子司马遹早已死在贾南风手中。晋惠帝曾经将侄子司马覃立为太子，但是在"八王之乱"中，司马覃也频频被废，并且一废到底。晋惠帝的弟弟司马炽倒是占了便宜，被封为皇太弟，是这次继位人选中拥有最大胜算的人。

皇太弟当了皇帝，羊献容这个做嫂子的恐怕坐不上太后之位。她派人快马加鞭，催促前太子司马覃速速赶来，或许自己还有一线希望。

司马覃晚了一步，于是羊献容也差了一点。

晋怀帝司马炽继承皇位后。羊献容作为惠帝皇后，被迁往了弘训宫。

4

羊献容以为，自己要在弘训宫度过平静的余生了。

没有想到，后面还有大手笔在等待着她。

公元 311 年，晋怀帝对东海王司马越起了杀机，内乱的潮水再次淹没了皇宫。司马越死后，内耗严重的西晋已经无力抵挡任何外来的危机。前赵政权看准了这次机会，皇帝刘聪的手下刘曜趁机攻陷洛阳，俘虏了晋怀帝，史称"永嘉之祸"。

羊献容永远记得那一天，宫人们慌乱地四处奔走，哭喊声此起彼伏。

马蹄声越来越清晰，她看到了一队黑压压的人马。乱箭无眼，身边不断有人哀鸣倒下。她强迫自己要镇定，脑海中不断在思考，如何在这混乱中活下去。

她不知所措地站在那里，直到看见了那位立于马上的匈奴首领。他带着得胜者的倨傲与杀气，眼神停留在她的脸上。

她感到从未有过的寒气，转身想要跑，却被命运的大手抓了回来。

刘曜骑着马，如猎人一样寻找自己的战利品。后宫佳丽万千，他却独独看中了这个惊慌的美人。

被刘曜带回前赵的羊献容，以为自己将要从一个深坑跳入另一个可怕的深坑。却不承想到她的幸福竟然是从这里开始。

西晋的陷落，让她得到了个人幸福。她本是男人手中的棋子，但在生命的后半段，恰好遇到了爱棋之人。

刘曜在战场上是个粗人，对她却格外宠溺与喜爱。

她不懂国恨家仇，也不管匈奴人还是汉人，只知道自己是渴望安定的女人，愿意从此享受这个男人带给自己的保护。

她更没有想到的是，刘曜居然让她再次感受了后位的荣耀。

5

前赵皇帝刘聪死后，继任者刘粲荒淫无度。

刘曜是刘渊的养子，原本与皇位无关。但在前赵内乱的情况下，他只好出来力挽狂澜，顺便坐上了皇位。

他对羊献容，想必是真心相待的。

因为以他的权力和地位，完全可以玩玩就算了，选择更适合、对自己更有利的女人扶上后位。

但刘曜把这个位置，留给了羊献容。

羊献容，第六次当上了皇后。

对乱世之中的弱女子来说，或许这就是最好的结局了吧。

在前赵，羊献容受尽恩宠，有时候还可以干预政事。

刘曜曾经半开玩笑地问她："我与那司马小儿相比，你觉得如何？"

羊献容笑着看向他，淡淡地回答："您是明主，司马衷当然不能与您相提并论。作为君主，他无法保护群臣与百姓，作为男人，他无法保护自己的妻儿。每当想起那时候的日子，我总觉得生不如死。本以为天下男人都一样，直到侍奉陛下，才知道天下有大丈夫。"

因为这段话，羊献容被人冠以"亡国妖姬"的称号，连房玄龄觉得"献容幸乱，居辱疑荣"。

一个女人，怎么能对仇人说出这样的话呢？

可是当乱世颠沛，人情冷暖，她都尝遍了。一个千疮百孔的女人，又为什么不能拥有一个好的结局呢？

6

羊献容为刘曜生下了三个儿子：刘熙、刘袭、刘阐。

她的一生，在皇后的位置上不断辗转，最终还是得到了命运的厚待。

刘曜赐她"献文皇后"的谥号，亲自参与陵墓的建造。

抛开历史上的功过是非，刘曜单单在羊献容的生命里，算得上是位"盖世英雄"。

80天环游权力巅峰

登基大典的前夜，桓玄几乎一夜没睡。

他激动万分，因为终于将晋安帝踢下了皇位，建立"桓楚"政权，圆了他与父亲桓温的梦。

有人说他太心急了，应该学习司马懿，再多等等。

可他偏偏不信这个邪。

如果当年父亲桓温没有迟疑，那也不会带着遗憾离开人世。说不定，这天下早就改了"桓"姓。

人生苦短，很多事可能一晃神就错过了。有了父亲的教训，他再也不要傻傻去等。

那个夜晚，桓玄度秒如年。

他数了无数头羊也没有睡着，终于等到了太阳升起，百官朝拜。他拖动着一身肥肉，颤颤巍巍地走向那把最高处的龙床。

那是皇权的象征，也是神圣的美梦。

落座完毕，他试图调整一个最威严的姿态，检阅他的臣民。

忽然，只听"咔嚓"一声，他竟然坐塌了那看似坚固耐用的龙床，重重摔在地上。

众目睽睽之下出现这样难堪的场面，桓玄的脸色立刻变了。他跌在地上，汗如雨下，既愤怒又无助，不知如何收场。

和他一起慌张的，还有下面的百官。登基第一天，皇帝就摔到了地上，这实在不是一件吉利的事情。但是话说回来，皇帝不开心，最倒霉的还不是跪在下面的这群人吗？

还好，这世上总是有各种奇才。

众人面面相觑之时，资深马屁精殷仲文勇敢地站了出来。他用实际表现，证明了自由发挥能力的重要性。

"恭喜陛下，贺喜陛下，您真的是真龙天子，仁德太过于厚重。所以这龙床实在难以承载，忍不住先塌为敬啦！"

桓玄听了立刻喜上眉梢，

忐忑的群臣，也大大松了口气。

1

桓玄何许人也？

东晋权臣桓温的小儿子，晋明帝司马绍的驸马。

当年，晚年一直想要篡权的桓温去世时，桓玄仅有 5 岁。

他虽然承袭了父亲"南郡公"的爵位，可以一生衣食无忧，但是因为父亲曾经的篡权迹象，所以让他的身份十分敏感，一直被朝廷歧视和忌惮，只做了个"太子洗马"的小官。

作为一个权力欲望很强的人，桓玄虽然表面上识时务，对谁都毕恭毕敬的，但心里实在太憋屈。

后来他想通了，与其留在这里承受异样的目光，还不如退一步海阔天空。于是他向朝廷提出离京，回到湖北的封地。

离京之前，他向当朝宰相司马道子辞行。司马道子喝了点酒，毫无顾忌地将鄙视的神情挂在了脸上。

"原来你就是贼的后代，听说桓老爷子闭眼之前还曾想着谋权篡位，来说说，有这回事儿不？"

这话说出口，不仅桓玄吓傻了，在场几乎也是一片寂静。

关键时刻，桓玄决定认怂。他跪在地上磕头如捣蒜，替父亲谢罪。最后还是骠骑长史谢重出面解了围。

从那一天开始，桓玄就暗暗滋生了恨意。

回到封地后，桓玄虽然处境好了一些，但还是处处受到地方官吏的压制，于是他想了个办法，派人在朝廷里打点一番，将殷仲堪任命为荆州刺史。

如此一来，殷仲堪上任后饮水思源，当然要与桓玄穿一条裤子。

自此，桓玄过起了无比滋润的生活。他的体重，也从那时开始一路飙升。

这过程中，朝廷大将胡藩就曾提醒过殷仲堪：桓玄野心极大，是个危险人物，应该离他远一点。

殷仲堪不以为然，当作了耳旁风。

公元 399 年，当桓玄自身实力越来越强大之后，果断杀了殷仲堪，独自占领了荆州。

当时，朝廷已经感受到了桓玄的威胁，想尽办法要制约他的权力。

双方斗了几个回合，恰恰孙恩之乱在这时爆发，朝廷只好暂时将精力收回。

叛军四起，桓玄趁机请求讨伐。

朝廷阻止了几次，但是无奈眼看孙恩逼近了京口，只好同意。桓玄趁机招兵买马，为自己巩固了势力。

当孙恩之乱被北府军将领刘裕平定后，朝廷终于缓过神来，开始全力围剿桓玄。

但此时已经晚了。

桓玄的军队一路冲进了建康。

入京后，桓玄彻底掌控了东晋的命运。他没有忘记当日的屈辱，处死了司马道子父子。

坐在丞相的位置上，他开始做下一步准备。

2

对写作者来说，有一句话叫"千万不要把创作冲动当成才华"，万一有人不幸混淆了两个概念，那很容易自视甚高，其实根本端不起这个饭碗。

不过，这倒无伤大雅。

最怕的是有些人，误把权力欲望当作了自己的治国能力，那最终影响的就不仅仅是饭碗了，很可能是脑袋。

桓玄就犯了这样一个巨大的错误。他以为自己的成功是因为能力，其实是因为运气。

当时，整个东晋被孙恩搞得乌烟瘴气，别说老百姓，就连贵族的日子都举步维艰。这些从小就五谷不分的老爷少爷，连挖野菜都不会，如何保证一家老小的生活，所以当参与了平定孙恩之乱的桓玄打进来的时候，谁也没有反对。

所以可以说，桓玄攻城时，几乎是长驱直入的，算是不战而胜。

但是，从此桓玄就膨胀了起来，恨不得把尾巴翘到了天上。

开始时，他还做了几件好事。比如清洗了一下官员队伍，将一些严重违法乱纪的大老虎揪出来，狠狠踢出了管理层。这样的行为，也让很多人对他期待满满。

但是随着时间的推移，马脚就露得越来越大了。

举个例子，当时三吴地区闹灾荒。国家有难，这正是桓玄笼络民心的机会。他二话不说，下令赈灾。

问题是，治理国家可不像喊口号一样容易。

赈灾的口号喊出去了，请问赈灾的粮食在哪儿呢？

百姓们原本都在流浪要饭，桓玄下了赈灾的命令，负责官员连忙散布消息，让流亡在外面的饥民都回来领取粮食。

百姓们虽然都已经饿得走不动路了，但是听说朝廷能给解决粮食问题，互相扶持着加油打气，匆匆往回赶路。在这个过程中，一部分饥民饿死在了路上，另一部分饥民历经艰辛，却发现根本没有粮食。

就这样，桓玄不仅没有得到民心，还因此被老百姓恨之入骨。

这样的智商，能够治理天下吗？

3

桓玄当然没有意识到自己的问题。

每当看到那把龙椅上还坐着司马家的屁股，他都十分不爽。他要加快速度，尽量压缩时间将准备工作做完，吃上那碗热豆腐。

夺权之后，他杀了司马道子父子，这倒算是情理之中。

不过接下来，他又将手伸到了北府兵那里，下令杀害吴兴太守高素、辅国将军竺谦之、高平相竺朗之、辅国将军刘袭、彭城内史刘季武、冠军将军孙无终，甚至还有北府将领刘牢之。

这下，算是捅了娄子。

因为最后为他准备好了棺材的，正是北府兵。

公元 403 年，桓玄觉得篡位的时机就快来了。他还需要再为自己充实一下简历，添加几笔军功。

于是他让皇帝将自己封为大将军，又上表请求北伐后秦。

不过，他也知道自己当初打仗都是靠混，如今也没必要真的去玩命。于是他将消息弄得世人皆知之后，又借皇帝的名义否决了自己的上表。

收到了否决诏书后，桓玄假装委屈生气，抱着圣旨唉声叹气。他表示自己心怀国家，一直想要上阵杀敌，甚至已经下令造船。

不知道是不是为了剧情发展的需要，他还真造了船。

只是那船上，分明都是些绫罗绸缎、古董字画，怎么看都是移动高级会所，不像是要出门打仗。面对质疑，桓玄又连忙出来解释说："也没那么夸张啦，都是些衣服和书画，本就是常常带在身边的东西。这不是现在要打仗了，随时准备出发，所以才放在船上。"

带着如此拙劣的演技，他的每一次亮相，都被人在背后笑掉了大牙。

还有一次，桓玄的哥哥去世了，他为兄服丧。

服了一段时间，不知道是不是憋太久了，他下令组织了一场饭局。

饭局开始，音乐响起，桓玄却用力拍起了桌子，一边哭一边说："我哥哥才死了没有多久，你们就如此饮酒作乐，这样对吗？"

大家瞬间在心里嘀咕起来：

大哥，这局子难道不是您攒的吗？怎么还倒打一耙呢？

众人沉默了一会儿，等桓玄表演完了"好弟弟"的角色，自行收起了眼泪。音乐继续，派对现场又狂热了起来。

从此以后大家也明白了，桓玄这人，肥肉一直增加，演技一点没进步。于是索性眼睁睁地看着他接下来的自导自演：

加九锡，封十个郡，立自己为楚王。

4

封了楚王后，不好继续赖在朝廷。桓玄上书，假惺惺地表示要回到封地。

接下来，朝廷当然又要下令阻止他。他甚至让人在朝堂上大声朗读诏书，借此表明：我呢，是要走的，但是皇帝他死活不让我走。

这样雷人的剧情，他竟然反反复复演了好几次。

其实演到这里，对于接下来的故事走向，观众已经心知肚明了。

桓玄自导自演的目的，始终是坐上那把龙椅。

古来帝王登基都要有一些祥瑞之兆，如果没有，那也要制造一些出来。不久，各地果然开始出现"灵异现象"。

临平湖出现了清流，江州也有甘露降在了翠竹上。

这时候，皇帝又下诏书了：

"灵异祥瑞的事绝非朕所敢当，这实乃是相国桓玄仁德宏盛，故而应于祥瑞。"

公元403年11月，桓玄命人写好了禅位诏书，让晋安帝抄写。

诏书下来，桓玄又摆出一副不接受的姿态，直到晋安帝带领官员集体请愿，桓玄才下令祭天。

12月3日，桓玄祭天登基，建立"楚"，史称桓楚。

登基那天坐塌了龙床的他，竟然真的以为自己德行深厚，却丝毫没有察觉，这就像是一个不祥的预兆。——你以为那皇权坚固，却不知它无比脆弱，很容易被欲望与无知压垮。

登上了皇位的桓玄，以为这就是皆大欢喜的大结局，于是开始纵情享乐，将天下当作了自己骄奢荒淫的后花园。

他没有展现出治国的才华，而是继续编写着自己的"蠢事大全"。

天下要紧事，他统统不管。但是偶尔为了证明自己的权力地位，也会寻找些鸡毛蒜皮的事，来展现威严。

有一次，某臣子在公文上写了一个错别字，他将所有经手这件事的人，统统炒了鱿鱼。

当这样的事情越来越多，那覆舟的水已经开始蠢蠢欲动。

因为这些荒谬的举动所折射出来的，不仅仅是桓玄的愚昧，而是东晋以来"王臣共治"政治舞台的渐渐消失，贵族们的地位已经渐渐被削弱，朝廷变成了皇帝的"一言堂"。

当一个政权中，到处都是怨气冲天的利益群体，那么这栋摇摇欲坠的大厦，只要轻轻一推，就会轰然倒塌。

5

桓玄始终没有明白，当年他之所以取得成功，是因为贵族们渴望他的到来与颠覆，以此换得复兴贵族政治的机会。

但是，当桓玄误以为自己是超人，可以拥有天下掌控权，企图将朝廷装在自己的兜里时，他已经渐渐走向了孤立。

坐在皇位上的人，不一定要有治国之才，但一定要懂得平衡之术。

在龙椅上坐了 80 天之后，桓玄等来了北府兵旧将刘裕。

他吓得慌忙滚下了龙椅，逃亡寻阳。

他在寻阳组建了水军，原本想抵抗一番。却因为管理不当，随意处死部下，搞得队伍人人自危，根本没有战斗实力。

不久，桓玄挟持晋安帝西逃至江陵。

北府兵一路追击，桓玄被乱箭射死于船上，年仅三十六岁。

桓玄的首级，被送回了建康，悬挂在街头示众。他的"桓楚"政权如流星一样转瞬即逝。

刘裕在桓玄之乱后控制了东晋朝廷，又消灭了其他势力，建立了"刘宋"。

从此，中国进入南北朝时期。

刘裕篡晋：一生杀了六个皇帝

"千古江山，英雄无觅，孙仲谋处，舞榭歌台，风流总被，雨打风吹去。斜阳草树，寻常巷陌，人道寄奴曾住。想当年，金戈铁马，气吞万里如虎。"

辛弃疾的一生，都渴望戎装上阵，收复祖国河山。

当他怀着满腔热血写下这首词的时候，想起的是北伐战场上意气风发的刘裕，字里行间满满都是钦佩，也有惋惜。

在他心里，以刘裕的军事才能，是完全可以实现江山统一的。从"寄奴"的卑微，到率军北伐的意气风发，再到短暂的帝王生涯，刘裕注定就是乱世中的英雄。

虽然，也有人对此有不同评价。说他毕竟谋权篡位，嗜杀如命，一生竟然杀死了六位皇帝。为了防止东晋复兴，还几乎灭了司马一族。

历史的答案是：帝王的功业，都是踩着白骨建立的。

刘裕当政期间，南方一片繁荣。他所做的一切，纵使沾满鲜血，也算是顺应了历史的发展。

从这个意义来看，难怪他得到了更多的正面评价。

1

刘裕杀死的第一位皇帝，是桓玄。

如果时光倒流，没有人相信他会是一个可以杀死皇帝的人。

他出身贫寒，小时候差点被父亲丢掉，后来于心不忍又被捡了回来。他吃着百家饭长大，在门阀政治大行其道的东晋时代，他的人生看起来并没有什么光明的前景。

不过，刘裕选择了一条正确的道路。

战乱爆发后，他加入了北府军。

而在当时的社会环境下，对于一个没有背景的年轻人来说，这几乎是建功立业唯一的通路。

因为思维敏捷，行动力和爆发力强，刘裕很快就展现出了军事才能，渐渐在北府军中崭露头角。

东晋政权动荡，刘裕穿梭在大大小小的平叛行动中，积累了不少"工作经验"，能力受到肯定与认可。

公元 402 年，桓玄爆发叛乱。

北府军原本也接到了朝廷的平叛命令，但是因为领导刘牢之被收买，选择了为桓玄站台，结果桓玄几乎兵不血刃地夺取了东晋大权，并在夺权后反过来血洗了北府军的领导层。

这件事，可以算作刘裕一生的转折点。

因为职位不高，所以刘裕知道，无论如何也血洗不到自己的头上。相反，正因为领导层被血洗了一遍，自己这样的中层小领导反倒有了升职的机会。

果然，他不但毫发无伤，保住了工作，还因为平定后来的卢循之乱立了功，被提拔为彭城内史，前途一片大好。

公元 403 年，桓玄篡位称帝。

他的妻子刘氏看人比较准，多次提醒丈夫："刘裕这个人有野心，不会久居人下，宜尽早除之。"

桓玄有些犹豫，因为他已经杀了不少人，总要为自己手边留些能用的人吧？所以总是想着，再等等，等平定了关陇再杀也不迟。

刘氏见状也无可奈何，只能叹气摇头。

不过，刘裕却丝毫没有犹豫。自刘牢之死后，他就已经在暗中培植自己的力量，将曾经的北府军重新打造为一支战斗队伍。

公元 404 年，刘裕借着打猎的名义，仅仅带着一千七百余人在京口举兵起义，竟然顺利歼灭了桓楚的兵力，连续斩杀吴甫之和皇甫敷两员大将。一时间，各地豪杰纷纷开始起义，愿意响应刘裕的号召。

桓玄得知后大惊失色。

他终于开始后悔当初没听媳妇的话，但也只能认清形势，坐船弃城逃跑。

刘裕坐镇京师，烧掉了楚太祖桓温的牌位（桓玄为父亲所设），接下了权力的接力棒，他竟然只用了短短几十天，就让京城恢复得井然有序。不得不说，与桓玄相比，他似乎天生就具有帝王之才。

刘裕是个谨慎的人，他没有像桓玄那样心急，断然不会贸然称帝，因此迎回了白痴皇帝司马德宗。

桓玄败走后，不久就被杀死。

《晋书》记载，他留下的最后一句话是："是何人邪？敢杀天子！"

对方淡淡回答："我这只是在杀天子之叛贼而已！"

桓玄是刘裕下令杀死的第一个皇帝。他带着一千多名北府兵，就颠覆了桓楚的政权，也奠定了他一生的基业。

几年后，他的刀锋对准了第二位皇帝——南燕皇帝慕容超。

2

公元 409 年，刘裕已经在宰相的位置上把持朝政多年。

他 46 岁了，但依然没有着急登基，而是希望积攒更多力量。

东晋政权一直面临着北方的威胁，因此他决定兴师北上，讨伐南燕。

此时，南燕的皇帝是慕容超。

他并不是老皇帝慕容德的儿子，而是侄子。在淝水之战后，慕容德曾经随慕容垂起兵，结果被苻坚杀了所有子孙，残忍地断了后。

不幸中的万幸，在那场清洗当中，怀着孕的段氏得以保全了性命，并被解救出去，不久后诞下了慕容超。

慕容超十岁那年，祖母去世，她临终前将慕容德的金刀传给了仅有的孙子，嘱咐其去关东寻找叔父。

慕容超的一生颠沛流离，先是与母亲投奔了后凉，后秦灭了后凉后，只得寄居在后秦。后来，慕容德派出的人终于找到了慕容超，使者将他匆匆带回南燕，他连母亲、妻子都没有来得及禀告。

公元 405 年，慕容超带着金刀，见到了垂垂老矣的叔父慕容德。

70 岁的慕容德摩挲着金刀，无语泪流。

他想起了自己的儿子们，但此时他们都早已不在。眼前这个陌生的侄儿，就是他唯一的继承人。

半年之后，慕容德病逝，慕容超继任为南燕皇帝，用南燕的宫廷乐工，向后秦换回了母亲和妻子。

公元409年，慕容超屡屡南下，侵犯东晋的边境。

他本以为这样的小挑衅，根本不会激起什么水花，没想到正好中了刘裕的下怀。刘裕以此为由，率领着大军一路来到了穆陵关。

强敌当前，慕容超一筹莫展。原本后秦答应出兵相助，却恰好遇到赫连勃勃的骚扰，只好紧急召回兵马。

南燕孤立无援。

苦苦支撑八个月后，南燕终于在弹尽粮绝的情况下灭亡。南燕皇帝慕容超被押送回师，于建康街头斩首，成了死在刘裕手下的第二位皇帝。

绵延近百年的慕容燕国，从此只活在了历史的烟云里。

《晋书》记载，慕容超在最后时刻宁死不降，表示"废兴，命也。吾宁奋剑决死，不能衔璧求生"，算是保住了慕容家的风骨。

3

杀了慕容超之后，东晋朝廷中更加无人可以挑战刘裕的威望。他离龙椅始终只有一步之遥，但还是按捺下了那份冲动。

接下来，刘裕的刀指向了谯蜀。

公元412年，他派出了伐蜀的主将朱龄石。

听到消息的谯蜀立刻严阵以待，他们很快打探到，朱龄石是一位资历很浅的将领。伐蜀一共有外水、中水、内水三条水路，如果他们可以猜中晋军的部署，将自己的主力部队部署在恰当的位置，或许还有一线生机。

谯蜀派出的探子一无所获，没有打探到任何消息。

因为在朱龄石带队出发的时候，整个队伍并不知道要如何配置。刘裕在临行前给了朱龄石一个锦囊，要求他到了白帝城再打开。

于是谯蜀只好做了一次赌博，他们将主力部队配置到了内水。

到了白帝城，朱龄石打开锦囊，看到了刘裕的密令——主力走外水，偏师走中水，老弱走内水。

其实，这是刘裕的一个小计谋。

出发前，刘裕已经将这个部署告诉了朱龄石。但之所以这样去做，不仅仅是为了让谯蜀的探子扑个空，也是担心朱龄石资历太浅，不足以压得住场面。

只有现场掏出刘裕的锦囊，才可以让众人信服。

谯蜀的部署是一场明显的错判。

晋军一路攻进了蜀地，皇帝谯纵慌慌张张逃出了成都。走投无路之间，被人砍掉了头颅，送到了朱龄石的大帐里。

杀了第三位皇帝谯纵之后，刘裕决定啃下一块硬骨头——后秦帝国。

4

当初刘裕攻打南燕，原本后秦是要帮忙的。

皇帝姚兴还派了使者去放话，说："慕容超是我哥儿们，我们有十万铁骑在洛阳，你们要是不撤兵，那咱们恐怕就要比画比画了。"

刘裕冷笑了一声，派使者回去传话，"我们原计划先把慕容超捏死，三年后到洛阳约一架，端了你们的老窝。但是你们要是等不及了，现在就要来找死，那就速速来吧"。

当然，后来后秦因为赫连勃勃的原因并没有出兵，刘裕也没有在三年后去洛阳。

当他磨刀霍霍冲向后秦的时候，已经是慕容超死后的第六年。

刘裕是个头脑极其清醒的人，话虽然放得狠，但是到了具体实施的时候，他希望可以稳操胜券。战争不是儿戏，靠的永远不是一时冲动，而是依据时势所做出的重要部署。

公元 416 年，姚兴去世，后秦后院起了火。

这个时候，刘裕宣布向后秦宣战，为后秦的伤口上撒了一把盐。

继任者姚泓是个倒霉的人，他刚刚血洗了皇宫，气喘吁吁坐上王座，就要准备迎接来势汹汹的东晋大军。

东晋北伐大军抵达洛阳后，守将仅仅守了两天就乖乖投降了。但后面还有潼关、函谷关两大屏障，这对部队来说是很有难度的，于是他们原地等待，刘裕会亲自率领主力军前来。

然而此时出现了一个意外情况，就是后秦家的后院又不太平了。

姚泓的两个弟弟分别发动了叛乱，情急之下，姚泓只好调回了函谷关和潼关的守军，帮助自己捍卫皇位。

这种情形让东晋的几个将领有了侥幸心理。他们决定抓住这个时机，于是没有等到主力军，就兵分两路进攻。

刘裕知道后很生气，认为这个决定太草率了，后秦如果趁机消灭了东晋前锋军，那么这场战争就是一场悲剧。

还好王镇恶等人虽然遇到不少困难，但还是一路攻破了潼关，等待与刘裕会合。沈田子的另一支队伍则与御驾亲征的姚泓相遇，将其打回了长安。

其实当刘裕带着主力人马抵达的时候，大势已经定了。后秦完全没有反击之力，就看皇帝姚泓是否投降了。

姚泓这个皇帝，着实没享到什么福分。

他没有慕容超的骨气，其实很想投降，但他 11 岁的儿子姚佛念却展现出了超龄的风范，他说："晋人将逞其欲，终必不全，愿自裁决。"见父亲沉默不语，他选择一人从城墙跃下。

被儿子打脸的姚泓，最终还是哆哆嗦嗦出来投降。他被押送回建康，跪在了慕容超曾经死去的位置。

后秦皇帝姚泓，是刘裕杀死的第四个皇帝。

攻下后秦，刘裕收复了一直牢不可破的长安，达成了无数英雄的宏愿，也成为收复失土最多的权臣。可以说，这件事为他树立的威望，已经足以支撑起民众的心理基础。

他登基的时机，已经成熟了。

5

关于登基这件事，刘裕似乎显得过于谨慎了。

但其实除了众所周知的原因，他还有一个隐秘的担忧。

这事儿说起来挺逗的，就是刘裕这样的钢铁硬汉，偏偏有点迷信。因为民间有童谣说"昌明之后有二帝"，所以他并不敢贸然登基。

收复了长安之后，已经五十几岁的刘裕不想再等待下去了，但他还是不愿意冒险，也不愿意心里犯膈应。

于是他杀了第五位皇帝——晋安帝司马德宗，又立了司马德文为帝。

司马德文的命运很明显，就是拿来凑数的工具人。

至此，"二帝"已经够数，刘裕可以办手续了。司马德文听话地写下禅位诏书，被贬为零陵王。

公元 420 年，刘裕称帝，改国号为"宋"，这就是南朝第一个朝代。

工具人司马德文低到了尘埃里，表示愿意配合刘裕做任何事情，只要能够保住性命。但是刘裕依然不肯放过他。

他杀死了司马德文刚刚出世的幼子，还派人赐给司马德文一杯毒酒。司马德文坚持认为，自杀的人是不能投胎为人的，结果被杀手用被子活活捂死。

司马德文，是刘裕杀死的第六位皇帝。

刘裕身份低微，却极具军事和治国才能。唯一被人诟病的，就是开了一个不好的先河。

在他之前，禅位与投降的皇帝都是可以保全性命的。但是刘裕的手下，却不会留下一个王座上的活口。

登基之后，他还想要出征北魏，大展宏图，可惜两年后就因病去世，享年 59 岁。

刘裕没想到的是，因为他而开创的杀戮传统，下一个皇帝也会因禅位而惨死。

皇帝的名字叫刘准，正是他的后人。

从天而降的皇位？

公元 477 年，一天夜里，萧道成的门被人撞得砰砰作响。

他没吭声，也没敢开门。因为他怕死。

最近很多人告诉他，皇帝要杀他，因此他已经几天没睡好了。此刻，他选择掩耳盗铃，假装没听见。直到门外响起了一个声音，"皇帝刘昱刚才被侍从杀死了，快请萧将军入宫主事"。

萧道成狐疑了半天，怀疑有诈，仍旧没有起身。

这时，窗户被人打破，一个东西被扔了进来。他连忙打开来看，竟然真是皇帝刘昱的人头。

他连忙穿好衣服，直奔皇宫。众人纷纷拥护他做皇帝，他当然没有冲动，而是按部就班地立 10 岁的刘准为新帝，将政权揽在了自己手中，等待篡位的真正良机。

本来以为自己快死了，却不小心撞上了大运。

对萧道成而言，这颗人头，就像是天上掉下来的馅饼。

这个故事，你相信吗？

1

刘裕一定没有想到，颠覆了刘宋政权的人，竟然是萧家的后代。这样的故事情节充满了戏剧色彩，更像是出于文学家之笔。

因为，当年刘裕曾经自称是刘邦的后代。更确切地说，是刘邦弟弟楚元王刘交的后代。而萧道成出生于晋陵郡武进县东城里，是萧何的二十四世孙。

众所周知，在中国古代历史上，刘邦和萧何算是一对经典的君臣典范。

虽然晚年时，刘邦也对萧何并不放心，但得益于萧何的高情商，最终结果总是相安无事的。如果几百年后，萧何的后代干掉了刘邦的后代，这实在是个令人唏嘘的故事。

当然，刘裕与萧道成两个人为了政治地位的合理性，都有刻意为身世贴金的可能。但无论如何，这都是个极其有趣的巧合。

我们回到萧道成的出身。

萧家虽然曾经拥有显赫家世，但伴随着历史的沉浮，早已荣光不再。

直到萧道成父亲这一辈，才因为军功卓著有了点起色，逐渐重振了萧家的声誉。

公元440年，萧道成也随父亲一起平复叛乱，开始了戎马生涯。

萧道成的能力高于父亲，运气也比父亲好。他先是在湖北一带征讨当地族人立了功，又参与了对北魏和仇池国的战役，几乎保持了屡战屡胜的纪录。仅仅几年的时间内，他就已经做到了右军将军。

这个职位不低，但是与刘宋统治集团的核心尚有一段距离。

不过很快，新的机会又来了。

刘宋皇室内部开始为权力厮杀，最后演变为全国性的叛乱。

萧道成被封为辅国将军，与会稽太守寻阳王刘子房的起义军对抗。仅仅一天时间，他就拿下了十二座营寨，立了大功。

接下来，他被寄予厚望，不断南征北战，连续讨伐了各路诸侯的大小叛乱，成了朝廷屈指可数的大将。

萧道成本是文官出身，读过浩瀚如海的书籍。他心里太清楚，当军功积累到一定程度，必然会引起朝廷的猜忌，为自己带来祸事。

果然，民间开始有了"萧道成当为天子"的呼声。

2

公元471年，朝廷下了诏令，命令萧道成回朝。

很多人劝萧道成千万不要回去，因为这一去非常凶险，真的很可能就再也回不来了。

但是萧道成思前想后，觉得自己反而不应该迟疑。

刘宋皇室已经开始骨肉相残，未来充满不确定性。而他此时立刻回朝，就恰恰证明自己没有二心，因此皇帝未必会杀他。

他留在朝中，才可以伺机观察，成就大事。

果然，回到朝廷的萧道成毫发无伤，还被封为散骑常侍、太子左卫率。宋明帝死前颁布了遗诏，又将萧道成升为右卫将军。

少年刘昱登基，叛军再次蠢蠢欲动。萧道成一马当先，说出了"我自前驱，破贼必矣"的豪言壮语，将叛军击败，杀了当时威胁最大的桂阳王刘休范。

从此以后，萧道成与袁粲、褚渊、刘秉一同辅政，被并称为"四贵"。不久，萧道成又被加封为尚书左仆射。

站在复杂多变的局势下，萧道成自我感觉分寸拿捏得还不错。但是他还是大意了，少年刘昱虽然年纪小，却远远比他想的要狠毒。

随着他的声望越来越高，刘昱已经起了杀心。

传言说，刘昱并不是宋明帝的亲生儿子。年少登基后，他的凶残渐渐展现出来，看谁不顺眼就杀谁，搞得身边人都惶恐不安。

这个变态杀人狂，几乎每隔几天就要杀人，以至于身边侍从要带着各种杀人工具。

因此他的眼神扫到了谁，都会让人吓个半死。

公元477年，那天萧道成正在家里光着膀子睡觉，刘昱带人溜溜达达就走了进来。他盯着萧道成的大肚皮看了看，觉得很像靶子，于是让人以肚脐为圆心，在上面画了几个圈圈，并拿来了弓箭。

正在他拉弓射箭的时候，萧道成惊醒，连滚带爬地跪在了地上。

身边人也开始打圆场，刘昱这才命人换成了将箭头包上的玩具箭，嘻嘻哈哈玩耍了一番。

自从感受到了刘昱对自己的杀意，萧道成无时无刻不感到后背发凉。回到宫里，刘昱命人雕了一个萧道成的木刻，天天练习射箭。深宫里的太妃都看出了端倪："萧道成有功于国，今若害之，后谁复为汝着力者？"

萧道成真的就这样坐以待毙吗？

反复思量之下，他买通了刘昱身边的近侍杨玉夫。于是刘昱在酒醉入睡后，被瞬间砍下了头颅，一声都没有吭。

所以，故事的真相已经揭开。

萧道成房间里的人头当然不是从天而降，而是他努力改变命运的结果。

3

刘昱被杀死后的第二天，萧道成以太后口谕召集袁粲、褚渊、刘秉等人入宫。

人都到齐了以后，有人带头高呼"萧公应该主事"。萧道成的心腹将领王敬还建议萧道成应该直接做天子。

这种情况下，就算是有心存异议的人，见情势紧急，也不敢站出来反对。

萧道成当然没有那么傻。该走的程序，还是一样也不能少的。

他先是呵斥了提议者，随后发话："按法入东府迎安成王入宫即位！"

就这样，年仅10岁的安成王刘准登上了皇位，成为宋顺帝，萧道成成了刘宋实际意义上的掌权者。

公元479年，萧道成逼刘准禅位。

刘准签了禅位诏书，却死活不肯去参加禅位大典。当年，祖先刘裕开创了杀害禅位者的先河。他不知道自己还能否保住这条性命。当天，他吓得躲在佛盖下面，最后是被人抬走的。

萧道成假装不接受禅位，待百官在宫外一再恳求，才"勉强"接受了这个事实。

同年，他即位于建康南郊，开创了"齐"王朝，史称南齐。自此，存活了59年的刘宋王朝灭亡。

萧道成没有放过刘准，他封其为汝阴王，派兵监管。监管过程中，刘准果然"不小心"被杀死。后来，他又几乎诛杀了刘氏的所有子孙。

自古帝王出世，总是伴随着异象。比如《南齐书》中记载，萧道成"姿表英异，龙颡钟声，鳞文遍体"。

"鳞文遍体"的意思，就是遍体长有鱼鳞纹。有人认为这就是一种征兆，证明萧道成生来富贵。但其实，这就是鱼鳞病的症状，属于常见遗传性皮肤病的一种。

患有鱼鳞病的萧道成不爱出汗，因此很怕热。所以小时候的他经常在自家门前的一棵参天桑树下乘凉。

当时，他的堂兄就开玩笑说，"拿着大树当华盖啊"！

没想到，日后他真的坐上了皇帝的位置。

4

萧道成登基后，工作态度是十分端正的。

他才华横溢，饱读诗书。据史书记载，他"博涉经史，善属文，工草隶书，弈棋第二品"，并不是只会骑马打仗的武夫。

在位期间，他不只革除了刘宋的很多苛政，还发扬了艰苦朴素的优良传统作风，以身倡导节俭，做到了"即位后，身不御精细之物"。

作为九五之尊，他的寝殿里，挂的竟然是葛做的灯笼，麻做的蝇拂。他的餐桌上，几乎都是清一色的素食。

后来一位将军实在看不下去了，送了萧道成一盘蒸熊肉，当场他吃得那叫一个香。可见，他从来就不是素食主义者，而是单纯为了省钱。

既然节约到了这个地步，每当赏赐臣子的时候，也没什么拿得出手的东西。

有一次，萧道成想要表达对才子张融的赞赏，便命人送了一件自己穿过的旧衣服。

皇帝送的礼物，怎么样都是尊贵的，何况里面还用心地写了"小卡片"——"虽然旧是旧了点，但已经让人按照你的身材重新剪裁了"。

这个故事，也是"量体裁衣"的成语来源。

不过，节俭虽然是件好事情，但过了头，也显得不近人情。

在皇宫之内，萧道成几乎不允许金银铜玉的出现，如果是非用不可的，尽量都改成铁器。

他把华盖上的金花爪改成铁回钉，改掉了华贵的雕栏，甚至大臣和后妃们的衣服鞋子，也不可以是华贵的衣料和明艳的颜色。一时间，宫里上上下下都是一副寡淡的样子。

除了宫廷之内，他也将禁令颁到了民间。经营金箔银箔生意的老板们都破了产，老百姓们也失去了花枝招展的权利，连绣花鞋都不允许穿出门。这么极端的做法，不只违背了人之常情，也不符合经济的发展规律。

他放话说："使我治天下十年，当使黄金与土同价！"

不过，命短的他没有再活十年，四年后就归了西。他的子孙们更不争气，或许是物极必反，到了末代君主萧宝卷的时候，几乎奢靡到了极致。

皇宫内，地上铺满了金子雕成的莲花，美丽的妃子们在上面穿行，萧宝卷将其称作"步步生莲"。

如果萧道成活着看到这一幕，估计也会气死。

5

萧道成虽然在金钱上有些苛刻，但骨子里还算是个多才多艺的男子。

幼年时，萧家就有"诗书传家"的祖训。他从来不敢违背，一心刻苦研读，还曾经师从当时的大儒雷次宗。

在雷次宗的教导下，他对《礼记》《左传》等儒家经典有着非凡的见解，还因从小就坚持临习名帖，书法功底了得。

萧道成最擅长的是草隶书，作品《破堽帖》被收录在了宋太宗的汇帖《淳化阁帖》之中，流传至今。

当时，他听说王羲之的后人王僧虔以草书、隶书独步天下，心里一万个不服。于是，他竟然在朝廷上办了一场个人竞赛。

两人当场各自写了一幅字，要进行比较。

字，总是自己的顺眼。

萧道成挑眉看着王僧虔，问："你觉得这场个人竞赛，咱俩谁是第一名？"

王僧虔思考了半天，也不知道如何回答比较得体。

说自己第一吧，怕……丢脑袋。

说皇帝第一吧，既不甘心，又像个恶心人的马屁精。

最后，王僧虔磕磕巴巴回答了一句："我感觉咱俩都是第一。"

这是什么鬼答案？萧道成立刻把宝剑抄了起来。

王僧虔慌忙向回找补："臣的书法，是臣子中的第一；陛下的书法，是皇帝中的第一。"

萧道成没憋住，笑出了声来："你还真是不吃亏啊。"

王僧虔看见萧道成的笑容，这才松了一口气。

除了书法，萧道成的围棋也是一绝，是国手级别的水平，还写过一本围棋著作，名为《齐高棋图》，是中国历史上第一个写棋谱的皇帝。

6

公元 482 年，萧道成病重。

此时 56 岁的他，仅仅做了 4 年皇帝。

临死之前，他想起了当年经历的种种，唯一牵挂的就是子孙的基业安稳。

他嘱咐太子萧赜，切记不可骨肉相残。

当年刘裕几乎杀光了司马家族，就是希望自己的子孙安枕无忧，却不料子孙相互残杀，才会让其他人乘虚而入。

太子萧赜流着泪应允，萧道成这才闭上了双眼。

不久，42 岁的萧赜继位，史称齐武帝。

当皇帝不如当和尚

当皇帝幸福吗？

纵观历史五千年，权力的王座之下从来都是血流成河。尽管如此，却依旧让人趋之若鹜。

仔细想想，这个位置其实幸福感并不高，相反危险系数又极高。

如果来算一下中国皇帝的平均寿命，大概只有三十几岁。他们心理压力太大，需要操心的事儿不少，也容易纵情酒色，所以很少能够活过 60 岁。

这么一想，当皇帝实在不是什么好差事。

不过，长寿的皇帝虽然不多，但不是没有。

众所周知，清朝乾隆皇帝活到了 89 岁的高寿，位列榜单第一名。

位列第二位的，就是南北朝梁武帝萧衍，活到了 86 岁。

1

萧衍的简历，在篡位者当中算是极牛的。

他本就属于皇族，与萧道成一样出自金陵萧氏。他的父亲萧顺之，就是萧道成的族弟。

可以说，他就是含着银汤匙出生的天之骄子。

虽然与皇位继承者的位置不沾边，他的心思，起初其实也没放在这上面，而是立志成为一名优秀的文艺青年。

文艺青年这个身份，什么样的人玩得最好？

有两种。

一种是最穷的，生活已经到了绝境，反而会绽放出一种极致。

一种是不缺钱的，不必为了五斗米折腰，拥有大把时间来追求精神财富。

很显然，萧衍是后一种。

他就是那种人长得又高又帅，又有钱又聪明，还有才华的极品男人。在皇帝当中，他精通诗文、经学、史学、佛学、音乐、绘画、书法理论等领域，是个全面发展的好青年。

在齐武帝年间，他还搞了个组织叫"竟陵八友"，主席是南齐开国皇帝萧道成的亲孙子萧子良，成员几乎就是当时最厉害的文坛人物，比如沈约、谢朓，等等。这几个人创造了"四声八病"的音韵学说，后来还成了盛唐文人学习吟诗作对的声韵教材。

就这样，到了该上班的时候，才华横溢的萧衍接到了无数份职位邀请。

南北朝没有科举制度，找工作第一看家世，第二再看能力。

这两样，萧衍都有。

他入职的第一家公司，是卫将军府。试用期还没过，领导就急不可耐地为他升了职。

后来因为为父亲守孝，萧衍离开了工作岗位三年。

三年以后再回来，原位置早就没了。领导灵机一动，就为他连升了三级。

日子这样过下去，真是想想也能笑出声来。

2

公元 493 年，齐武帝萧赜病重，蠢蠢欲动的萧子良看到了自己的机会，也获得了"竟陵八友"中王融的全力支持。他们打算加入皇位争夺战，为自己搏一回。

萧衍没有参与其中，因为他在内心推演了一下，认为萧子良的胜算极低。

争夺皇位毕竟不像做生意，这一单赔了，下一单还能再赚回来。如果万一出了什么差池，那就是人头落地的大事。

这个时候，萧衍 29 岁，是家里的主心骨。在政治站队这件事情上，他是不容许自己有一丝马虎的。既然目前形势不明朗，他还是想继续观望。

按照他的想法，如果一定要选择一个潜力股，那他也会选择萧鸾。

最终果然不出所料，萧子良行动彻底宣告失败，王融也跟着一起丢了性命。

在萧鸾的扶植之下，新皇帝萧昭业继位。但这孩子似乎对国家大事不太感兴趣，每次上朝都像上坟，下了朝就乐颠颠跑去后宫，去找姐姐们"开会"。

这样的人自然无法坐稳皇位。不久，年仅 21 岁的他就被萧鸾杀死。一直与萧鸾关系不错的萧衍，政治眼光是非常准确的。

萧鸾是萧道成的侄子，也是萧道成的养子，是此时南齐实际上的掌权者。

公元 494 年，萧鸾宣布登基，被称为齐明帝。登上皇位后，他忘记了萧道成的养育之恩，几乎杀光了他的所有亲儿孙，绝对是个狠人。

公元 495 年，北方最大的敌人北魏前来叫板，皇帝拓跋宏亲自带队，气势汹汹杀进了义阳城。

由于萧鸾的信任，从来没有打过仗的萧衍接过了这个"不可能完成的任务"——解救义阳城。

他带着大队人马出发，当距离义阳城还有一百里时，南齐大军就已经泄了气。因为世人皆知北魏军队的勇猛，还没有到两军对垒的时刻，将士们已经开始打怵，不敢前进了。

萧衍决定换个思路，以智取胜。

他挑选出了一队精英，悄悄爬上了贤首山，摸着黑在山上插满旗帜。

第二天清晨，城内的南齐将士与百姓们看到了自己的旗帜，认为援军已经到了，兴奋得奔走相告。北魏兵也慌乱起来，认为南齐的援军已经围了城，自己恐怕是插翅难飞了。

这个时候，主将萧衍决定一鼓作气，亲自上场带队。齐兵士气大增，英勇无敌。初次带兵打仗的萧衍，竟然顺利拿下了强敌北魏，立下了军功。

萧鸾大喜，将其升任为太子中庶子，萧衍的地位一路向上。

不过，北魏没有就此罢休。三年后，他们再次南下，接连攻下了新野、南阳，直逼雍州。

萧鸾心急如焚，只好又派出了萧衍。但这场战役整整打了一年，无比艰难。最后萧衍大军被围困在了雍州西北的邓城。

眼看着粮草就要不够用，萧衍决定趁着将士们还不知道这件事，没有完全丧失斗志的时候，咬牙杀出重围。这一场突围，几乎变成了他后来的梦魇，到处都是尸体横陈、血流成河的景象。

萧衍一直撤退到了樊城，队伍已经死伤无数。

萧鸾还算善解人意，不但安慰萧衍"胜败乃兵家常事"，没有怪罪，还任命他为雍州刺史，使他拥有了自己的根据地。

<h1 style="text-align:center">3</h1>

公元 498 年，萧鸾重病而亡，享年 47 岁。

因为长子是庶出并且残疾，所以临终之前，他将皇位传给了次子萧宝卷。为了保护自己的后代，他已经杀光了萧道成的直系子孙，但还是不放心地叮嘱儿子："做事不可在人后！"

萧鸾的担忧不是没有原因的。

其实，16 岁的萧宝卷并不是一个合格的继承人。在做太子的时候，他就经常带着一群人在东宫里挖洞捉老鼠。

这样的人，要如何治理国家呢？

但父亲临终前的话，萧宝卷听进去了。所以登基后的第一件事，就是杀掉了父亲任命的 6 位辅政大臣。

可惜萧鸾的良苦用心，都被熊孩子做了错误的解读。

权力像是一个放大镜，会无限放大一个人的恶。萧宝卷不只崇尚奢华，将祖辈们的节俭传统抛诸脑后，还沉迷于女色，嗜杀成性。无论百姓还是大臣，他想杀就杀，完全没有禁忌。

萧衍的兄长萧懿，也不幸被杀。

这个性格偏执的皇帝，做事全凭情绪。

有一次，他觉得应该去教训一下北魏，竟然在完全不顾及后果的情况下派出了 4 万人。

当时北魏皇帝拓跋宏恰好生病，却还是毫无悬念地打了胜仗。但因为带病出征的原因，的确加重了拓跋宏的病情，加速了他的死亡。

这也是在这场战役中，萧宝卷唯一赚到的地方。

萧衍远在雍州刺史的位置，但还是不小心碍了萧宝卷的眼。不知道他是出于什么考虑，竟然派出了刺客去刺杀萧衍。

可能刺客也觉得皇帝的脑回路太奇怪，他找到萧衍，不但没有下黑手，还全部主动交代了一遍。

萧衍知道，自己在这样的境遇之下没有选择，只有走一步险棋了。

他联合皇帝的亲弟弟萧宝融杀进了建康，将醉生梦死的萧宝卷送上了黄泉路。

13 岁的萧宝融即位，称为齐和帝。萧衍任大司马，掌管军国大事。

魏晋南北朝政权众多，频繁更迭，但是大抵逃不过相同的规律。所以，从这个配置来看，故事的发展走向已经很清晰了。

萧衍凭借这步险棋，成了南齐的终极大权臣，可以带剑上朝，见了皇帝也不用行礼。

当年"竟陵八友"中的沈约给予了鼎力支持，时不时就催促他早日单干，并让范云给萧宝融的近臣写了封信，催促他速速禅让。民间适时地流传起了"行中水，为天子"的民谣。

萧宝融年纪尚小，哪里敢有其他想法，乖乖地命人送来了禅让诏书。

公元 502 年，萧衍实在推辞不过众人的美意，接受了百官的朝拜。他登基称帝，改称梁朝。

4

在南朝皇帝中，萧衍像是一股清流。

登基之后，他非常勤政，将"自律"贯彻到了极致。

每天凌晨五点起床，没有节假日全年无休，完全走出了舒适圈，活得像个创业狗。

为了体现自己的民主，他想出了一个非常现代的方法，就是设立"意见箱"。他的门上挂了两个盒子（函），一个叫谤木函，一个叫肺石函。肺石函是专门推荐人才使用的，谤木函就是广纳各种意见和建议。

以萧衍的初衷来看，他是真心实意想要管理好朝廷，绝对不是"面子工程"，做做样子而已。

杀了萧宝卷这个败家孩子之后，萧衍也恢复了萧家艰苦朴素的节俭作风，可以做到"一冠三年，一被二年"，皇宫里再次恢复了穿旧衣，吃简餐的习惯。冬天寒冷的时候，他宁肯手冻裂，也不愿意生火。

看到这里，是不是觉得自己过得比皇帝还幸福？

不过，如此勤勉的萧衍也有明显的缺点。他更信赖自己的亲人，而不是身边那些多年的朋友。像是帮助他登基的范云和沈约，一直没有得到重用。沈约气得要死，一直到闭眼都郁郁不得志。

萧衍对亲人们太护短了，要钱给钱，有事办事。但坐在龙座之上，他既然选了"中国好亲戚"，就必然做不了"中国好皇帝"。

亲人是萧衍的软肋。这些人却完全不争气，不断制造各种问题，让萧衍一筹莫展。

他的弟弟萧宏包庇杀人犯，萧衍选择睁一只眼闭一只眼，不但没有找他算账，还让他继续做官。结果没想到的是，萧宏竟然和萧衍的女儿搞到了一起去，两人还计划争夺皇位。

这算什么事儿？简直是丢人丢到家了。

计划失败后，萧衍的女儿羞愧自尽。这件事让萧衍着实伤了很久。

另外还有一件事，让萧衍遭受了更大的打击。

他的次子萧综，亲娘原来是萧宝卷的妃子。杀了萧宝卷之后，萧衍接手了他的后宫，并对这位妃子情有独钟。

两人好了七个月之后，妃子生下了萧综。以萧衍的学识，不可能连这个简单的数字都算不出名堂。但是宽容的他既没有做亲子鉴定，也没有整日指桑骂槐。而是加倍地对这对母子好，是个超级有责任感的"接盘侠"。

我欲将心照明月，奈何明月照沟渠。

萧衍还是太天真了。

两口子感情总有变淡的一天，妃子失宠后将真相告诉了萧综。萧综听了，完全将养父之恩抛到了脑后，心里只想着为亲生父亲报仇。

一次，南梁与北魏起了冲突。萧衍派萧综带人去摆平。

没想到，萧综带着所有人马直接投奔了北魏。并宣布改名为萧缵，昭告天下要为萧宝卷服丧三年。

这一次，萧衍真的伤到了根本，气得快要吐血。

尽管如此，他依然犯贱地惦记着这个毫无血缘关系的儿子，想着如果在北魏混得不好，他可以随时回到自己身边。只是人家萧综压根就不理他。

越是身边亲近的人，杀伤力就越大。

萧衍因此受了刺激。他反复思考"人活着为了什么"这个问题。他一直认为权力、金钱、美女都没劲儿透了，只有感情是真的。但是"感情"反过来狠狠扇了他两个耳光，让他无法接受现实，只能栖居在佛经当中找寻一丝安慰。

5

在北魏的一次战乱中，萧综不幸战死。

萧衍派人潜入北魏，偷回了他的尸体，将萧综葬在建康，并恢复了他的所有身份与名誉。

王座上的人，很少有人如他一样柔软。

在年近花甲之时，萧衍开始崇信佛教。

公元 527 年，萧衍 63 岁，他第一次出家当和尚。

在大臣们的坚持下，三天后他返回了皇宫，带着满脸的不情愿。

公元 529 年，公元 546 年，公元 547 年，萧衍多次张罗出家，每次都是大臣们集资将他从寺庙里赎回来。

宗教信仰是个人自由。但是对于一国之主来说，佛系无疑就是灾难。

南梁朝政开始陷入混乱不堪，直到被羯族人侯景钻了空子。

侯景造反后，萧衍被关押在台城皇宫中，成了一个囚犯。

他或许本可以活更久，但连三餐都吃不饱的他在公元 549 年六月的一天，被活活饿死。

10 年后，陈霸先杀了他的孙子萧方智，南梁彻底灭亡。

至尊红颜咸鱼翻身

纵观整个中国古代历史，不管是在庙堂之上，还是在江湖之远，几乎处处都是男人与男人之间的戏码。女人只能顺着剧情发展，跟着跑跑龙套，有的甚至连舞台的第一层台阶都上不去。

也许是为了让这台大戏不那么单调，历史也会时不时让绿叶变变颜色，调剂一下那略显枯燥的浩瀚史书。

曾经就有这么一株小草，在历史的长河中顺势而上，借助北魏广袤的土地谱写了特别的篇章。

这株小草，便是北魏冯太后。

1

公元441年，长乐郡信都县的上空突然出现一束红光，当人们对此异象惊叹不已之时，一个女婴呱呱坠地。

这户人家的主人姓冯，家世显赫。祖上曾是北燕国主，后归顺北魏，在魏国算得上是王公世家，名门望族。

女婴的姑姑幸运地进入了宫闱之内，做了太武帝拓跋焘的左昭仪，地位仅次于皇后。

女婴逐渐长成女孩，天资聪慧的她深得父亲冯朗的宠爱。

她从小就对识文断字展现出了浓厚的兴趣。父亲倍感欣慰，尽自己所能培养着这个孩子。

然而好景不长，在女孩10岁的时候，父亲莫名其妙地被那个神经病般的皇帝拓跋焘诛杀，家里其余男丁们陆续被处死，女眷也要被带入京城，入宫为奴。

对于一个 10 岁的女孩来说，这个打击如同晴天霹雳。但她竟然没有一丝哭闹，安静地跟在母亲、奶妈身后，接受残酷的命运。

老家到京城有千里之遥，此时正值数九寒冬，衣不蔽体的她们只能默默忍受着饥寒交迫的折磨。

更要命的是，母亲旧疾复发，无法行路。残忍的士兵直接将其抛弃在了冰雪之中。

面对此种情景，女孩再也忍受不住，撕心裂肺地呼唤着自己的母亲，直到母亲的身影越来越模糊。

人生两条路，一条在脚下，一条在心中。

这一路走来，女孩似乎一下子长大了。

她要活下去，只有活着，才能改变家族命运，才能延续家族荣光。

在宫中为奴的日子，并不比押送路上的日子好过多少。在这座金碧辉煌的宫殿里，处处透着一股瘆人的寒气。她战战兢兢看着那些各怀心事的大人，觉得他们是随时可以变身的魔鬼。

此时此刻，她也许还不敢想象，在多少年后，自己将成为这里的绝对主宰。

她心里清楚的是，眼下要想生存下去，就必须尽快学会这里的生存法则。

她默默在观察，等待一个机会。

路上母亲曾告诉过她，"宫里有一位姑姑，你一定想办法找到她，她会想办法救你的"。

就这样，一个从生下来就锦衣玉食的大小姐，学会了察言观色，也学会了所有浣衣洗涮的杂活。双手经常在水里浸泡得通红，接着便长冻疮、裂口子，本是柔荑般的手指常常弄得血肉模糊。

原来的贴身侍女看到小姐落难之后的样子十分心疼，而她却装作满不在乎，还安慰侍女不要难过。

她的隐忍，注定了她生而不凡。

2

功夫不负有心人。终于有一天，她抓住了给后宫嫔妃送衣服的机会，与姑姑得以相见。

其实，姑姑左昭仪也一直在寻找机会设法解救这个可怜的侄女，只是太武帝拓跋焘那个野人般的皇帝实在不太好说话，她只能耐住性子等待时机。

姑侄相见，相拥而泣。但她们知道，哭泣是一点用处也没有的。

姑姑流着泪，哽咽着对女孩说："孩子啊，你得先回去，过几天姑姑会去接你。"

小女孩认真点点头，没有一丝的犹疑。

她相信姑姑一定会去接自己的。因为在她们的身体里，都流淌着冯家高贵且不屈的热血。

其实在冯家的女子身上，除了高贵不屈，更有隐忍聪慧的特质。果然没过多久，冯昭仪抓住一次机会将侄女接到了自己的身边。

这一刻，对于小女孩来说是幸事，对于整个北魏王朝来说，同样如此。

冯昭仪没有子嗣，正好可以全心全意教导自己的侄女。她给女孩讲经、史、子、集，女训女戒，宫里的生存之道，还找人教习她琴、棋、书、画……

总之，冯昭仪苦心孤诣为这个女孩谋划着未来。

俗话说，谋事在人，成事在天。运气有时候也是成功的关键组成部分。

公元 452 年，太武帝拓跋焘被宦官杀死，经过几番曲折，皇位最终落到了文成帝拓跋濬的头上。

这次看似与女孩没有关联的事件，却蝴蝶效应般地改变了她的命运。

那是一个百花盛开的季节，小女孩从后宫桃花盛开的树下经过，正巧被不远处白楼上的文成帝拓跋濬看到。

皇帝眼都看直了，问旁边的人说："你们看那个女孩漂亮不？！"众人齐刷刷回答："漂亮！"

于是，女孩被拓跋濬纳为贵人。此时也该称呼她为冯氏了。

宫墙之内，爱情萌芽，冯氏度过了短暂的一段美好时光。皇帝的宠爱没有在她身上停留太久，很快转移到了生下太子且天资柔媚的李氏身上。

这个遗憾，却又是冯氏的幸运，因为北魏王朝有"立子杀母"的传统，李氏生子得宠，却也意味着她将因此而丧命。

经过已晋升为太妃的姑姑运作，终于在公元 456 年，15 岁的冯氏被册封为皇后。

就在冯皇后被册封的当年，姑姑撒手人寰。

冯皇后忍住悲伤，默默地为姑姑诵经超度。

"姑姑，你就安心地走吧，剩下的事情，我来做！"

3

拓跋弘被立为太子之后，生母李氏"顺理成章"被赐死。教养幼子的重任落到了冯皇后的身上。

冯皇后尽心尽力教导太子，打理后宫事务的时候，皇帝拓跋濬正被一个叫乙浑的宠臣弄得五迷三道。

乙浑不是什么善类，通过非正常手段接近老太后，又投皇帝所好，为其搜罗美女，炼制所谓的长生不老丹药，渐得宠幸。

终于，在跟着乙浑折腾了几年后，公元 465 年，年仅 26 岁的拓跋濬火急火燎地走完了他的一生。

乙浑有点鬼心眼儿，他早就安插了自己的眼线。当皇帝刚刚咽下最后一口气的时候，他便得到了密报。

这使得乙浑兴奋不已，因为他惦记皇帝的那个宝座已很久了。

乙浑没有半点迟疑，火速赶到皇宫，下令封锁消息，秘不发丧。

到了朝会的时候，大臣们才发现，朝堂正中的龙椅上并没有皇帝的身影。不仅如此，乙浑与他的几个亲信也没来上朝！

经历过皇宫内乱的老臣们，顿时就生出了不祥之感。

尚书拓跋郁率先带人去皇宫查看情况，却不料一去不回，惨死在乙浑的刀下。

本来在家养病的老臣陆丽，闻讯后不顾众人劝阻，从宫门一直大骂到殿门，也惨遭乙浑杀害！

冯皇后也得到了消息。情况危急之下，她冷静意识到，此刻必须保护太子的安全。

她当机立断，派亲信将太子即刻接到自己身边，同时找来一位叫昙曜的僧人，给太子拓跋弘剃去头发，声泪俱下拜托他将太子带到隐秘地方，并要尽全力保护其周全。

文成帝拓跋濬兴佛，昙曜也是受益者。怀抱感恩之心的他慨然应允。

太子被安全送出皇宫后，冯皇后静下心来，开始思量对策。越是危急时候，越要沉着冷静，这一功夫，其实冯皇后早已练得炉火纯青。

她决定自导自演一出大戏。

造反这种大事，乙浑也是第一次干。在关键时刻，他劫持着皇帝的尸体，一时也有些不知所措。因为准备不足，他其实没有来得及计划周全，此时贸然称帝怕难以服众，想要挟持太子却又找不到其人影。

乙浑总感觉哪里不对劲，却又想不出问题具体是出在哪里。

忽然，他一拍脑门，冯皇后！

这些年，手握重兵的乙浑没把不显山不露水的皇后放在眼里。一个柔弱女子而已，没有了皇帝的宠幸就是一个花瓶。

不过皇宫出了这么大动静，此刻还那样安静，就有点不对劲了。正当他百思不得其解的时候，家丁前来禀报，说是后宫请将军前去议事。

乙浑琢磨不透冯皇后的意图，正好也想去探探虚实。于是他带上重兵，小心翼翼走进后宫。

他踏入后宫之门后，瞬间被眼前景象弄糊涂了。宫女们还是像往常一样打扫庭院，几个妃子也有说有笑，场面相当融洽。

冯皇后见到他更是无比热情，一阵嘘寒问暖之后，又夸赞他为皇帝兢兢业业，劳苦功高，弄得乙浑都有点不好意思了。

正在他胡乱猜测的时候，冯皇后开口了："你乙浑有天子气象，我支持你，过几天有一场祈雨活动，本该由皇帝主持，不如就由你来主持吧，也让大臣百姓们看看谁才是天命所归。"

不知道是谁给乙浑起的名字，太贴切了！乙浑居然就信以为真，还真的屁颠屁颠去筹备祈雨大典了。

缓兵之计达成，冯皇后开始暗中调集亲信，排兵布阵。

大臣们只看到乙浑进入后宫与皇后密谈，却都不知道谈了什么，有人为此刻的北魏政权表示了担忧，但在看到两名重臣惨死后，纷纷噤若寒蝉，不敢出声。

大典异常顺利，老天爷也很给面儿，奉送了一场倾盆暴雨。乙浑这个浑球得意扬扬，更加自信。

仪式完成后，乙浑是最后一个走进朝堂的。当他趾高气扬向着龙椅迈进的时候，丝毫没有察觉到，风向已悄然改变了。

十步，八步……皇位近在咫尺。

坐在大殿之上的冯皇后突然拉下脸来。她一拍桌案，偏殿涌出一队手持长刀的羽林军，将乙浑包围在大殿中央，殿门缓缓关闭。

乙浑这才大呼不妙，本能地环顾四周想要向亲信发号施令，却发现为时已晚。完了，彻底完了！

东平王拓跋丕一声令下，将这个浑球五花大绑，摁在了冯皇后的身前！

最终，乙浑被斩首示众，诛灭九族！

一场政变在冯皇后有条不紊的主导之下，得以化解。这让群臣们第一次见识到了皇后果决的政治手腕。

冯皇后宣布了皇帝拓跋濬的死讯，派人召回太子拓跋弘。

4

接下来，冯皇后为丈夫拓跋濬举行了隆重的葬礼。

由于之前拓跋濬有兴佛功德，各大寺院都积极为其准备火葬仪式。

当丈夫棺椁下的柴木被点燃的那一刻，往事瞬间涌上心头。

那一年，你我因桃花结缘，一见钟情，你我也曾琴瑟和鸣，羡煞神仙，我们如果都是生在寻常人家，那该多好。

这一路走来，父亲走了，母亲走了，姑姑走了，你又走了，我在这个世上还有什么意义呢？

此时她只觉得自己的那颗心，也随着丈夫在火中燃烧。

心都快要没了，这躯体又有何用？！

她猛地一起身，发疯似的冲向眼前的熊熊大火。身边护卫连忙冲进火里将她拉了出来。

公元 466 年，在拓跋濬丧礼结束以后，太子拓跋弘继承皇位，冯皇后升为太后。

大臣们在经历剧变后，都对这位"挽大厦于将倾"的巾帼女子佩服不已。于是他们集体以新帝年幼为由，请冯太后临朝听政。

那一年，新帝才 12 岁。冯太后推辞不掉，只好顺应天意，将大权揽于手中。

此刻是这个女人人生中的一道分水岭。那颗柔弱的心在扑火的那一刻，已经浴火重生。

自此以后，冯太后在政治上的杀伐决断更加决绝，政令推行半点情面也不讲。

不过，她在私生活上的表现却饱受诟病。

但凡长相俊朗的男子，冯太后便想方设法拉入自己后宫，尽享鱼水之欢。这也导致了逐步长大成人的太子的不满，为后来的宫闱之乱埋下了伏笔。

其实，冯太后并没有太大的权力欲望。新帝继位第二年，她便逐步归还了大权。

可能是新帝拓跋弘觉得祖上头顶的草原太过刺眼，他忘记了自己的皇位是如何得来的，暗中筹谋组织起了一批对太后不满的人，逐步剪除了一些亲近太后的朝臣。

起初，冯太后也没觉得怎么样，毕竟孩子年轻气盛，杀几个人立一下自己的威望也是可以理解的。

直到有一天，拓跋弘杀了一个叫李奕的人。

冯太后怒了。因为李奕是她最喜欢的一个男宠。

小毛孩子活腻歪了是吧，跟我玩杀人诛心的套路，你还嫩得很！

公元471年，她发动宫变，逼迫拓跋弘退位。并立其4岁的儿子拓跋宏为新皇帝，这就是后来鼎鼎大名的孝文帝。

而此时已退位的拓跋弘，还没认清形势，依然高调插手国家政事。

你既然活够了，那我就再成全你一次吧。于是，拓跋弘在退位五年后被冯太后毒杀。

拓跋弘不知道，当初被自己弄死的那个叫李奕的人，身份不只是表面的男宠那么简单。他还有一个身份：冯太后少年时的玩伴。

冯太后开始了第二次临朝听政的生涯。

在后来的政治生涯中，她将更多精力放在了对国家的治理和对孝文帝拓跋宏的教育上，耐心传授治国之道，推行了多项影响后世的政令，使得北魏野蛮的官僚习气得到改善。

其中的一项均田制，更是让北魏普通百姓分得土地，社会发展得以加速，为日后孝文帝全面推行汉化改革创造了先决条件。

5

公元490年，这个一生坎坷也一生传奇的女人终于走完了人生的路程，享年49岁。

令人唏嘘的是，翻遍史书，竟无一处关于她名字的记载。

她倾尽一生织就的宏伟雄图，将在她死后若干年，持续呈现出绚烂的色彩。甚至被后世捧上天的大唐盛世，都有她涂抹的底色。

子贵母死：残忍的后宫制度

在北魏，有一套奇特的后宫制度。

说它奇特，是因为这项制度完全违背了人们对中国封建时期的一贯认知。众所周知，在封建社会不论出身富贵还是低微，女性若想拥有地位，唯一的方式就是生个儿子。

儿子越出色，自己的根基便越稳固，所以自古都有"母凭子贵"的说法。

但北魏的后宫制度却不同，他们奉行的是"子贵母死"。

字面意思就是儿子飞黄腾达，其母亲就得死。

当然，这项制度仅仅针对皇帝和储君。一个皇子一旦被立为储君，那么第一个需要被处死的便是他的母亲。必要的话，妻子也一起被处死。

这看起来似乎很不合逻辑。毕竟，一个人即将成为皇帝，他难道还无法保护自己的母亲吗？

北魏时期，皇权制度尚不明晰，立储规则也很模糊。

没有规则，自然就是一片丛林世界，大家各凭本事说话。

同样是皇子，都是一个爹的儿子，要拼本事自然不能靠拼爹，那就只能拼妈了。于是，夺储的战场变成了母亲之间的战场，而这战场又化为了各自母亲背后家族的战场。

为了夺储，各个家族都在背后发展自身的势力。结果就是，各位皇子反而成了母亲家族势力下的傀儡。

这也就是为什么一旦立了皇子，就要杀死其母亲的缘由。

这个缘由听起来，如此不可思议。

1

一切都是从道武帝开始的。

当年，拓跋珪还不是道武帝。但那时，他的母亲已经是个飞扬跋扈的女豪杰了。

拓跋珪的母亲是贺兰家族的人。贺兰家族和拓跋家族都是鲜卑族，属于北方的游牧民族。

"北方"和"游牧民族"这两个词，当时都代表着没有被中原儒家文化影响过，自然也没有男尊女卑，三从四德这一套。在这种环境下，女性尚可习武打仗，尚可建立自己的事业与地位。

因此，在鲜卑族的世界里，女性能拥有决定权和话语权便显得并不稀奇。

但不论是北方的游牧民族，还是中原的汉族，男性们希望拥有决定的统治权的想法却都是一致的。

只不过经过许许多多的斗争和运用各种道德规则的洗脑，中原女性们基本上已经放弃挣扎乖乖认命，但其他民族的男性们却远远没有做到这一点。

一直到封建社会被瓦解，一些非中原地带的人民也仍未做到对女性的洗脑，可能是因为他们能力不足，也有可能是因为他们根本就不想将女性驯化成一种只会听话的生物，有可能从一开始他们就认定女性与男性本是平等的。

谁都能上战场建功立业，谁都可以在重要的场合开口讲话。

只是，当年北魏的皇帝们的想法必然不是后者，他们无法忍受女人凌驾在自己的头上，即便那是自己的亲生母亲。

最先无法忍受的便是拓跋珪。

拓跋珪建立了北魏，但这并不是他一个人的功劳。

建立一个国家往往需要几代人的努力。从拓跋珪的爷爷开始，这个家族便经历了多次战争，甚至一度被灭国又重新建国。最后，拓跋家族的胜利不仅靠拓跋家族的力量，还靠着各种联姻关系家族的支持，其中就包括贺兰家族，也就是拓跋珪的母亲的家族。

几个家族合力将拓跋珪扶上了帝位，可当上皇帝的拓跋珪却并不开心。

他明明已经拥有了一切，是个享受至高权力的人了，可他还是不满足。

他觉得这样很不舒服。虽然坐在皇帝的宝座上，但是国家的权力却并不都是他的，好多势力都是来自母亲的家族。比起自己这个皇帝，他们更听母亲的话。

那他算什么？是个只能听妈妈话的宝宝吗？他已经三十多岁了。中国有句古话叫三十而立，他得立起来，不能再什么都听妈妈的了。

拓跋珪想把这个事解决得更彻底。

而最彻底的方式，就是人死。

2

当然，拓跋珪并没有直接下手。

毕竟，杀死自己的亲妈这种事，还是有点大逆不道的吧。

他先随便找个理由杀了皇长子拓跋嗣的母亲，也就是自己的妻子。

皇权的建立，也有妻子所在的独孤部的一份功劳。但在拓跋珪的逻辑里，不杀几个功臣又算什么皇帝。

拓跋嗣听说母亲被杀，悲痛万分。

不论拓跋珪怎么解释，拓跋嗣都难以理解这件事。

拓跋珪觉得儿子很笨，这明明是一件特别明智的选择。作为长子，拓跋嗣以后是要继承王位的，如果被妈妈的家族牵着鼻子走，那日子还是人过的吗？

拓跋嗣只是哭，完全无法被父亲的混账观念所洗脑。

拓跋珪大怒。

某天，拓跋珪忽然命令拓跋嗣进宫。身边人提醒拓跋嗣，实在不行就逃跑吧，如果你不听话，皇帝下一个杀的人恐怕就是你了。

拓跋嗣一想也对，便连夜逃离了这个不正常的世界。

太子跑了，拓跋珪只好再立个太子。他选择了清河王拓跋绍。

拓跋绍的母亲也来自贺兰部，论辈分是拓跋珪的姨母。虽然有着这样的亲戚关系，但拓跋珪还是一眼就爱上了她。

拓跋珪对这个女人还是很宠爱的，宠爱到自己明明觉得应该杀死这个女人，却还是选择了暂时囚禁，等他想通了再杀。

3

拓跋珪的癫狂，令人难以理解。

尤其是他的母亲贺兰太后，被这种行径逼得忧愤而死。

拓跋绍的母亲还在囚禁当中，悲痛欲绝。她不想这么糊里糊涂地死掉，于是想方设法给儿子送了信，希望儿子来救自己。

她的判断是对的。

那天，只有16岁的拓跋绍放弃了一切后路，决定破釜沉舟，铤而走险。

那是天赐六年冬十月戊辰（公元409年11月6日），他带着自己手中的兵直接冲入皇宫。

拓跋珪怎么都没想到，自己这个16岁的儿子，会为了母亲把事情做到这种地步。

他花了那么多的心思，不就是为了让儿子不被母亲控制吗？怎么儿子们就是不理解自己呢？

可惜他还没有想通，就在儿子的利刃下一命呜呼了。

那一年，他只有39岁。

古人说"四十不惑"，而最令拓跋珪感到困惑的，大概就只是他39岁临死前的那一刻了。

4

拓跋绍终于杀死了拓跋珪，结束了他笼罩在后宫之上的阴影。

接着，他伪造诏书召唤百官。

当百官到来，他让所有人停留在西宫端门外，从门内问向外面："我有叔叔，也有哥哥，你们决定以后跟谁？"

这时候，众人才知道拓跋珪已经不在人世。

大部分人根本说不出一句话来，毕竟这个事实太令人震惊，也有人表示愿意跟从拓跋绍。而这时，群臣之中，拓跋绍的亲弟弟拓跋烈无法接受父亲死去的事实，趁乱哭着离开了。

皇权更替只是一瞬间的事情。

拓跋烈在逃离过程中，为了保命自称是奉命捉拿拓跋嗣，当然实际目的是为了找到拓跋嗣，趁拓跋绍的皇位还不稳，进宫夺下皇位。他自知自己并没有当皇帝的资格，而当时拓跋嗣作为皇长子，按照顺位一直都是继承王位的最合适人选。

所以，当找到拓跋嗣，他立刻与其一同集合兵马杀回皇宫，一口气拿下拓跋绍。

因其师出有名，朝中大臣也更认可其正统地位。在众人的支持下，拓跋嗣直接登上皇位。而拓跋绍和其母亲，被以弑君之罪直接处死。

到此，这场莫名其妙的闹剧似乎终于结束了。

但事实是，并没有。

拓跋珪大概怎么也没想到，虽然自己的几个儿子都不认同他杀母的理念，但他的这个做法，却被整个北魏延续了下来。

大概因为有拓跋珪这个做法在前，后人有人想杀母时，一想到开国皇帝都这么做了，自己又有什么好担心的呢，直接效仿就是。

效仿时，也要师出有名，而这个"名"，便被描述为"按照旧法"。

谁也不知道这个"旧法"是怎么出现的。

结果就是，"立子杀母"，北魏一代又一代的皇帝，上位前先杀其母。毕竟，"旧法"就是这么规定的。

5

有些话虽然不会明说，但是大家心里其实都懂。

比如谁都知道，所谓的"依照旧法"，不过是皇帝想这么做而已。

事实证明，想这么做的并不仅仅是拓跋珪，他的身后有着许许多多的追随者。

这看起来不可思议，但说穿了也很简单。就如前面所说，这件事情本质上是男人们对女人的宣战。

人类社会最初都是母系制度，后来男人们经过种种努力建立了父系制度，但这只发生在中原文化。在中原文化已经建立完善的男权系统时，许多游牧民族仍处于母系社会的形态中。

游牧民族的男人们也想要权力，所以他们进行了一场又一场的残酷而血腥的夺权活动。这一场"子贵母死"的奇葩表演，就是其中的一项。

不过，北魏的这个奇葩制度在实行了一百多年后，就宣告终结。

拓跋珪没有想到的是，北魏的女人们从此学会了堕胎，以此拒绝成为权力争夺的牺牲品。

不知道九泉之下的他，如何面对列祖列宗呢？

我是人间惆怅客

俗话说："上阵父子兵，打虎亲兄弟。"

我国历史上文采出众的"父子兵"不少，北宋的苏洵、苏轼、苏辙父子三人，人称"三苏"；东汉末年曹操、曹丕、曹植父子三人，并称"三曹"。

可以与之匹敌的，还有南北朝时期的"四萧"，乃是梁武帝萧衍、太子萧统、梁简文帝萧纲、梁元帝萧绎。

萧衍，经史典籍，琴棋书画，样样精通。除文学才华外，政治眼光毒辣，趁乱起兵，夺取江山，登上帝位，开创萧梁霸业。

萧纲，宫体诗的鼻祖，为后世文人墨客开创一番新天地，《玉台新咏》诗歌总集，便是他组织编撰的。

萧绎，留下的作品颇多，可谓是帝王之中爱好文学的标杆，由其独立完成的代表之作《金楼子》，可与《吕氏春秋》《淮南子》等著作匹敌。他本人更是放出豪言壮语，嗤骂吕不韦，笑讽淮南王。

"四萧"之中，有三位曾做过皇帝，各个文采出众，惊才绝艳。但他们中最耀眼的流星，却是没有登上帝位，英年早逝的萧统。

1

公元 501 年，时年 37 岁的萧衍正处于人生的关键时刻。他起兵襄阳，反抗残暴昏庸的皇帝萧宝卷。

此时的萧衍心有余悸，毕竟人家萧齐建国数十年，虽然萧宝卷无能，但瘦死的骆驼比马大，实力仍然在。

一时之间，萧衍的起义军与朝廷的兵马相持于长江中下游，剑拔弩张，只待决战一场。

除了战争大事令萧衍苦恼之外，还有另外一件事，也让他忧心忡忡。

将近不惑，他竟然还没有个儿子，"不孝有三，无后为大"。没有继承人可不行呀，百年之后，愧对列祖列宗。

就在萧衍两边忧心之时，萧统像是感应到父亲的召唤，带着使命呱呱坠地，来到世间。

不久之后，萧宝卷被手下大臣杀死，萧衍领兵入建康城，扶持傀儡皇帝萧宝融，独揽朝纲。随后派兵四处讨伐，很快就把萧齐的其他反叛势力搞定。

萧衍当了几十年臣子，屁股都坐麻了，干脆把小皇帝踢开，自己过过皇帝瘾。于是公元502年，朝廷再度上演了皇帝禅位的戏码，萧衍成功登上权力巅峰，开创萧梁。

当了皇帝之后，萧衍那叫一个开心。

看着襁褓里的萧统，他觉得这个儿子当真是自己的福星。他出生之后不到一年，自己就起兵大胜，最后还夺得了江山。

同时，朝中大臣也认为萧统是天选之子，能够带来好运，纷纷请求萧衍立他为太子。

萧统虽然不是正室所生，但萧衍结合种种机缘，为稳定人心，顺势把1岁多的萧统立为太子。

萧统果然没有让人失望。他自幼聪明好学，3岁学《孝经》《论语》，5岁熟读背诵"四书""五经"，9岁便与他人讲读《孝经》，尽通大义，更是一目数行，过目不忘。

稍微长大一点，萧统英俊潇洒，尊礼重道，落落大方。聚会之时，他可以即兴赋诗，即使难度较大的押韵诗，也可以信手拈来。

萧衍见到自己的儿子才华出众，欢喜非常。

2

若是要成为一个合格的太子，未来的九五之尊，光有才华是不够的，还得有政务能力。

但这似乎难不倒萧统。

12岁那年，他去观看审判犯人。在仔细研究案件之后，他发现犯人动机是情有可原的，于是请判官从轻处罚。

事后，判官将此事汇报给萧衍。萧衍一听，好小子，有贤德之君的风范，直接嘉奖了萧统。后来萧衍觉得萧统有能力，干脆放权让其处理一些政务。萧统没有拒绝，乐在其中。

萧统十分仁慈，但不会同情心泛滥。遇到诬告他人拐卖人口等重罪，他会直接严惩，恩威并用。

吴兴水灾泛滥，萧衍想要征调民工去兴修水利，以绝后患。经过调查分析后，他发现征调大量民工后，恐会影响百姓收成，到时候会发生大乱。于是他提笔上书，分析利弊，最终说服萧衍。

后来，萧梁与北魏开战，供给不足，物价疯涨，民不聊生，许多百姓衣不蔽体，食不果腹。

萧统自己带头穿素衣，吃简食，拿出自己的布料做了衣服，在冬天送给穷困的百姓。他经常派人去民间调查，遇到他人困难，总会出手相帮。听闻百姓受苦，他时常为之忧虑。

萧统之贤，口口相传，百姓十分尊敬、喜爱他。

除此之外，他还十分孝顺。每次上朝，必提前到宫门等候；无论在东宫，还是在内殿，他的座位方向，总是朝着父亲萧衍的寝宫位置。

若是萧衍召见萧统，他都会放下手中之事，整理好仪容仪表，马不停蹄赶到宫殿。有时候萧衍忘记传唤他，他便在门外安安静静地等候。

由于萧衍信奉佛教，萧统也跟着信佛，他并不是嘴上的信奉，而是通过实际行动在宫中修建礼佛场所，熟读背诵佛经，经常与父亲萧衍谈论佛经经典。

母亲生病的时候，萧统衣不解带，不眠不休，日夜照顾母亲，为之端汤送药，精心照料。

母亲去世之后，萧统悲痛欲绝，号哭不止，水浆不入口，粮食不进肚，瘦得不成样子。

萧衍一看，不得了。儿子再这样下去，恐怕自己要白发人送黑发人，于是急忙下旨劝萧统。

萧统接到旨意，方才停止绝食，但每天也是粗茶淡饭，以表孝心。

帝王之家，自古无亲情，萧统却用实际行动打了这句话的脸。

萧统才华横溢，并且还有十分出色的政务处理能力，难能可贵的是他有仁君之风，绝对是帝位继承的最佳人选。

3

萧衍自然十分器重萧统。

有这样一个才华横溢，品学兼优的儿子，谁不喜欢。

但太子德才兼备，得到百姓的拥戴，可完全不是好事情。久而久之，皇帝老爹萧衍有点忌惮萧统了。看看后世的李世民玄武门之变，就知道帝王之家子强父弱是多么的尴尬。

一次事件，更是导致父子两人的关系产生裂痕。

萧统在母亲死后，为其操办后事，需要选墓地。

一个"房地产开发商"知道了这件事，就通过自己的人脉找到了俞太监，答应给其分红，让其游说皇帝，买了自己的地作为贵嫔的墓地。

俞太监一听说可以捞油水，就跑去皇帝萧衍那里推销。此时的萧衍已经60多岁，没有当年的精明干练，就下旨让萧统买了俞太监推荐的地。

萧统本来已经选好风水之地，怎奈皇帝老子下旨了，他只好出钱买地。

丧事做完之后，一个风水大师发现此处风水不对呀，不利于墓主大儿子日后的发展。

萧统一听慌了，这不就说不利于自己吗，于是请教大师破解之法。

道士掐指一算，简单，只要把蜡鹅放在坟旁边的长子位即可。太子一听，为了长远打算，也就照办了。可谁曾想到，这蜡鹅竟然引出祸端来。

太子门下有两位亲信，分别是鲍邈之与魏雅。这两人争权夺利，相互攻讦。魏雅比较得萧统的喜欢，鲍邈之爽了，就跑到萧衍处打小报告，说魏雅请道士作法，想要将萧衍弄死。为了增加事情的可信度，还说太子萧统也参与其中，是为了早日登上帝位。

萧衍心中一震，当下让人去贵嫔坟查看，果然发现了蜡鹅，于是认为萧统可能真有夺位之心。

但思来想去，萧统才华横溢深得民心，又是自己看着长大的，有些舍不得处理。于是他索性便把那道士给斩了，总得找个人出口气。

此事之后，萧衍慢慢收回权力。国家大事逐渐不再让萧统参与，对其日渐生疏。

萧统心想：反正自己行得正，坐得直，问心无愧，既然不让我管理朝政，那我便回去著书，在知识的海洋里遨游。

4

萧统颇有才华，一向喜欢诗词歌赋，往来无白丁。他把身边的才子聚集起来，一起搞了一部宏大项目，编撰了一套书籍，便是日后著名的《昭明文选》。

该书收录了周朝至萧统时代八百余年间，130 多位作者的 700 余篇诗文，并将收录的内容分门别类。所选的诗文严谨，注重辞藻，成为后世文人流传的教科书级别的著作。

《昭明文选》的成就，或许可以与孔子收录整理的《诗经》相媲美，其文学价值，不可估量。

此时，萧统见父亲萧衍对自己的态度还是一般，心中郁闷。于是约上妹妹，泛舟游玩，想要舒缓心情。

却不料意外横生，萧统不小心落水，回家之后便一病不起。

手下想把萧统病重之事告诉萧衍，但被萧统阻止了，他不想因为自己的身体，让日理万机的父亲担忧。

公元 531 年四月，天选之人萧统离开了人间，年仅三十，刚至而立。

梁武帝闻此消息，亲自来到东宫，抚其棺椁，失声痛哭；朝野上下，悲痛惋惜；城中百姓，皆去东宫吊唁，沿街哭者无数。

由此可见，萧统之贤，世上罕有。

萧统出生于富贵之家，衣食无忧，万人钦羡。

尔后怀天纵之才，扬名人间，以仙人之姿，被世人推崇，令后辈文人倾仰。

但生于帝王之家的他，人生少了几分乐趣，多了几许忧愁，一许给了人间疾苦，二许载着父母之忧，三许为那无缘情由。

何为人间疾苦？

百姓疾苦，人民受难，萧统劳心劳力，想方设法救助灾民，保护好他的子民，为天下心忧，此乃一许之忧。

何为父母之忧？

遵循孝道，为母尽孝，衣不解带，好生照料；敬重父亲，替父担心，患病不告其父，免其父操心，为父母忧，此乃二许之忧。

何为无缘情由？

那一年，花开正好，萧统于佛寺参禅，偶遇一尼姑，名叫慧如。慧如精通佛法，萧统时常与之论佛讲经。

不知何时，两人心中竟产生了情愫，相互爱慕。明知不可为，却依然相恋了。

可一个是远离红尘的佛寺尼姑，一个是高高在上的太子殿下，这段爱情注定是没有结果的，也不会得到世人与朝廷的认可。

萧统有自己的家族名誉，有自己的国家子民需要守护，他不能割舍，也无法抛弃。

慧如同样也有自己的佛道需要参，有着清规戒律，世俗礼仪的束缚，她不能割舍，也不敢割舍。

这段没有结果的爱，成为慧如心里的阴影，不断折磨着她，最后郁郁而终。

萧统含着泪，种下慧如送给他的那把红豆，红豆后来长成了大树，装扮了春，红了人间，润了王维的眼眶。

"红豆生南国，春来发几枝。愿君多采撷，此物最相思。"说的正是萧统这段凄美的爱情。

萧统的情缘随着红豆种下的那一刻，便结束了，可他对慧如的爱与相思，一直都在。

或许死亡对于他来说，是开心的，他终于可以去另外一个世界找寻慧如了。那个端庄素衣，温柔博学的慧如，会在红豆树下静静地等候着他。

为爱情忧，此乃三许之忧。

萧统带着温柔，安静地闭上了眼。从前，他觉得自己的父亲，不输当年孙仲谋之才，一样成就伟业，夺江山，开盛世。

他自然也不能输给孙仲谋的大儿子孙登，那人和他同处太子之位，才华横溢，孝顺亲人，不争不抢，谦恭有礼，深得民心。在这些方面萧统都没输，就连寿命，他们也如此相似。孙登 33 岁卒，他只活了 30 岁。

贤太子萧统，度过了他短暂而又绚丽的一生，如同那颗流星，曾经划破黑暗，照亮世人的眼睛，温柔了那一段岁月。

乱世中的英雄悲歌

毛主席在晚年时回望一生，内心百感交集。正如他那首《沁园春·雪》中写到的，"秦皇汉武，略输文采；唐宗宋祖，稍逊风骚；一代天骄，成吉思汗，只识弯弓射大雕"。

走进战火纷飞的年代，细数那些称霸一世的英雄人物，总有无限感慨。那时，他总会要求身边的人多读读《陈书》，去了解书中一位豪杰的传奇经历。

那人起于微末，一步一个脚印从村干部做到油库吏，从太守秘书做到广州府中直兵参军。戎马生涯中，他杀敌无数，救社稷于危难，而后成为权臣，再成为帝王。

现代四大史学大师之一的吕思勉是其忠实粉丝，称其为"从来人君得国者，无如陈武帝之正者"。

没错，他就是陈武帝陈霸先。

从底层小吏走上权力的巅峰，他用了几十年，但仅在位 3 年后，便驾鹤西去，徒留世人叹息。

死后多年，他被砸棺焚尸，挫骨扬灰，令人唏嘘。

1

公元 503 年，陈霸先出生于长兴县的一个村子。出生当日，天有异象，家附近的一口井水沸腾起来，呼噜噜往外冒着热气。家里人就用井水为其洗了澡。

这口"圣井"至今保留着，至于这其中真假，各位看官自己意会。

反正古代帝王创业，奇闻异象是标准配置。

陈霸先的家境在当地算不错，但与士族相比就差远了。

在门阀士族当道的背景下，普通人想要平步青云，难上加难。除非遇上大乱时代，就像刘寄奴一样掌握了时代赋予的机遇，方可从贫民成长为一代君王。但那时候的陈霸先不会想到，自己未来的人生轨迹，竟然和刘寄奴如此相似。

拼不了爹，只能靠自己了。

陈霸先先是努力提升自己的能力，多读书，勤练武，广交友。他为人精明，做事干脆，和乡里乡亲关系处得很好，得到了他人的一致好评。

稍年长一些后，陈霸先觉得男人还是要入仕，才是长远之道。借助着良好的口碑，他顺利当上了一个小村干部。

不久，他又被提拔成一个管理油库的小吏，从此就遇到了瓶颈。

像他这样没背景的人，一没后台，二没贵人，想往高处走谈何容易。只能徒有一腔壮志，每日陷入郁闷的情绪当中。

或许是他内心的宏愿感动了上天，决定给他改命的机会，于是将第一个贵人——萧映送到了他的身边。

萧映何许人也？

梁武帝萧衍的侄子。当年萧衍领兵围建康，杀了萧宝卷，抢夺萧宝融的帝位后，北魏正值孝文帝驾崩，内乱频频，无暇顾及南梁。萧衍没有外患，所以大力发展国内经济，因此呈现了一段大繁荣时期。南梁的政权，也被萧衍牢牢控制住。

作为萧衍的侄子，萧映深得其器重，被任命为吴兴太守。陈霸先机缘巧合结识了萧映，被其选为幕僚，人生迎来了转折。

后来，萧映走马上任了其他官职，陈霸先一直追随着他。萧映更是多次在朋友面前称赞陈霸先，"此人将来必定前途无量"。

遇到了伯乐后，陈霸先感到前路开阔了起来，对萧映感激万分。

2

萧映做广州刺史时，陈霸先在其手下做中直兵参军，掌控着三千兵马。有了兵权，就有了说话的底气。枪杆子里出政权，这是自古不变的道理。

但陈霸先觉得这点兵权还不够，还缺少一个在大人物面前露脸的机遇。

大人物是谁？自然是当时的九五之尊萧衍。

老天爷一直对陈霸先不薄，几乎想什么来什么。公元 541 年，交州刺史萧咨横征暴敛，百姓苦不堪言，俚族带头大哥李贲领着众人反抗，萧咨被囚。

梁武帝令高州刺史孙囧、新州刺史卢子雄前去平乱。

俗话说："兵熊熊一个，将熊熊一窝。"部队在路途中就患病死伤大半，这两个草包没有心思平乱，竟然直接带兵原路返回了。

梁武帝心里那叫一个气，他派出去的将领连仗都没打，就丢盔弃甲，简直是奇耻大辱，直接下令让萧映把孙囧和卢子雄斩了。

没想到，孙、卢二人在广州城被斩杀，其部下心中不服，领兵围了广州城。

陈霸先听闻这件事，立刻带领着手下三千兵马火速救援，一路攻无不克，战无不胜，顺利把孙、卢手下的叛军给平定了。

陈霸先一战成名，被梁武帝点赞，提拔为直阁将军。梁武帝还特意命宫廷画师前往广州画陈霸先之像，送到京城欣赏，以便来日召见认识。

至此，陈霸先开启了新的人生篇章。

3

得到了梁武帝的关注，陈霸先的未来不可限量。

就在此时，萧映病死，陈霸先主动护送其灵柩回建康。他的英勇与忠诚，得到了朝野上下的一致好评。

萧映的去世，让陈霸先无比悲痛。他并非在众人面前作秀，而是发自内心难过。怀揣一颗感恩之心，他知道如果没有伯乐萧映，自己是不可能取得如此成就的。在内心深处，他真的对萧映这个老领导万分感激。

悲痛归悲痛，另外一个好事又来了。大领导梁武帝提拔陈霸先为交州司马、武平太守，令其与新任交州刺史前去交州讨伐李贲。

陈霸先回到广州招兵买马，筹备物资，把军中的事情搞得井井有条。新任的交州刺史一看，觉得陈霸先是人才，就把军队都交给其管理。

此时的梁朝内部，皇族子弟为了争夺权力而钩心斗角，定州刺史萧勃多次捣乱，在军中游说，挑拨离间，想要阻止陈霸先等人平定李贲。

陈霸先不愿意认怂。他知道，如果这样下去军心必乱，到时不要说平定贼子，自己恐怕也会沦为权力斗争的牺牲品。

他把士兵们聚集在一起，做了一番慷慨激昂的演讲，从鼓励大家报效家国、建功立业开始，到批判某些不怀好意的萧氏宗亲，再表达自己平乱的决心。在他的情绪感染之下，士兵们听得激情澎湃，热血沸腾，掌声雷动。

军心已稳，事情就赢了一大半。

公元 545 年，平叛大军来到了交州，和李贲的兵马鏖战 3 年，最终将其消灭，收复了百越。

作为此次平乱的核心人物，陈霸先因为受到士族制度的制约，并没有得到高升，只是被任命为西江都护、高要太守。

高要原本只是一个县，后被提升为郡。这个官职虽然不算大，但毕竟是他独立管理，也是一次难得的历练。

4

陈霸先很珍惜这次机遇，在岗位上任劳任怨。

不久后，他突然听闻侯景叛乱，已经攻入建康，梁武帝被囚于宫中。

侯景本是东魏的降将，梁武帝好心收留他，却没有想到此人狼子野心，恩将仇报，竟然直接造反，成为萧梁灭国的导火线。侯景在建康城里，任由士兵烧杀抢夺，奸淫掳掠，百姓苦不堪言。

梁朝本有其他的援军，可萧氏宗亲与各路大将为了保存自己的势力，压根无心清君侧，只是在建康城外象征性地比画了几个回合。

侯景攻进宫中，带甲见梁武帝，效仿曹操"挟天子以令诸侯"。勤王兵马正中下怀，领着兵马撤走了。

而后侯景饿杀梁武帝，扶植萧纲为帝，强娶 14 岁的溧阳公主，成为权臣。其后再东下三吴、西进荆州，更是自封"宇宙大将军"，气焰嚣张。

陈霸先整顿兵马，想要前去讨伐侯景，却被自己的上司元仲景阻止。原来元仲景早与侯景勾结，狼狈为奸。

陈霸先联合成州刺史王怀明，集兵南海，讨伐元仲景。元仲景兵败，自缢身亡。

打败元仲景后，陈霸先迎立梁武帝的侄子萧勃为主，请其坐镇广州。但萧家在岭南地区没有威信，兰裕等人煽动十一郡叛乱。陈霸先无奈，只得先平兰裕之乱，再图北伐。

平定叛乱之后，陈霸先正要北伐，却收到萧勃停止北伐的命令，原来萧勃只想割据一方，偏安一隅，好好做个广州的土皇帝就好，丝毫没有驱除侯景之心。

陈霸先一怒之下，自己带着兵马北上。

萧勃也恼羞成怒，暗中命令当地的土豪劣绅组织势力，暗中偷袭陈霸先。陈霸先将这群乌合之众逐一收拾，继续北伐。

路途中，陈霸先碰到了湘东王萧绎的使者。萧绎表示愿意支持陈霸先北伐，陈霸先总算有了一丝心理安慰，因为毕竟有盟友了。

随后，陈霸先一路高歌猛进打到了江西。在江西境内，军队硬是扛了一年半，才实现了平定。

原来，萧绎本该派人去支援陈霸先，可后来又改了主意。他将兵力用在了邵陵王萧纶的身上，想要"先安内，再攘外"。

遇到这样的猪队友，陈霸先欲哭无泪，心中直喊："我太难了！"

陈霸先搞定江西后实力大增，精兵三万，强弩五千，粮食辎重无数。兵强将广后，继续北上，与萧绎手下的王僧辩会合。

此时梁朝的许多势力都与侯景勾结，王僧辩吃不准陈霸先到底是什么情况。陈霸先看穿了王僧辩的担忧，直接给了30万石粮草与缺粮的王僧辩，方才化解其疑虑。

最后，陈、王合力与侯景大战。侯景大败，转攻为守，并且杀掉萧纲，拥立萧栋为帝，再逼萧栋禅让皇位给自己。

这波操作，当真厚颜无耻。

公元552年三月，陈、王的北伐联军继续北上，最后来到建康，与侯景展开最后的大决战。侯景的皇帝之位还没坐热，就被乱箭射死。至此，侯景之乱平定。

大乱平定，陈霸先、王僧辩拥立萧绎在江陵称帝。萧绎令陈霸先镇守京口、王僧辩镇守建康，互成掎角之势，南朝局面暂时稳定。

此时的陈霸先已是朝中大名鼎鼎的人物，与王僧辩两人成为萧绎的左膀右臂。

5

乱世之中，安稳的日子总是短暂的。

554年九月，西魏派兵突袭江陵，萧绎被杀，朝中部分大臣与百姓被掳走，其中包括陈霸先的儿子陈昌。更加无耻的是，西魏竟然还在江陵扶植了一个傀儡皇帝，试图控制南梁。

陈霸先见局势不妙，在与王僧辩反复商量之后，拥立萧绎第九子萧方智为帝。此时的南梁内忧外患，西魏已经建立了南梁的傀儡政权，依旧虎视眈眈，随时可能攻打过来。

555年正月，北齐也不甘示弱要建立傀儡政权，令人护送此前被俘的萧衍之侄萧渊明回建康称帝，王僧辩一开始拒绝，可最后因为害怕得罪北齐，不得不妥协，拥立了萧渊明。

陈霸先听闻此消息，借口萧方智才是正统之位，领兵十万袭击王僧辩。王僧辩兵败被杀，萧方智的帝位稳固了。

王僧辩被杀后，其部下叛乱，陈霸先又用半年时间平定叛乱。

公元557年，陈霸先的老领导萧勃又来搞事情，翻越五岭攻入江西，陈霸先南下平乱。

搞定萧勃之后，刺史王琳叛乱，打造战舰准备顺江偷袭建康。陈霸先主动出击，沿江而上，击退王琳，南梁内战停息。

此时的陈霸先南征北战，立下汗马功劳，已经成为南梁的权臣，可以翻手为云，覆手为雨。

他此时已经54岁了，距离最高王座只有一步之遥。他知道自己时日无多，因此没有丝毫犹豫。

他不要做第二个曹操，要做就做第二个刘寄奴。

于是，萧方智禅让，陈霸先成功登顶，走上权力的巅峰。

6

陈霸先在建康登基，改元永定，国号陈，后世称其为陈武帝。

做皇帝不是一件简单的事情。

陈霸先戎马一生，颠沛流离，登基后没有贪图享乐，一直在思考如何才可以让国家强大。

于是他大赦天下，轻徭薄赋，任贤使能，政治清明，使得百废待兴的江山逐渐稳定下来。

但安定日子没过多久，王琳便在北齐的支持下拥立萧庄为帝，再次发动叛乱。

陈霸先令侄子陈蒨领兵前去讨伐，王琳多次战败，无奈退兵江州，陈霸先不愿刀兵再起，也召回了兵马。

公元 559 年，陈霸先一病不起，几个月后离开了人世。

临死之前，继承人是个大问题。

他一生有四子，三子早夭，剩下的陈昌被西魏抓了。后来西魏改朝换代，变成了北周。陈霸先活着的时候，北周死活不肯放了陈昌这张牌。

陈霸先只得立自己的侄子陈蒨为继承人。

陈霸先死后，陈蒨登基。北周又把陈昌给放了回来，很明显就是要让陈国内乱，其好坐收渔翁之利。

没有想到，陈蒨是个狠人。

陈昌在渡江回国的时候发生意外，溺水而亡。要说陈蒨没有动手脚，世人皆不信。

陈霸先死后 30 年，隋文帝杨坚命儿子杨广领兵伐陈，渡江灭之。

陈国被灭之后，王僧辩的儿子领着旧部将陈霸先的陵墓捣毁，拉出其尸骨，焚烧之后倒入水里，喝下肚中。

可怜一代枭雄，最后落得个挫骨扬灰的下场。

六朝第一美人兴衰史

唐朝中后期，安史之乱后各藩镇使雄踞一方，各自为政，相互抢夺地盘，民不聊生。

寒江之上，薄雾笼罩，皓月皎洁，轻洒江渚。

杜牧夜泊秦淮，正为家国大乱担忧，却见两岸灯红酒绿，莺歌燕舞，又闻淫词艳曲。

忽的触景生情，不由想到三百年前的陈后主，感叹道："商女不知亡国恨，隔江犹唱后庭花。"

后庭花乃《玉树后庭花》，正是陈后主写给爱妃张丽华的名曲。"妖姬脸似花含露，玉树流光照后庭。"赞的便是张丽华的倾国容颜。

然自古红颜多祸水，六朝第一美人张丽华，自然逃脱不了背上祸国殃民、媚君乱朝的大黑锅，最后被无情斩首。

徒留遗憾之余，却给后世文人骚客提供嘲讽时代、笑骂人间的素材。

1

公元 559 年，张丽华来到人世间。父亲和哥哥们正在努力地织着草席，拿去集市贩卖。

世间有很多无奈，张家家境贫寒，人口众多，男丁们只能靠着些许手艺，养活一大家子人。祖上虽然当过精兵，提过战刀，骑过烈马，可没有混上将军。在世袭制度的荼毒下，最后家道中落，成为普通百姓。

多了一个女儿本是喜事，但也意味着家里又多了一张嘴。本来日子就难熬了，现在是难上加难。好在父母对她很宠爱，也注重家庭教育。

小小年纪的张丽华，会懂事地为家里分担一些家务。她知道这力量微乎其微，也知道这治标不治本，解决不了贫民身份，一家人就永远也不可能过上好日子。

而改变阶级身份何其困难，她一个女孩子，除了零星给家人帮些小忙，又能做些什么？

或许嫁个好人家，是自己唯一的出路。

邻居家姐姐嫁给富贵人家，娘家人也跟着吃香喝辣。张丽华每每想到此处，心中满是羡慕。

可她年纪太小，尚不到嫁人的时候，只得期待自己快点长大，这样父亲、娘亲也不至于如此辛苦。

10岁那年，张丽华迎来了人生的转折点。她听闻宫里要选拔宫女，火急火燎跑去与父母商量。

她想入宫服侍贵人，一来可以减少家庭支出，毕竟少一口人吃饭，少一份支出；二来还可挣钱补贴家用；三来还有机会接触王孙贵族，万一祖坟冒青烟，一不小心被皇帝选中，成为贵妃，那张家可就扬眉吐气，风光无限了。

家人一听，道理十足。反正家里穷，张丽华又还没到嫁人年纪，那就去宫里碰碰运气吧。

张丽华得到家人认可，便忐忑地前去报名了。面试官一瞧，此女颜值不错，为人也机灵懂事，立刻选中了她带进宫中调教。

张丽华跟着女官学习宫中礼仪。她聪明伶俐，办事牢靠，没多久便将宫中规矩熟悉得一清二楚。

是金子在哪里都会发光，会察言观色的张丽华被太子的爱妃龚良娣看中，选为贴身婢女。

得到贵人的喜欢，张丽华开心不已。能够伺候太子的女人，前途光明。万一未来太子登基了，龚良娣若是有幸成为皇后，那自己有可能会成为宫女们的头头。

太子陈叔宝经常出入龚良娣的住处，渐渐注意到了这个女孩。

张丽华喜欢绾着双环，黑发如墨，光亮照人。她闪动着迷人的双眼，顾盼生姿，迷人万分。

陈叔宝顿时被击中心魂，惊为天人，心念："想不到这里竟然还藏着一个绝代佳人，必须想办法讨要过来。"于是他软磨硬泡，向龚良娣讨要张丽华。

　　龚良娣心中一喜，假意笑话陈叔宝一番后，便让张丽华去侍寝了。原来她早有打算，张丽华若是被太子所喜欢，便可以和自己联合对付太子妃沈婺华了。

　　后宫也需要联盟，张丽华是自己一手带出来的，是个绝佳的选择。

　　张丽华使出浑身解数，将陈叔宝伺候得很好。陈叔宝一夜缠绵后，十分欢喜，与之难分难舍。没过多久，便将其纳入后宫，数夜恩宠。

2

　　成为太子的妃子，张丽华觉得自己得到了上天的眷顾。但她明白，若想在后宫中获得一席之地，光有容貌是不够的。

　　女人最好的筹码，就是为丈夫生出儿子，才可以保住荣华富贵。

　　16 岁那年，她为陈叔宝生下一个儿子陈深。没过几年又生下陈庄。

　　家人们的地位水涨船高，过上了不错的日子，纷纷感谢张丽华这争气的肚皮。

　　张丽华很欣慰，努力了那么久，终于得到了自己想要的。可这些富贵权势能够长久保持吗？

　　虽然说太子喜欢自己，可万一哪天皇帝死后，继承皇位的是始兴王陈叔陵怎么办？此人狼子野心，虎视眈眈，他若夺得皇位，哪里还有自己的容身之处。

　　想到此处，张丽华不免惊得一身冷汗。

　　她越想越怕，开始关注始兴王陈叔陵的举动，同时也开始勤读诗书，丰富见闻，了解相关政事，希望有一天可以帮助自己的丈夫出谋划策。

　　在女子中，有这样的觉悟，实属不易。

　　决定命运的时刻，很快就到来了。

　　公元 582 年，皇帝陈顼病重，太子陈叔宝、始兴王陈叔陵、长沙王陈叔坚在父亲身边侍疾。

　　如张丽华所料，陈叔陵心怀鬼胎，已在筹谋如何除掉自己的大哥陈叔宝。

　　权力交替之际，成功者登上权力的巅峰，失败者坠入万丈深渊。陈顼死后，太子陈叔宝在灵前痛哭，陈叔陵悄悄叫上侍卫，前去外面取剑。

　　谁承想侍卫没有搞懂主子的意思，直接拿了一把上朝时的木剑上来。

　　陈叔陵勃然大怒，觉得自己侍卫是个蠢蛋，想要教训侍卫，却碍于灵前人多，只能憋着一肚子怒气。

陈叔坚站在二哥旁边，听闻其话语知道有情况，留了个心眼，时时关注二哥的动作。

果然二哥发难了，直接冲上去，想要用锉药刀干掉大哥。

陈叔宝只觉颈部一疼，顿时大叫一声，陈叔坚急忙上前阻止。

陈叔宝颈部受伤，在柳皇后及乳母吴氏的帮助下，逃出生天。

太子受伤后，柳皇后处理政事，派出大将萧摩诃讨伐陈叔陵。

太子留在承香殿养病，张丽华前去探望，并与其推心置腹，说出担忧的事情。陈叔宝一听有道理，连连点头。

很快，陈叔陵兵败被杀，其子皆被赐死。

陈叔宝登基的最大威胁被清理干净，不久之后登上皇帝宝座。

张丽华听闻二皇子被干掉，知道宫外的敌人被清理干净，顿时松了一口气，知道富贵可以保住了。

陈叔宝登基之后，作为其最喜欢的妃子，张丽华被赐为贵妃。

她终于从一个贫寒之女变为皇帝的女人，用了 13 年。其背后的辛酸苦辣，只有自己知道。但看到父母、哥哥开心的笑容，她知道一切都是值得的。

3

后宫之争，从来不会停止。

谁才可以主导后宫的一切？不是皇后，而是握有权势的九五之尊。所以后宫的妃子都在想方设法取悦陈叔宝，以求得到更多的恩宠。

张丽华亦是如此。

她知道陈叔宝是个文艺青年，喜欢舞文弄墨，没事就写写歌曲，投其所好，两人一起吟诗作对，好不快活。

陈叔宝百般宠爱张丽华。但张丽华知道，只有儿子的地位不断提高，她和家人才真正能够有保障。经不住枕边风的诱惑，陈叔宝将其儿子陈深封为始安王。

陈顼在位之时，崇尚简朴，陈叔宝则觉得没有玉宇琼楼，哪里配得上张丽华。于是大兴土木，广造楼阁，叠石成山，引水为湖，为博美人一笑。

一日，张丽华盛装待宠，迟迟不见君王，便倚栏透气，遥望风景。众人见之，皆被其美貌所折服，惊为天人。

张丽华争宠，但不跋扈。她知道如何处理后宫的关系，时常给宫女们好处，加上其辩才非凡，记忆超群，皇帝都被其折服，更何况是宫女。

一群宫女对之佩服得五体投地，四处宣扬她的贤惠。

张丽华知道，有了名声还不够，她还想更进一步，向往皇后宝座。皇后沈婺华虽然不被宠幸，但毕竟其身份背景太强，想要将其拉下马还需要时间。

于是张丽华开始"曲线救国"，将自己的才华发挥得淋漓尽致，在陈叔宝审批奏章的时候，也从旁协助。

陈叔宝斜倚宝椅，张丽华便坐其腿上，共商国是。

呈递奏章的太监，将奏章念给皇帝听，但奏章大多内容繁杂，言语拗口，他们读到后面便忘了前面。

陈叔宝随机抽查的时候，太监们支支吾吾半天答不上来。但张丽华却可以应答如流，无所遗漏。

陈叔宝听后一喜，便让其尝试说说处理意见。张丽华毫无惧色，有理有据地分析情况，提出意见，得到陈叔宝的认可。

她还参与访察宫外的事务，社会上一言一事，其必先知道，并将情况汇报给陈叔宝，还提出不错的处理意见。

陈叔宝见到张丽华如此有才，自己也乐得安逸，许多大事都听其吩咐。此时的陈叔宝，已经离不开张丽华这个贤内助了。

张丽华尝到了权力的味道，心中兴奋，便开始给自己的亲朋好友安排官位，张氏族亲一时风光无限。

除了自己的家人，张丽华还将联盟里其他妃子的家人一起提拔，后宫宗族权力滔天。

权力之下，藏污纳垢。

有的时候后宫亲戚犯法，张丽华会帮忙压下。如有大臣不买账，反而会被其诬陷。

此时的陈叔宝，已经对张丽华言听计从了。

4

权力带来的满足感，让张丽华欲罢不能。她想名正言顺执掌后宫，让自己的儿子成为太子。

只有这样，她才可以在年老色衰之后，不失去现在所拥有的一切。

在张丽华的鼓动下，陈叔宝废长立幼，将陈深封为太子。张丽华目的达到，未来又多了一份保障。

不过，皇后这座大山还没有解决。如果不除掉，就难以安心。

皇后虽不被陈叔宝宠幸，可在朝廷中还有贤名。陈叔宝有废后之心，但受到朝廷大臣强烈反对，只好把废后时间延后。而此时陈国在其昏庸无道的统治下，已经千疮百孔。

隋朝的二皇子杨广领兵渡江，前来讨伐陈叔宝。

一路势如破竹，战无不胜，攻无不克，最后攻破建康，直捣宫门。

张丽华听闻都城被攻破，方才后悔从前所作所为，误导了夫君，亡了家国。

陈叔宝慌不择路，带着张丽华躲在井中避难。张丽华依着夫君暗自祈祷，不要被敌军所抓。可惜最后还是被隋军发现，被逼出井。

张丽华不知道等待自己的命运是什么，乱世佳丽，向来没有几人能有好结局。

大元帅杨广前来盘点"猎物"，一眼相中了不可方物的张丽华，想要纳其为妃。

张丽华没有选择的余地，她从杨广炙热的眼神中，看到了最后生的希望。

但希望很快破灭，高颎安给张丽华一个"陈国妲己"的名号。杨广无奈，狠心下令处斩张丽华。

清溪边上，张丽华看着水中倒映的绝世容颜，苦笑一声，迎接自己的宿命。

手起刀落，身首异处，世上再无张丽华，人间不见后庭花。

第二章

权臣视角：是推手，也是掘墓人

门阀是两晋南北朝时期鲜明的政治特色。因而这些权臣要么来自世家大族，要么以一己之力创造了世家大族，达成了与皇权之间的某种联动与制约。不过，无论是叱咤风云的将军，还是指点江山的名士，依然要面临不同程度的挑战与威胁，在王朝动荡间患得患失，试图找寻一处安慰。

"演技派"笑到最后

公元 249 年正月，大将军曹爽护送皇帝曹芳去祭祀魏明帝。

队伍前脚刚出了洛阳城，一个"病"了两年的老翁忽然从榻上坐了起来。

这位 71 岁的资深表演艺术家，终于等来了人生中最重要的一场反转大戏。这场戏，不仅奠定了他"影帝"的历史地位，也成了中国历史一个重要的拐点。

他是司马懿，这场大戏的名字叫作"高平陵之变"。

从此，他从一个鞠躬尽瘁的忠臣良将，变成了背信弃义的权谋家，也成了晋王朝实际上的开创者。

从此，曹魏政权大势已去，天下即将改姓"司马"。

仔细想来，这祸根其实是曹操自己埋下的。

九泉之下的他，一定悔不当初。为什么在当初创业的时候，他死乞白赖地非要聘请这个"戏精"来为自己工作，为子孙留下了无穷隐患。

怪只怪，司马懿的演技太牛了。

这一演，竟然就是四十几年。

1

公元 201 年，当时的司马懿还是一个待业青年。

他身为世家公子，祖先几代都是汉朝的重臣。因为头脑灵光，资质非凡，还没开始工作，美名就已经传播了出去，也传到了求贤若渴的曹操耳中。

世人皆知，曹操爱才。其实除了发自内心的欣赏，他还有一个重要考量。

乱世之中，各路诸侯都在抢夺人才。有才能者如果不能收为己用，就有可能被敌人"截和"，日后成为刺向自己胸口的尖刀。

本着这样的原则，曹操不会放过任何入其法眼的人。

司马懿，就是其中一个。

生于动荡年代，选择老板是关乎个人前途乃至家族命运的大事，岂是随便之举。在司马懿看来，几位大佬都在同时创业，形势尚不明朗，他并不想过早站队。何况，他当时也不太瞧得上曹操这个阉臣的后人。

为了拒绝入职，他只好开启了自己的"演艺生涯"——谎称得了风痹症，卧床不起。毕竟像曹操这种梦里都要杀人的狠人，他实在不敢硬刚。

曹操不信，马上派人去一探究竟。

结果，派去的人完全折服于司马懿的演技。当看到司马懿僵着身体躺在床上，一脸病容，甚至连说话都颠三倒四的时候，他险些流下同情的泪水。

工作汇报的那天，他绘声绘色做了一番总结。但曹操撇了撇嘴，流露出十分嫌弃的眼神，显然对他的结论存有质疑。

算了，创业正忙，就由他演去吧。老子就不信，他日后露不出马脚。

想到这，曹操决定暂且放下这件事，先忙着打袁绍去了。

这场戏，一演就是 7 年。

公元 208 年，等曹操再次想起司马懿的时候，当年的影坛新人俨然磨炼成了演技派高手。

做了丞相的曹操重新派人邀请司马懿出山。这次他的"邀请函"简洁利落——"若复盘桓，便收之"。

要么来报道，要么干掉你。这道关乎性命的选择题，司马懿当然知道该选什么。

此时曹操羽翼渐丰，袁绍余党被彻底歼灭，时局已经明朗。"病愈"的司马懿二话不说乖乖去报到，正式走上了仕途。

7 年的戏份，终于杀青了。

2

加入曹操阵营后，司马懿的仕途并没有飞黄腾达。

并非曹操故意要"占着茅坑不拉屎"，而是对他不信任。

多疑的曹操曾经做过一个梦，三匹马在一个槽里吃草，醒来后越想越生气，怎么看司马懿都不顺眼。再加上曹操很相信相术，司马懿的长相被称为"狼顾"，就是可以 90°角转头，用余光看到自己的背后。

虽然司马懿极力掩饰自己的城府与野心，但还是让曹操感到顾忌。他已经敏感地辨别出了狡猾的气味。——司马懿是自己的同类，是一个必须提防的危险人物。

他曾经对儿子曹丕说过这样一句话，"司马懿非人臣也，必预汝家事"。可见，这成见有多么深，这判断有多么准。

司马懿明白，自己在曹操眼皮子底下，是很难蹦跶起来了。

但戏，还是要演下去。

十年职场，司马懿安分守己按时打卡，鞠躬尽瘁打酱油，先后做了黄门侍郎、议郎等职位，并没有参与什么大项目。

每一次演出，司马懿都十分入戏，甚至连割草喂马这样的事情都亲自去做，看起来没什么出息，也没什么威胁。偶尔，他也会出来献计献策，对分寸的拿捏也十分精准，既不会让人感受到威胁，也不会让人觉得他扮猪吃老虎，别有用心。

渐渐地，曹操放松了警惕，司马懿的脑袋保住了。

如果换作一般人，纵使是演戏，也扛不住这 7 年又 10 年。面具如果长在了脸上，早就乖乖认命，无法抽离了。但司马懿没有，他做出了一个重大的战略选择，那就是站了曹丕的队。

在政治这张棋盘上，看得远的人才是赢家。

此时曹操几乎"三分天下有其二"，即使心中没有偏见，身边也早已簇拥了大量一起创业的老臣，想要混出名堂来，太难了。

所以，司马懿投资的，是未来。

他玩不过老子，但不一定玩不过儿子。

在曹丕与曹植之间，曹操其实一直举棋不定。司马懿左思右想，如果孤注一掷，则很有可能竹篮打水一场空。

于是，司马懿与弟弟司马孚联手，做了一次对冲。

对冲，就是同时做两笔相反的投资。这是很难驾驭的一种游戏方式，尤其这很可能牵扯到活生生的人命，就算一死一活，也是得不偿失。这个游戏最考验的，就是过程中的趋势判断和灵活应变，兄弟俩需要按照事态发展随时调整投资比例，才能取得最终胜利。

游戏开局，曹植的优势似乎很明显。他文学修养极高，非常吸粉，曹操对这个儿子偏爱有加。

但司马懿很快就发现，张扬是败者的哀乐，隐忍才是胜者的徽章。曹植的狂肆性情，反而注定了未来一定会跌大跟头。

果不其然，在流血的王者之路上，这位文艺青年走得磕磕绊绊。

公元217年，他酒醉失态，竟然在皇宫中专供皇帝行走的御道上耍起了酒疯，将曹操气得胡子直抖。

司马懿明白，他们兄弟二人是时候调整策略了。

纵使才高八斗又如何，曹植的胜算太低了。这个时候，就该考虑司马孚的脱身之术了。

作为表演经验十分丰富的"前辈"，司马懿向弟弟倾囊传授了自己的心得。司马孚认真记了笔记，这位"影视小弟"的处女作，也缓缓拉开了序幕。

不知从何时起，人们发现司马孚作为曹植的幕僚，忽然变成了一个暴躁的谏臣。每当曹植有什么行为不妥，他就会在公开场合尖锐批评曹植，言辞毫不留情面，好几次弄得曹植下不来台。

虽然大家都觉得司马孚的举动欠妥，但是时间久了，他的人设也渐渐立了起来：不懂世故，口无遮拦，对曹植怨气颇深。

另一边，司马懿开始有意无意在曹丕耳边吹风，表示弟弟太不让人省心，和领导处不好关系，意见总是不统一，回家总是吵着要辞职。

聪明如曹丕，立刻领会到了司马懿的意图。

同年，曹操终于用排除法在两个儿子中间做出了选择。曹丕成为继承人。曹植打烂了一手好牌，彻底落败。

此时，司马孚却立刻顺利跳槽到了曹丕阵营。曹丕与曹植耗尽了兄弟情分，但丝毫没有影响司马兄弟的手足情深。

手握着曹丕这只即将不断涨停的股票，司马懿的嘴边，终于露出了一丝不易察觉的微笑。

3

这世界，终究属于活得久的人。

熬死了曹操，司马懿的仕途在曹丕登基之后，才终于开始扶摇直上。

　　尽管曹操生前曾经嘱咐过儿子，一定要小心司马懿这只老狐狸，但曹丕显然没有听进去。

　　他对兄弟都很戒备，反而十分信赖司马懿，几次出征伐吴，都留其镇守许昌。

　　不过，快乐的日子并没有持续太久。或许是因为憋屈了太久，曹丕在40岁那年，就驾鹤西去了。

　　临死之前，他将小皇帝曹叡托孤给四位重臣，分别是曹真、陈群、曹休、司马懿。

　　随着游戏进入下一关卡，新的挑战又开始了。

　　在曹叡的时代，司马懿解锁了一项新技能，就是带兵打仗。幸运的是，第一次领兵他就取得了胜利，打败了软柿子诸葛瑾，被封为骠骑大将军。

　　其实，此时朝堂之争暗潮汹涌，陈群为了把司马懿挤走，经常撺掇曹叡把司马懿派出去。目的，是想把他挤出朝堂。

　　司马懿内心洞明，也欣然接受。夏虫不可语冰，因为陈群的小伎俩，正好成全了他的布局。

　　他想得清清楚楚，要成大事，就一定要去摸枪杆子。否则就算爬得再高，也都是虚的。

　　这一次，他遇见了最好的对手——诸葛亮。诸葛亮北伐5次，前3次都是曹真出面。到了第4次，曹真病了。

　　遇到诸葛亮，司马懿的眼睛亮了。因为面对这样的对手，输了并不可耻，一旦赢了就是名垂青史。

　　但司马懿首先要解决的，是一些内部问题，比如争夺话语权。

　　在任何队伍里，空降的新领导都很容易受到老员工的鄙视。比如前线指挥官张郃就觉得，司马懿根本不懂打仗，自己冲锋陷阵多年，哪里需要一个外行来比比画画。

　　所以在很多次会议上，二人都闹得不太愉快。

　　后来张郃干脆建议说，两个人分开带队执行不同的任务。其实说白了，就是要自己玩自己的，互不干预。

　　司马懿当然不同意。他经验浅，不想单打独斗。张郃带走了一队人马，自己岂不是很容易变成笑话。如果张郃真的不能辅助，那么就更不能让其为所欲为，否则如何立威。

司马懿再次使用了大绝招：耗。

他一面耗着诸葛亮，一面耗着张郃。

前者毕竟不是主场，所以论持久战是一定没有优势的；后者心里就算一百个不服，也无法抗命。总之，司马懿的心理就是：我就静静地看着你们蹦跶，看你们到底有多大能耐。

不久，诸葛亮在打了一次胜仗之后，却因缺粮而不得不退兵。司马懿忽然下令，让张郃前去追击。

张郃不同意。以他的经验来判断，诸葛亮一定有所部署，此时并不适合追击。

司马懿横眉一竖，拿出了领导的威严："怎么？我说话不好使吗？"

张郃不敢违抗军令，只得带兵出发。

不久传来消息，诸葛亮设伏杀死了张郃。

司马懿痛心疾首，反思自己的判断失误。这戏演得十分逼真，因为他自己也承受了打败仗的结果，所以人们不敢怀疑。

可是细细想来，司马懿这种心思深重的人，不可能不知道诸葛亮的谨慎，也不可能不懂得"归军勿追"的道理。

唯一的解释就是：借刀杀人。

4

三年后，诸葛亮再次北伐。

虽然司马懿犯了错误，但是他对朝廷的人力资源情况吃得太透，官员们都在忙着腐败和清谈，哪里还有什么打仗的人才。

胜败乃兵家常事，输给诸葛亮，实在不足以夺取他的枪杆子。

于是，一对命中注定的冤家，再次碰头了。

有了绝对权威之后，司马懿更加自信从容。这一次，他有把握赢。

司马懿的大绝招再次重现江湖。他认为自己根本不需要与蜀军正面较量，只需要守住，对方就会缺吃少喝。

诸葛亮当然也不是冒进之徒。虽然这次北伐他给了自己很大压力，但也要讲究策略。他干脆派兵驻扎下来：你司马懿不就是想耗我吗？那我就让士兵留下来过日子，去和农民一起种地，口粮问题不就解决了吗？

其实，这并不是解决的办法。但两军对垒一般都是心理战术，一旦被对方拆了招，往往就会方寸大乱。司马懿可没有，他扑哧一声笑了。

种吧，种吧，如果你十万大军都有地种，那我就陪你种到海枯石烂。

诸葛亮只得再次开动脑筋，想办法刺激司马懿。这一次，他选择了当众羞辱，不只派人在魏军帐前大骂，还拿了一套女装送到大营。言外之意就是：你司马懿缩头缩脑不敢跟我打，就是个大门不出、二门不迈的妇人。

在军营里，这种情况最不好处理。虽然从理性的角度来说，这明摆着是个套。但是当着那么多将士的面，司马懿也没法表现得太孬，否则会让大家灭了士气，自己也丢了威严。

于是，他的演技又派上了用场，当场发飙，表现出的愤怒极具爆发力，恨不得立马冲出去和诸葛亮决一死战。

将士们个个斗志昂扬，摩拳擦掌，就等着司马懿一声令下。

司马懿让大家先等等，自己得打个报告。他大笔一挥，向皇帝写了一封请战书。接着，就去找诸葛亮的使者套话去了。

在尴尬微妙的气氛中，两人的谈话听上去十分官方，但司马懿还是抓住了重点：诸葛亮为蜀国鞠躬尽瘁，一直努力跳出舒适圈，多年来保持着"996"的工作强度……

嗯，棒棒哒。

事态都在司马懿的掌控之中，当曹叡接到请战书，立刻懂了其中的意图，快马加鞭回复：全军继续按兵不动。

司马懿一脸无辜：你们看，我是想打，但是皇帝不让。这我就没有办法了。

五个月后，司马懿生生熬死了诸葛亮，蜀军失去了主心骨，不战而退。

次年，司马懿被封太尉。

5

司马懿的势力越来越强，强到引起了曹叡的警惕。在政治舞台上，功高震主从来都是一件极度危险的事情。

但曹叡还没来得及仔细思考这个问题，就接到了死神的通知书。

或许是曹操滥杀了太多无辜，曹魏的继承人似乎个个短命。才三十多岁的曹叡也要挂了，而在他临终之前的第一份托孤名单里，原本删去了司马懿的名字。

曹叡其实有点闭不上眼睛，因为他知道，一个创业公司频繁更换 CEO 是非常不利的。但是奈何身体不争气，实在撑不下去。

他看了看稚嫩的曹芳，思来想去实在担心，又哆哆嗦嗦将"司马懿"的名字添了回去。

曹芳继位后，最得势的两个人就是曹爽与司马懿，他们分别代表了皇族和士族两股势力，都很厉害。开始的时候他们关系不错，甚至还联手开创了"爽懿"体制。

曹爽属于头脑简单的那种人。

原本他以为，司马懿已经一大把年纪了，他们完全可以强强合作。未来老头一命归西，也构不成什么威胁。

渐渐地，身边有明眼人看出了门道。司马懿的名声越来越大，绝非佛系的退休大爷，且身子骨硬朗，如果不趁早除去，未来一定会为曹魏留下祸患。

于是曹爽的内心渐渐开始松动，召集一些人打起了自己的小九九。

他搞了一次突然袭击，让司马懿防不胜防。在皇帝面前，曹爽一番掏心挖肺，表示司马懿如今已经是"一人之下，万人之上"，应该削减势力以防后患。

皇帝没什么主见，很容易被操控，立刻点了点头。于是一道旨意下来，司马懿被"明升暗降"成了"大司马"，一夜间损失了不少实权。

事情还没有结束。次日朝堂上，有人说这"大司马"一职实在不太吉利，曹真和曹休就都是在这个位置上死去的，于是司马懿"大司马"一职也被免去。

司马懿一时疏忽吃了个哑巴亏，但也不好当众表现出来，只能不动声色，叩地高喊谢主隆恩。

就这样，两人拆伙，反目成仇。

司马懿和曹爽的矛盾越来越深，斗争不断。他太清楚这种消耗是毫无益处的，必须想个有效法子，一招毙命。司马懿辗转反侧，又想起了自己的某项绝技。

不久，人们发现司马懿在公众场合出现的时候，越发憔悴起来。很多人都说，他身子好像大不如前了。公元 247 年，司马懿的妻子张春华去世，他悲痛欲绝，从此"大病不起"。

"装病大法"再现江湖，如今司马懿的演技已经炉火纯青。

这一次，他又装了两年。

其间，曹爽也曾经派一个叫李胜的人前来试探。李胜腿还没有迈进去，就听到了一阵剧烈的咳嗽声。到了病榻旁边，只见一代权臣已经与普通的病翁别无两样。

侍女送来温粥，司马懿哆哆嗦嗦喝了几口，竟然洒了一身。李胜上前表达慰问之后，顺便告知司马懿自己要去荆州做刺史。司马懿稀里糊涂地连连点头，不断呢喃道，"你要去并州了"。

李胜连忙更正，"是荆州，不是并州"。

司马懿努力地挤出了一个微笑，"好，到了并州好好干"。

李胜无奈，但看了看司马懿胡须上黏黏糊糊的粥液，不由得放弃了解释。罢了，既然连荆州、并州都傻傻分不清楚，自己还是早早复命去吧。

曹爽，终于把心放到了肚子里。

6

现在，我们回到文初提到的那一天。曹爽带人出了城，司马懿的计划开始了。

就在装病的两年间，司马懿的儿子司马师已经暗中培养了一支黑社会队伍。三千养士加上司马府的家兵，兵分两路闯进了皇宫。

控制了皇太后之后，很快，一份讨伐曹爽的诏书被送到了高平陵。

其实，此时司马懿并没有完全稳赢。

他虽然先发制人，但曹爽拥有兵权，还随身带着小皇帝。如果曹爽振臂一呼，鹿死谁手还真的难说。

可惜，曹爽没有这样的魄力。

司马懿早就看穿了这一点，他暗中派人送信斡旋，说自己只希望收回兵权，只要曹爽不做大将军，金钱美女地位一样都不会少。

所以，当周围亲信都在出谋划策，讨论如何与司马懿对抗的时候，曹爽已经有了自己的打算。对他来说，这道选择题有两个选项，一是险中求胜利，二是认怂保平安。这道题，他选后者。

但是他就没有想过，真实选项其实是一线生机和死无葬身之地。

曹爽的怯懦，不仅丢了自己的小命，也错失了挽回曹魏的最后一次机会。

司马懿为曹家打工打了四代，最终靠出色的演技和非凡的耐力，一路铲除异己，将江山放在了自己的兜里。

71 岁，他站上了权力的巅峰，成了曹魏事实上的最高掌权者。

有人劝他干脆坐上那王座，他若有所思地摇摇头。

历史看起来依旧直线向前，但其实已经悄悄打好了转向灯。至于办手续的事情，索性就交给后人去做吧。

一个擅长下猛药的人

公元 375 年，王猛的病榻前，苻坚早已涕泪横流。

他握住那双曾经帮他操盘了半个天下的手，不断祈求上苍，收回死神的通知书。

他们曾经一路披荆斩棘，联手创建了辉煌的前秦帝国。如今这对政治上的黄金搭档，却要就此生死相隔了。

即将踏上黄泉路的王猛，明白自己大限已至，他看着苻坚的脸，虚弱地说出了政治遗嘱。

"不要南征伐晋。"

苻坚的眼神闪烁了一下，但还是宽慰式地点了点头。

王猛敏锐地捕捉到了苻坚的犹豫。他也深深明白，统一山河是每一个帝王魂牵梦绕的大业。如今苻坚已经初步平定了北方，自己这个时候却劝他不要南征伐晋，的确有些泄气。

可是身为汉人，他清楚地知道，东晋虽然存在许许多多的问题，却始终是正朔所在，人心相安，并不容易被颠覆与撼动。此时苻坚最大的敌人，应该是鲜卑与西羌。

先守得一方安宁，再去思虑统一大业。

这临终前的劝诫，就是王猛能够为苻坚做的最后一次筹谋了。

说完这些话，他不舍地合上了沉重的眼皮，迎来了生命的终结。

1

王猛是个汉人。

他生于乱世中原，从小与家人颠沛流离，是个见惯了风浪的穷孩子。

见过王猛的人，都说他身上有一股劲儿。这种东西难以言说，就像是天生带来的。

少年落魄时，他曾经在洛阳街头卖畚箕。

有一个人说要高价买他的畚箕，但是身上没带钱，请王猛随他回家去拿。如果换了旁人，可能会认为这是神经病或者骗子。但是王猛看了看那人的眼睛，就决定真的跟他去取。

他们一路前行，走进了一处深山，那里有一位气度不凡的白胡子老翁。王猛被那气度折服，于是躬身揖拜。老翁却笑着说："王公，您怎么好拜我呀！"说完，那老翁果真拿了十倍的价钱，买下了畚箕，并派人将王猛送了出去。

王猛有胆识，肯冒险，会识人，所以才会得到这位隐士的赏识。但与之形成鲜明对比的是，他在与士族子弟交往的时候，经常受到冷眼与嘲笑。

在门第观念鲜明的中原，寒门出身的王猛很难获得一个平等的机会，甚至一个尊重的眼神。

他明白，可是他不在意。

人活着，大可不必为不重要的人与事去伤神。

他觉得人生就像卖畚箕一样。与其陷入讨价还价中，不如去找到那个独具慧眼的人，实现生命的利益最大化。

他遇到的第一双慧眼，是桓温的。

那一年，桓温北伐，驻军于灞上。与其他东晋名士不同，桓温向来不会因门第而看轻一个人。因为他也曾体验过那种被冷遇、被边缘化的感受，反倒认为那些装腔作势的家伙，都是扶不上墙的烂泥。

一身麻布衣服的王猛，见到了桓温。

他不觉窘态，泰然自若，一边自然地捉着虱子，一边与桓温纵谈天下大事。这样的态度，反而让桓温很佩服。

谈笑间，桓温问了他一个问题：

"我奉天子之命带兵北伐，前来拯救黎民于水火，为什么这里的豪杰却没人愿意投奔我呢？"

这并不是一个好回答的问题。或许最安全的回答是，即兴准备一段小作文，论证豪杰们是如何做出了错误的判断的。

王猛断然不是这个路数，他一边抓着虱子，一边看着桓温，笑着回答："您千里迢迢赶来，却停留在灞上，不去攻占近在咫尺的长安。大家猜不透您心里想什么，所以不来。"

这句话的深意，其实已经戳中了桓温的心事。

他的北伐，表面上是为国为家，其实是为了个人私欲。之所以不攻长安，是桓温在自己心里算了一笔账，想为自己保留优势，与朝廷抗衡罢了。

桓温一时无语，半晌对王猛说道："江东没有人比你更有才干了。"

不过，深思熟虑之后，王猛却拒绝了桓温抛来的橄榄枝。一来他知道东晋的门第桎梏，自己恐怕很容易遇到天花板；二来他早已看出桓温并非善类，早晚有野心犯上作乱，搞不好自己还担了污名。

不将就的王猛决定继续寻觅，直到遇到真正的老板。

2

公元 355 年，前秦皇帝苻健去世。

继位者苻生昏庸残暴，让这个刚刚建立不久的政权，开始散发出亡国的气息。

一个叫苻坚的人，不忍看到祖宗基业坍塌，决定取而代之。他是苻健的侄子，为此开始广招贤才。

王猛与苻坚的最强组合，就是这个时候组建的。

苻坚看重王猛，不同于桓温的一时兴起。两人几乎一见如故，在他眼中，王猛就是诸葛亮一般的人物。

有这样的信赖和敬重，王猛的舞台，这才真正搭建了起来。

一个寂寂无名的汉族儒生，想要在氐族政权中大显身手，是一件谈何容易的事。

在周遭的偏见中，汉族儒生除了夸夸其谈，恐怕丝毫没有解决现实问题的能力。

为了证明自己，王猛去了始平县担任县令。那里的治安极差，县令换了无数次，谁也搞不定。各种恶吏、流民、土匪、豪强横行，搞得乌烟瘴气。

王猛的做法，出乎所有人的意料。他的办法就是一个字：杀！

简单粗暴，强硬有效。

当百姓的上书纷纷送到长安，苻坚问王猛："你一个汉族儒生，为什么抛弃以德服人，使用这样极端的办法？"

王猛回答："乱世，当用重典。"

以实际效果来看，这根杀威棒的确起到了显著的成效。重惩之下，谁也不敢再出幺蛾子，治安环境自然越来越好。

符坚很高兴，没想到王猛还有这样的魄力，暗喜自己没有看错人。在他的一路力挺之下，王猛的官越做越大，做到了京兆尹。

王猛也不负期望，他将强硬风格带到了更高的位置上，开始磨刀霍霍收拾"大老虎"。

符健的小舅子是个超级大恶棍，做尽了强抢民女、夺人钱财、草菅人命的缺德事。王猛对这样的人也不手软，不仅将其正法，还将尸体陈于闹市，让老百姓心里特别痛快。在此之后，他在一个月时间内，又连续收拾了二十几只"大老虎"，让天下人见识了什么叫真正的雷厉风行。

开始时，符坚是没有底气的。但是当看到无论朝廷还是民间，风气在一天一天纠正的时候，他对王猛的佩服更深，不由得感慨道："今日才明白天下是有法的，天子是尊贵的。"

作为回报，符坚也展示出了一个君主最大的诚意。

王猛的崛起，让很多氏族权贵不舒服。他们认为：你没有为我们的民族流过一滴血，凭什么跑来我们的地盘做官呢？

而当王猛遇到朝中重臣抵制的时候，符坚却坚定地站在了王猛的身后。氏族的姑臧侯樊世与王猛多次激烈对峙，极尽羞辱之事。符坚杀鸡儆猴，将樊世治了个死罪。要知道，樊世是当年与符健一起出生入死过的人。

这样的做法让众人明白，王猛已经获得了皇帝无条件的信任与支持，想找碴儿的人根本没有机会。

从京兆尹，王猛一路做到了尚书左仆射、辅国将军、司隶校尉、加骑都尉、居中宿卫。当符坚还要给他加位录尚书事的时候，王猛断然拒绝了。

他觉得自己做得还远远不够，前秦的治国大事，也该他上场了。

3

王猛的才华，当然不只杀人这么简单。

他之所以这样做，是因为懂得"治国先治吏"的道理。在当时前秦权力分散、法令不通的情况下，他唯有快刀斩乱麻，才能建立起一个中央集权的朝廷。

下过了"猛药"的王猛，此时开始了真正的布局。

为朝廷找到真正优秀的人才，是至关重要的核心动力。

不同于东晋的九品中正制，王猛认为应该不拘一格任用人才。出身、年龄、民族，都不是选拔人才的标准和重点。在苻坚的支持下，他还恢复了太学，将北方的汉文化重新复苏起来。

他主张废除了胡汉分治之法，确立了"黎元应抚，夷狄应和"的基本国策，要求各族可以杂居，互相融合。在这样的倡导之下，匈奴、鲜卑、乌桓、羌、羯诸族都纷纷归服，有才干者都可以为朝廷效力，一派欣欣向荣的大融合局面。

史家认为，"兵强国富，垂及升平，猛之力也"。

除了对内治国，王猛在军事方面也展示出了远见卓识。

在他看来，当时前秦的情况并不容乐观。北有鲜卑的拓跋氏，西有前凉，东有鲜卑的慕容氏，南有东晋。

可以说，四面受敌的情况，让这个国家很难睡上一宿真正的安稳觉。因为说不定哪天醒来，就被掀了被窝。何况除此之外，还有很多小的割据势力，像定时炸弹一样，时常就来上几段"小插曲"。

王猛知道，这是必须解决的问题。

他与苻坚不约而同达成了一个共识——先统一北方。一来可以解决后顾之忧，二来也可以为未来大业打好基础。在精细权衡了各方势力后，王猛提出的战略是：先拿下西北，再争锋东南。

两年的时间，王猛完美地完成了计划。西北平定，等于前秦安稳了整个大后方。

这个时候，"四公之乱"爆发。

先是苻生的弟弟苻柳在蒲坂起兵造反。苻柳为"晋公"，是个刺儿头。当初王猛就曾劝诫过苻坚，一定要早早铲除。

晋公苻柳算是开了个坏头。赵公双、魏公度、燕公武等"三公"也纷纷揭了竿，扬言一举攻下长安。王猛只好亲自带兵，平定叛乱。

苻柳向来瞧不起王猛这样的汉人领兵，满肚子的傲慢与偏见。所以当王猛故意畏畏缩缩，造成一种怯阵的假象时，苻柳深信不疑。

他留下世子守城，自己调离了两万人马去偷袭长安，以为自己马上就要一步登天。没想到，这正好入了王猛的圈套。伏兵早已备好，苻柳惨败，落得个身首异处的下场。

不久，其余"三公"也先后被平定，"四公之乱"宣告失败。

4

当前秦将矛头对准东南的时候，已经是不容小觑的一个强国了。

王猛的下一个目标，是前燕。他首先要寻找的，是一个开战的理由。

公元369年，桓温北伐，剑指前燕。

前燕的慕容玮向前秦求援，并提出割让土地作为酬谢。朝堂之上，几乎除了王猛之外，所有大臣都反对。他们认为两虎相争，必有一伤。这种情况下何必要帮助前燕呢？

但王猛不这样想。

如果前秦不出手，前燕很难有胜算。而桓温若胜了，那么前秦的处境也会岌岌可危。反过来，如果前秦帮助前燕击败了桓温，再趁其战后疲乏，出其不意攻打，岂不是更好的选择。

在苻坚的支持下，王猛顺利证实了自己的推断。不仅如此，脑子进了水的前燕，还拱手送上了开战理由。——他们在战胜后毁约，没有履行约定割让土地。

王猛以此为借口，亲自统兵伐燕。

这是一场艰难的硬仗，最终以前燕的灭亡告终。王猛一鼓作气，灭了仇池，孤立了前凉，以一纸书信成功劝降张天锡，又收服了陇西鲜卑乞伏部、甘青之间的吐谷浑等势力。至此，前秦已基本上统一了北方。

十年征战，王猛的身体终于支撑不住了。

苻坚请来了无数名医、神医，天下名山到处祈福，都无法改变生老病死的规律。

王猛知道，征战了多年的前秦，是时候休养生息了。

于是他在临终前留下了那些嘱托，希望苻坚能够像从前那样，继续力挺他的每一个提案和举措。

他没想到的是，当他闭上眼睛的时候，苻坚就与前秦一起开始了抛物线式的回落。

38岁的苻坚，迅速灭掉了前凉和代国，完成了北方的统一。但他终究还是辜负了王猛的嘱托，留下了鲜卑、羌族的阴谋分子，也忘记了"不可伐晋"的告诫。

公元383年，苻坚固执地发动了伐晋的战争，在"淝水之战"中一败涂地。在这场战争中，他留下了"风声鹤唳""草木皆兵"这样的成语，也将自己推入了万劫不复的境地。

伐晋失败后，慕容垂、慕容冲、姚苌等人乘机举兵造反，纷纷割据自立，他们正是鲜卑、羌族的残留势力。至此，统一的北方又陷于分裂之中。

公元 385 年，苻坚被姚苌杀害，年仅 48 岁。

公元 394 年，前秦灭亡。

半生隐士，半生英雄

清朝翁同龢先生曾有一副对联：

"每临大事有静气，不信今时无古贤。"

说的是，古往今来的圣贤者，都具备沉着冷静的心态，就算是天塌下来，也要面不改色。

翁先生是晚清时的两代帝师，这句话，几乎是他全部课程的精华。

对大多数人来说，可能一生很难遇见山崩地裂的情况。

我们不禁会问，如果真的有了那样生死攸关的时刻，究竟什么样的人，可以风来不惊，雨来不惧，保有这样的一份静气呢？

1

所谓静气，就是遇事不慌张。

这世上可能有一种人天生具备这种底气，那就是生来就财务自由的富二代。

比如，谢安。

《红楼梦》中有"贾史王薛"四大家族，东晋的四大家族是"王谢桓庾"。谢安，就生于这样的人家。

确切地说，他其实是一名"官四代"。曾祖父谢缵是曹魏时期的典农中郎将，祖父谢衡做过太子太傅，父亲谢裒做过吏部尚书。拥有这样的出身，显然是不必做"稻粱谋"了。

除了家世好，谢安还是一位美男子。用我们今天的话来说，也是一位"带货达人"。身上穿的用的，都有粉丝去模仿，商业价值极高。

有一次，一个朋友做蒲葵扇快破产了，库存还剩了 5 万把，积压在那里卖不出去，整天愁得掉头发。

谢安借来一把自己用，在公众场合都随身携带着。没过多久，不仅 5 万把蒲葵扇都卖光了，还有人想买买不到。

他讲话天生带一点鼻音，尤其吟诗的时候更明显。这居然也成了一种特色，搞得洛阳的文人墨客纷纷效仿，一时间，大家都仿佛捏着鼻子在读诗。

难怪谢安如此受欢迎，因为他不只颜值高，家世好，还很有头脑和天赋，谈吐异于常人。魏晋时期最流行的清谈，他就颇有优势。

很小的时候，他去拜访名士王濛，王濛惊为天人，连连夸他"向客亹亹，为来逼人"。

这小子口才了得，以后一定可以有一番作为。

不过，到了入仕的年龄，谢安却没有选择这条路，而是选择了隐居东山。

他不喜欢官场的环境，对功名也无渴望，当然更重要的是家里不缺钱。所以他选择隐居，也的确有这个条件和底气。

他不是长子，不必承担家族的重任，只需要做自己。

反正，谢家在朝堂之上还有谢尚、谢奕、谢万等人，他就做个隐居的谢安好了。

2

隐居的谢安，日子过得颇为惬意。

他广结天下名士，时常坐而论道。

一次，几个好友讨论《渔父》，他是最后一个发言。

其实最后一个发言有难度，因为能够论述的角度都被别人说过了。但到了谢安，他依然能够找到新的视角和见解，让众人叹服。

作为好友，王羲之亲眼见过谢安的淡定。

他们经常结伴出游，会一起去会稽山阴之兰亭。名士们一起游弋山水，王羲之的《兰亭集序》就出自这样的潇洒出尘。

一日，他们乘船海上，遇到了风浪，王羲之等人都有些害怕，只有谢安一脸平静。船夫见谢安如此淡定，心里有了定神针，觉得风浪马上会过去，便继续向前划。可是风浪越来越大，于是谢安缓缓说出，"这样的话，还是回去吧"。

他不怕死，可不是不惜命，船夫调转了船头，这个全过程内，谢安的脸上都是泰然自若。

为此，李白写了一首诗来表达钦佩：

"安石泛溟渤，独啸长风还。逸韵动海上，高情出人间。"

临危不乱，是一种做大事的风范。

王羲之在佩服的同时，开始觉得谢安隐居起来简直太可惜了。于是他在公开场合表示："我在谢安身上看到了镇国的气度，我们应该推荐他出仕。"

名士刘惔也说："要是谢安不出山，我们联名推荐他。"

在朋友们的推波助澜下，谢安成了人才市场上的香饽饽，很多企业都诚恳地投来了邀请函。

谢安无奈，只得一个个回绝，顺便嘱咐朋友们不要再闹了。

隐居这件事，他是认真的。

后来，朝廷觉得谢安是不是嫌弃职位薪水不够好，竟然拿出一个沉甸甸的职位——吏部郎。这可是掌管着所有官员升迁考核的职位，绝对含金量十足。

谢安还是拒绝了。

朝廷丢了面子，恼羞成怒，决定再也不予录用。

可是这样平白闹了一番后，谢安的粉丝反而大涨。因为大家觉得，这样的谢安实在是太酷了。

3

40 岁那年，谢安的人设崩塌了。

一大批粉丝脱粉，声称被偶像伤透了心。

原来，这一年谢安居然出仕了。

说好的人淡如菊呢？说好的隐居到老呢？

一时间，谢安成了被嘲讽的对象，体验到了舆论的急转直下。

原来，隐居东山多年，谢家的政治地位已经摇摇欲坠——谢尚、谢奕先后去世，谢万兵败被罢官，谢安出仕是不得不为之的选择。

再不出，谢家可能就再也翻不了身了。

公元 360 年，谢安走出了东山，以 40 岁的高龄走入了职场，史称"东山再起"。

此一时，彼一时。曾经被疯抢的谢安，如今却很难找到一个合适的位置。因为谢家的失势，因为他当年高傲的回绝，也因为他老大不小又毫无工作经验的现实情况。

最后，是桓温给了他一份工作。

虽然只是一份小职位，但至少是个起点。况且桓温对谢安还算赏识，时常对人说："颇尝见我有如此客不？""吾门中久不见如此人！"

在桓温府中，谢安也听过不少挖苦和讥笑。

"大哥你不是隐居吗？怎么又出来跟我们抢饭吃了？"

"你当年都被吹成神人了，现在看看也不过如此嘛。"

当着桓温的面，也有人这样做。

一次，有人给桓温送来一种叫"远志"的草药。桓温随口问："草药为啥叫这个名字呢？"

有人回答："这种草，在山里就叫远志，出山了就叫小草。"

谢安就在现场坐着，所有人的目光都投向他的脸，期待他的恼羞成怒。他却像什么事情也没发生过一样。

他的心，从来不曾被这些声音所撼动。既然命运如此安排，他就需要走出自己的节奏。

一年后，攒够了工作经验的谢安以奔丧为由离职，不久后调任吴兴太守。

这个选择不难理解，桓温虽然对他有知遇之恩，但是他并不认同桓温的政治立场。

在吴兴太守的位置上做了几年，他的才能已经充分显现出来，又被朝廷调了回来，做了侍中。

这个职位，相当于皇帝的顾问。

4

世事变幻莫测，几年后，侍中谢安接了一个大活儿——对付老东家桓温。

此时，桓温已经不是当初的桓温了。

他的野心，如当年司马昭一样世人皆知。而这一次，他的目的，就是那至高无上的王座。

其实，晋简文帝病危的时候，原本已经有了禅让的打算。他甚至写好了诏书，要将王座拱手让给桓温。谢安和王坦之奋力劝阻，晋简文帝才改为将司马曜扶上皇位。

这件事，能够瞒得过桓温的眼睛吗？

当然不能。

所以，当一年后，桓温带着兵马来到都城，声称要觐见皇帝的时候：

皇帝害怕了。

百官害怕了。

百姓也害怕了。

甚至有人猜想，得罪了桓温的谢安和王坦之，这回躲不过一劫了。

只有谢安看起来不害怕。

王坦之问：去吗？

谢安回答：晋祚存亡，在此一行。

他当然知道桓温是来干什么的。要去，还要大大方方地去。

在桓温的大帐之内，谢安带着王坦之落座。帐外藏着刀斧手，心理素质差的王坦之汗流浃背，手中笏板（古代大臣上朝时拿的一块弧形板子）都拿倒了。

谢安却直视着桓温说："刀斧手本应镇守四方，如今为何躲在朋友宴席的幕后？"

桓温大吃一惊，没想到谢安如此直接。他又看了看对方淡定的神情，反倒摸不清楚套路了。

他愣了几秒钟，尴尬地笑了笑："自卫，都是自卫，来，喝酒！"

谢安就这样不动声色地破解了桓温的计划，桓温没有抓住这次机会，本想回去再做准备，却不料一病不起。

在黄泉与皇权之间，命运已经替他做出了选择。

谢安的这个举动，无疑又为东晋守住了数十年的江山。

5

巅峰还没有到来，谢安的高光时刻，还在后面。

不久，怀着"大一统"野心的苻坚举兵来犯，八十万军队浩浩荡荡杀向东晋。这样的阵仗，在古代战争中也并不多见。

东晋人心惶惶，多年没有带兵打仗的人才，桓温已经死了，谁能应付得了呢？

在所有人乱作一团的时候，谢安依旧一如既往地淡定。

迎战苻坚的人，当然是谢安。既然已经出仕，他就愿意多负起一份责任，去做这"危险的活儿"。

　　首先，他不顾非议选择了侄子谢玄为帅，带领当时最精锐的北府兵。

　　有人说他任人唯亲，他却不以为然。

　　他又举荐了桓温的弟弟桓冲。不只做到了举贤不避亲，还做到了举贤不避仇。

　　他仔细分析，认为前秦虽然来势汹汹，但并不是无懈可击。只要打开一个缺口，对方就会如决堤的洪水一泻千里。他认为，这场战争其实就是一场心理战。

　　而这，正是他擅长把控的。

　　大家一开始都对这场战争不抱希望，但是他们看到一个超级淡定的主将，该下棋下棋，该喝酒喝酒，慢慢地内心也安稳起来。

　　有人问他应敌之计，他会回答，"朝廷已经有部署"。

　　正所谓"天下苍生望谢安"，谢安的稳，就像是坚定的主心骨，支撑着所有人的意志。

　　打仗当然不是闹着玩的。大战前夕，谢安与谢玄召集众将开会，到深夜才散去。

　　淝水两岸。

　　苻坚对谢安。

　　八十万对八万。

　　谢安知道，苻坚渴望速战速决。于是他提议，前秦军稍微后撤，让晋军渡河，双方痛痛快快地打一场。

　　前秦一些将领认为，还是在淝水畔打胜算更高。但是苻坚心想，八十万打八万，怎么打都是胜。

　　来吧，谁怕谁。

　　于是他欣然同意，下令军队后移。结果晋军立刻渡水过去追击，并派人在前秦军队伍里高喊，"不好了！前线的前秦军败了"。

　　这一喊，前秦军大乱。谢玄带着部署好的八万精兵全力猛攻，前秦兵败如山倒，风声鹤唳，草木皆兵。

　　前线传来消息的时候，谢安正在下棋。他没有看那文书，反而继续下棋，连客人都忍不住催促他。只见谢安不急不躁，轻轻落了最后一颗棋子，才抬头淡淡地说了一句："小儿辈，大破贼。"

　　他的内心真的波澜不惊吗？当然不是。

　　据说客人走后，他激动得踢坏了木屐。

他的淡定，早已是一种风格，一种审美，一种对自己的坚持。

自此，他的功绩和声望都达到了最顶峰，他那崩塌掉的人设，早就一片一片地拼接回来了。

6

谢安出山的任务好像已经完成了，谢氏的威望，已经达到了空前绝后的高度。

他，开始想念山林了。

聪明如他，当然知道，当一个人成为举世功臣，受到人民歌颂与爱戴的时候，就是最危险的时刻。

古人云，太平本是将军定，不许将军见太平。

果然，他挽救了东晋的命运，却没能等来升职加薪的消息。

他一生没有贪恋过权力，当然不在意那职位与薪水。

他在意的，只是这件事所释放出来的信号。

公元 384 年，晋升消息传来，谢安由卫将军晋升为太保。

这并不是迟来的荣耀，而是像司马懿当年被曹爽摆了一道那样，他的职位在明升暗降。

看起来官位高了，但实际上兵权没了。他没想到，这个始作俑者，是他的女婿王国宝。他联合了皇帝的弟弟司马道子，试图将谢家拉下马。

在这样的情况下，肩负家族荣辱的他，还可以安心退休吗？

虽然万般无奈，但他还是打起了精神，要夺回属于谢家的荣耀。

如果不坚持到底，他又何必在 40 岁的时候走出东山呢？

他决定出师北伐。只有这样，军权才会回到谢家。东晋的北伐充满艰难，除桓温取得过一点点成就之外，几乎都是失败的教训。但他还是想要搏一搏。

公元 384 年，谢安被加封为都督十五州诸军事，指挥谢玄北伐。十五州，几乎就是东晋的全部地盘。

他的军权，又回来了。

很快，谢玄打下了兖州、青州、豫州、司州等四个州，中西路军桓氏诸将也搞定了梁州和益州。东晋的版图由淮河流域扩展到了黄河流域。

朝廷的那根紧绷的神经又开始作怪了，他们生怕谢安成为第二个桓温。于是拼命阻挠，硬是再次夺回了谢安的军权。

谢安的梦里，已经都是东山的落日了。

世上没有永远的胜利。

北伐还在继续，但谢玄遭遇到了北方最能打的鲜卑族战神慕容垂，败退后狼狈而归。

兵败消息传来，谢安的身体也出现了问题。

公元385年，谢安回京养病。刚到建康不久，就匆匆离开了这个世界。

或许，他终于离开了沉重的肉身，回到了魂牵梦绕的东山。

7

三年后，谢玄去世，谢家淡出政治舞台。

后来，谢家留下的精锐北府兵，被一个叫刘裕的人所掌握。

公元420年，刘裕建立刘宋，带着那支北府兵做了东晋的掘墓人。

刘宋的黄门侍郎，名为谢灵运，是谢玄的孙子。

他将谢家崇尚自然的秉性放到了诗歌里，开辟了山水诗派。东山的梦，从此代代相传。

这，大概就是冥冥中的安排。

流芳百世，还是遗臭万年

公元334年，建康城的王导家里，下人们正在忙忙碌碌地准备酒席，家里即将接待两位客人。

一位是来此出差的名士殷浩，一位是陪同的当朝驸马桓温。

席间，王导也找来了不少名士作陪。推杯换盏间，大家兴致所至，高谈阔论，一直到深夜才依依不舍地散去。

整个酒席间，桓温几乎一语不发，看起来很不合群。

不是他不想说，而是他，根本插不上话。

这，已经不是他第一次如此尴尬了。

从西晋到东晋，玄学清谈已经成了名士的某种标签。大家聚在一起，探讨一些浮虚的话题。

说实话，他听不懂，也不想听懂。

那夜，王导叫来的人一定都是清谈高手。他们脸上兴奋的神情，好像是找到了同类，而桓温，就像是一个格格不入的人。

这种局外人的感觉，他无比熟悉，无比痛恨，始终贯穿着他的前半生。

1

桓温看起来不像名士，身上更多的是一种江湖气。

这与他的经历有关。

小时候，他算是个无忧无虑的孩子。

桓家虽然并非名门望族，但父亲桓彝很喜欢结交名士，又因为立过军功，提升了家族的地位，所以算是小有名气。

桓温不到周岁的时候，就得到了名士温峤的赞赏，因此命名为"温"。

印象中，15 岁之前他都过得很滋润，感觉自己似乎可以一生无忧，做个混日子的富二代。

直到"苏峻之乱"的那一年，父亲被叛军杀死，家道迅速衰落。

杀父之仇，家族振兴的责任，一夜间落到了少年桓温的肩上。那些惨痛的经历，他一辈子也忘不了。最艰难的时候，竟然沦落到卖弟弟为母亲治病的地步。

三年后，听闻杀父仇人去世。

少年一身孤胆，义无反顾假扮成吊唁的朋友，混入了葬礼。

混乱之中，他红着眼睛接连捅死了仇人的三个儿子，而后擦了擦脸上的血迹，头也不回转身离去。

这个快意恩仇的传奇故事，让他一时名声大噪。

他也因为行事热血刚毅，被朝廷看重，不仅入了仕途，后来还被皇帝招为驸马，平步青云。

可惜，这样的上升路径，在老百姓的餐桌上聊一聊似乎很带感，但那些世家，丝毫不愿多看他一眼。

瞧不起他的理由有很多：

他没有世族传承，靠做皇帝女婿依附权力；

他没有文化底蕴，清谈的时候就像刘姥姥进了大观园；

他只是个草莽武夫，而这是个重文轻武的时代。

桓温也曾努力想要融入其中，后来却发现一切都是徒劳，他反而变得越来越不像自己了。

饭局中，他见谢奕要灌他酒，于是找了个借口开溜。谢奕立刻摆摆手叫来了一个老兵。

"一个臭当兵的跑了，再来一个臭当兵的陪着我喝，也行。"

在这个圈子里，他活得像是一个笑话。既然如此，也便不必强求，他渐渐找到了自己的心理支点。

有一次大雪天，桓温换上了衣服要去打猎。名士刘惔看到了他，喊了一嗓子："这么冷的天儿，你这老东西还要出去打猎吗？"

桓温回答："我要不经常出去练练，你们这些老东西还能安安稳稳地扯淡吗？"

转过身去，桓温感觉真爽。

后来，打脸这种事，桓温越做越上瘾，越做越熟练了起来。

2

得不到士族的青睐，我就自己成为士族。

心里憋着一口怨气的桓温，以火箭发射的速度一路加官晋爵。很快，桓家成了东晋四大家族之一。

这回，看看还有谁敢瞧不起我？

还真有。

残酷的现实依旧没有改变。桓温想与自己的手下王坦之做亲家，于是找他商议，让其女儿嫁给自己的儿子。

作为下属，王坦之当然没敢说什么。但王家老爷子却坚决反对，"这怎么行，王家的女儿不能嫁给兵家子啊"。

桓温气得浑身发抖，又不好意思对一个老头子下死手，只得不了了之。

这种深不见底的自卑，让他渐渐打开了潘多拉的盒子。

来日方长，总有一天，让你们跪下来喊我爸爸。

想要坐稳实力派的位置，就要建立军功。

在床上翻来覆去烙了几夜的饼之后，桓温下了决心——他要进攻成汉。

当时东晋的主要对手就是后赵与成汉，但是后赵是块难度颇高的硬骨头，所以他打算留到后面啃。

成汉政权已经腐败透顶，他打算先拿来练练手。

公元 346 年，桓温发兵进攻成汉。因为蜀地地形复杂，他知道皇帝一直不愿意出兵，所以这个胆大的家伙竟然冒死用了先斩后奏的办法。

他一面向朝廷呈上了请战书，一面没等批复就带着人马冲进了蜀地。

士族们几乎惊掉了下巴。

完了完了，桓温死定了。

桓温对成汉的出征，就像他当年为父报仇一样。

首先谁也没想到他会这么干，因为这看起来并不靠谱。他那寥寥 2 万的兵马，根本没有疯狂推城的资本和本钱。到了人家的地盘，如果像俄罗斯方块一样龟速作战，那恐怕就是千里送人头了。

但就像当时他出其不意地掏出刀子一样，桓温的策略，是快攻。

他顺利杀了仇人的 3 个儿子，赢在了自己的不要命，和敌人的没想到。这次顺利拿下成汉，也是一样的道理。

自古以来，人们都以为只有骑兵适合快攻。步兵出征，应该是持久战。

但桓温的这一招，恰恰出人意料，他生生将步兵玩成了骑兵，不得不说是谋略之胜。

等成汉明白过来的时候，已经溃不成军，慌乱之下，成汉皇帝李势连滚带爬跑了一百里。

回头一看，追兵还在，只好乖乖投降，稀里糊涂亡了国。

这一仗打完，桓温是雄赳赳气昂昂回来的，还顺手带回了李势的漂亮妹妹。

看着那些老东西震惊的眼神，他心里得意极了。

从此，他加快了扩大势力的步伐。

3

上帝欲使之灭亡，必使之疯狂。

桓温内心那种爆发的欲望，已经难以控制，他有了更大的野心。

他没有选择稳扎稳打，而是狂飙突进，竟然在治下的八个州自行招兵买马，形成了半独立状态，让朝廷很是忌惮。

成汉灭了，下一个是后赵。

公元 349 年，后赵皇帝石虎病逝，北方乱成了一锅粥。

机会来了，桓温立刻写下了请战书，希望可以出兵北伐。

朝廷没有回信。

两年之后，眼看着机会就要溜走。桓温急眼了，他打算再次先斩后奏，写下请战书后，带着 5 万兵马顺流直下，直奔武昌。

这一次，朝廷回信了。

信是司马昱写的。当时的皇帝司马聃太年幼，司马昱奉命辅政，角色相当于朝廷首席执政官。

司马昱这人涵养高，非常讲礼貌，并且与桓温有些交情。所以在信中，他首先客气地夸赞了桓温的魄力与能力，又贬低自己说才能有限，没能保护好国家，以至于让桓温这位好朋友如此操劳，还要出生入死。最后总结目前形势不太安定，不适合打仗。万一真打起来，北方的前秦政权可能会趁火打劫，劝桓温还是退兵吧。

语言的艺术这一块，司马昱拿捏得死死的。

桓温看了内心舒畅，愿意给他这份颜面，心甘情愿就退了兵。

不过，朝廷接下来的举动，就很快暴露了真实目的。他们立刻让殷浩代替桓温北伐，这显然就是为了制约桓温。

殷浩？桓温太了解了。他那扯淡、清谈的功夫还可以，但论到军事才能，那只能说"露多大脸，就会现多大眼"。

殷浩还真是不争气，就在后赵一片混乱的情况下，他还是错失了良机，一败涂地，浪费了不少物资人力。

桓温静静地等他完败，上了一纸奏章，将他弹劾下台，贬为庶人。

这回，再也没有人阻止桓温北伐了。

4

公元 354 年，桓温终于开启了自己的北伐之路。

第一站，是前秦。

当时苻坚还没有即位，桓温的对手是苻健。

他从江陵水路出发直取武关，生擒了主将。进入关中后，与苻健转战灞上。双方较量后，苻健退守到了长安城。

长安城附近的汉人老百姓，见到桓温大军几乎热泪盈眶。他们被匈奴、羯族贵族统治了几十年，日日等待着这一天。不仅附近郡县都纷纷投降，百姓也抹着眼泪给晋军加油打气。

不过，桓温的胜利，只走到了这里。

很快，他遇到了粮草不足的问题，只好忍痛收割了百姓们的麦子，眼看着百姓们亮起来的眼睛又暗淡了下去。

不久，晋军难以支撑，退回江陵。前秦趁机反攻，桓温败。

虽然没有最终成功，但桓温的这次北伐，可以说也有收获。

两年后，他又出兵收复了洛阳。

这里曾是西晋的故都，代表着不一般的含义。朝廷大喜，封桓温为南郡公。

桓温提议迁都洛阳，世家们集体反对。

原因很简单，洛阳城里，桓温的势力太大了。

那个当初在酒席中没有存在感的"透明人"，如今已经成功引起了皇室与世家们的忌惮。

5

他声望太盛，盛到令人不得不怕，不得不防。

这是他曾经苦心追求的强大，而他自己，也被心中的猛虎吞噬着。

接下来的两次北伐，桓温都没有取得胜利。

不过，胜利好像也没有那么重要。因为他的追求，早就从家国情怀，变成了个人野心。

他打着北伐的旗号，将有利的资源不断收编，扩大着自己的个人势力。

除此之外，他还为自己的失败寻找了替罪羊——将屎盆子都扣在了豫州刺史袁真的头上，逼得袁真在军事重镇寿春造反。

逼反袁真之后，他再出面平定，把这功劳记在了自己的功劳簿上。政治游戏这一套，他已经玩得很转了。

桓温的野心越来越大，每个人对他的欲望心知肚明。

公元 371 年，他迫不及待地将手伸向皇权，带着兵马入了朝，废掉了当时正在位的皇帝司马奕，改立了曾经写信给他的那位懂礼貌的司马昱。

司马昱战战兢兢即位，史称晋简文帝。

旁观者清，前秦的苻坚听说了这件事，无比轻蔑地说了一句：

"桓温前败于灞上，又败于枋头，十五年内两遭败绩，不反思谢罪竟废立君主，六旬老叟如此举动以何自容于天下。"

为了自己的权力欲望，桓温已经顾不得体面了。他逼迫司马昱承认与庾家合谋造反，趁机排除了不少异己，将庾家几乎灭族。

东晋的一切，他仿佛都唾手可得。

公元 372 年，晋简文帝驾崩。

他以为梦想中的那一天就要来了，但是遗诏下来，他大失所望。

没有禅让，只有辅政。

6

桓温没有奉命辅政，他的心里，有了另外的打算。

多年前，当桓温还在遭受冷眼时，就说过这样一句话——"即使不能流芳百世，难道还不能遗臭万年吗？"

一年后，桓温带兵入了都城，要觐见孝武帝。太后命王坦之、谢安到新亭去接待。

建康城里，风雨欲来。百姓们纷纷传言，桓温要大开杀戒，晋王朝怕是要易主了。

王坦之吓得双腿发抖，不由得后悔当年没有成为桓温的亲家。

还好，有谢安撑得住局面，他淡定地拍了拍王坦之的腿："晋祚存亡，决于此行。"

桓温抵达之后，百官夹道叩拜。这时，他早已部署了重兵。

人们的心情，就像是接到了暴雨预警之后，在等待暴雨倾盆而至的那一刻。

在接风洗尘的那次"鸿门宴"上，王坦之汗流浃背，衣服都快湿透了。谢安一脸镇定，仿佛胸有丘壑。

坐定之后，他似笑非笑地看了看桓温。

"吾闻诸侯有道，守卫在四邻，明公何必在壁后安置人！"

桓温没想到谢安如此直接，有些尴尬，转而继续与谢安笑谈。

那一天，谢安用淡定骗过了桓温。他以为自己轻敌，小看了朝廷的部署，所以暂时没有出手，不久退回姑孰。

公元373年，回到姑孰的桓温忽然病倒。

他这才意识到，自己的时间不多了。想做的事，要抓紧落地。

他不能再这样等下去，于是要求朝廷赐他九锡。按照剧情的正常发展，下一步，就是强行要求皇帝退位了。

篡位的套路，在这大晋朝反反复复上了多少遍。

看过的人，都懂套路。

面对桓温越来越紧迫的催促，谢安的心，反而放下了。

病榻上的桓温，还有什么震慑力呢？

于是朝廷也假装患了拖延症，回复说：好的，没问题，但是那锡文写得十分不好，配不上您。您再等等，我们再改改。

这一个等字，暂时挽救了东晋。

7

黄泉路上不等人。

同年七月，桓温病逝，被追封为丞相。

30 年后，桓温的儿子桓玄逼晋安帝禅让，建立了桓楚。

仅仅三个月，桓玄就被杀死。

拼尽全力才跻身世家行列的桓氏一族，从此消失在了历史的烟云里。

就不能做个安静的美男子吗？

一个人因为长得好看而走上了人生巅峰。

这听起来似乎很荒谬，却真实地发生在了庾亮的身上。

被命运选中的那一天，他还浑然不知。只知道自己被司马睿叫进了府中，不知所为何事，心里多少有些忐忑。

当时，庾家虽然也是士族，但着实没有过什么大的浪花。庾亮以为自己的一生，就像开卷考试的答案一样，只要规规矩矩填写就好了。反正结果没有意外，也不会有惊喜。

他不会想到，这次见面将改变他的一生。

当时还没有当上皇帝的司马睿，竟然只是为了满足好奇，想要看看传闻中的庾亮长什么样子，是不是如想象中一般好看。

那一天，司马睿的眼睛在他的脸上盘桓了许久。

一个大男人被这样观赏，心里不免有些别扭。但庾亮不知道的是，就是这样一次荒谬的见面，悄悄转动了他命运的罗盘。

司马睿惊呼，原来男人的颜值，也能高到如此程度。言语交流一番，发现庾亮的谈吐也不逊色，欣然决定为他安排一份工作，留在身边用来赏心悦目。

多年以后，司马睿为了把这种优秀的 DNA 留住，索性让儿子司马绍娶了庾亮的妹妹庾文君。

司马绍登基后，庾亮成了拥有神仙颜值的国舅爷。

这一辈子，庾亮还真应该感谢他那张脸。

1

入职之后，司马睿对庾亮很照顾，先是封他为镇东将军，后来又不断提拔。

每次升职加薪，庾亮都要故作推辞。

"领导，还是把机会让给其他人吧。"

如此三五次之后，再勉为其难地接受。

内心想要，嘴上却说不要。这人看起来客客气气的，但的确有点虚伪。

成了司马绍的大舅哥之后，庾亮与司马绍、温峤成了好朋友。尤其是温峤，每次出去赌钱刹不住车的时候，都是庾亮带着银子去捞他。

司马绍登基后，庾亮的地位更高了。他还遇到了职业生涯中的一次大事件——王敦之乱爆发。

在这次事件中，其实他除了经常在皇帝面前嚼舌根子，并没有实质性的贡献。但平定王敦之乱后，司马绍还是给了他平叛大功，地位一路上升，好个春风得意。

有人罩着的感觉太好了！

本以为这么舒服的日子会一直过下去，庾亮万万没有想到，司马绍太短命了。

真是天意弄人，仅仅 26 岁，司马绍的人生就快走到了尽头。

将各州势力安置好后，司马绍的身体立刻垮了下来。因为情绪很差，病重期间他只见宗室，不见其他人。

对此，庾亮有些犯嘀咕。

一直以来，总以为还有大把时间可以浪费。但如今根基还不牢，司马绍就这么死了，庾家要如何抵挡风雨？

庾亮并不想守株待兔。他知道有几位宗室一直看他不顺眼，尤其是一直与他别别扭扭的司马宗，很可能正磨刀霍霍等着击垮庾家。趁着皇帝还没有咽气，他应该为自己争取些什么。

一天深夜，庾亮竟然大着胆子翻了宫墙。

在妹夫的床前，他泪如雨下，向司马绍掏心掏肺，诉说司马宗等人的图谋不轨，并毫不避嫌地自请辅政。虚弱的司马绍被狂轰滥炸一番之后，稀里糊涂在辅政大臣的名单上加上了庾亮的名字。

公元 325 年，司马绍驾崩。

因刚登基的晋成帝太年幼，所以庾太后临朝。庾太后一介女流，免不了要让哥哥来出主意。所以庾亮有了双重身份的加持，摇身一变，成为前朝和后宫的核心人物。

2

其实，翻墙偷偷见皇帝这件事，庾亮办得非常欠考虑。

这虽然让他获得了利益，但树敌太多。

试想想，这样岂不是每个没有达到预期的人，都会把屎盆子扣在庾亮身上，认为是他从中做了手脚。

比如陶侃和祖约，当看到辅政大臣名单里没有自己的名字，第一个就认为是庾亮搞的鬼，从此没有好脸给他看。

庾亮的权力越来越大，野心也越来越大。司马宗认为这是个隐患，因为当一个人身居高位，却根本不具备驾驭高位的能力，是很危险的一件事。于是，他千方百计想削减庾亮的权力，取消他辅政大臣的身份。

庾亮当然不会允许这样的事情发生。他采取的方式非常简单粗暴。——硬生生给司马宗冠上了谋反的罪名，要实施抓捕。

对峙当中，司马宗宁死不从，竟然被当场杀掉。

要知道，司马宗当年是支持晋元帝司马睿登基的大功臣，这个做法，实在太草率了。

虽然晋成帝年幼，但他也无法接受宗室之人就这样凭空消失了。

"舅舅，白头公司马宗哪里去了？"

"这老东西谋反，已经被干掉了。"

晋成帝哇的一声吓哭了。

他看着舅舅英俊的脸，却越发觉得瘆人，但还是鼓起勇气撑了回去："舅舅说他谋反，就要杀掉。如果有人说舅舅谋反，那要怎么办？"

庾亮的后背，不由得冒起汗来。

3

曾经在某本书上看过这一句话，"颜值这种东西，不论和什么组合在一起，都是王炸。比如颜值和能力，颜值和学识……但若单独出现，则有可能就是个坑"。

庾亮的确是个坑，他坑了不少人。

这个人意气用事，政治能力不足。他的想法，是快速加强中央集权，将权力统统收到手中。这个想法没有什么不对，但是就和他翻宫墙、杀司马宗一样，都太急躁了些，没有考虑到一些实际情况。

他的下一个坑，就是捅了苏峻的马蜂窝。

这件事，是他一生最大的败笔。

在杀了司马宗之后，庾亮又免除了西阳王司马羕的官职，夺了他的爵位。这样毫不掩饰地接连对两位宗室重臣下了黑手，搞得很多人都在背后议论纷纷。

铲除宗室的过程中，有一个叫卞阐的人逃了出去，投奔了苏峻。庾亮命令苏峻交出卞阐，却被拒绝，内心十分不爽。

他想收拾苏峻很久了，这次更加坚定了想法。

庾亮提出要征召苏峻进京的时候，王导连忙出来反对。

庾亮的理由是，苏峻手握重兵，这些年积蓄了不少自己的势力，对朝廷是有威胁的，要趁他还没有做好这个准备，早点干掉他。

王导把头摇得像拨浪鼓一样，像苏峻这样的流民武装是应时而生的产物，他们为朝廷做了不少贡献，比如在平定王敦之乱的时候，苏峻就出了力。如果庾亮不去收服他们，反而贸然提出这个要求，一定会打草惊蛇。苏峻肯定认为朝廷要卸磨杀驴，夺了自己的兵权。本来或许人家并不想造反，这么一逼迫，说不定就逼反了。

两个人各持己见，谁也不肯让步。

不只是王导，其实很多大臣都是这样想。只是有人怕得罪庾亮，不敢站出来据理力争。连温峤都写信来劝阻，奈何庾亮心意已决。

事实上，苏峻也的确没想过造反。

他听说庾亮要征召他回京，几宿都没睡着觉。他派人去拜访庾亮，捎话说，"如果需要我去讨伐贼寇，无论在哪里我都赴汤蹈火。但是在朝廷辅政，我真的不是这块料"。

庾亮不信，执意颁下了诏书。

苏峻再退了一步，向朝廷申请："可不可以给我一个青州的荒远州郡，我愿意安稳度过余生，为朝廷尽微薄之力。"

这样的恳求已经很卑微了，但庾亮依旧不肯。

被逼成这样，如果你是苏峻，你反不反？

4

必须反。

苏峻没有别的选择。

你们在朝廷里吃香的喝辣的，我在战场上拼死拼活，最后还要置我于死地。哪里有这样的道理？

他立刻密信联络了祖约，请求与他一起讨伐庾亮。祖约对庾亮早就不满意了，欣然同意。

苏峻一直没有入朝，温峤的心里已经开始长草。他觉得大事不妙，应该立刻带兵回去保卫建康。但庾亮不以为然，他偏偏不信话，非说让温峤守在原地，去警惕和牵制陶侃的力量。

结果，建康陷落，庾亮结结实实地败给了苏峻，还搭上了自己19岁的儿子。

苏峻就像一头被激怒了的狮子，逼得庾亮狼狈逃窜。

他像是一只暴跌的股票，一夜跌停，带着十几个兵，狼狈地跑去投奔温峤。

年少时那段珍贵的友情岁月，算是救了庾亮一条命。

温峤是个感恩的人。庾亮当年帮这个好友垫付的赌资，如今收到了丰厚的回报。

温峤不仅收留了他，还为他指了一条明路。

尽管庾亮和陶侃之间一直不太愉快，但是要想对付苏峻，赢得翻盘的机会，就必须要争取到陶侃的帮助。

温峤反复给陶侃写信，说服他一起对付苏峻。陶侃的情绪十分复杂，因为他的儿子在这场叛乱中惨死，他很想手刃苏峻，但这些年对于庾亮的恨意，也从未消散。

根源上来说，苏峻之乱的根源就是庾亮。很难说，到底谁是那个害死自己儿子的罪魁祸首。

在温峤的动员下，陶侃终于答应出兵。

陶侃带兵与温峤会合的那天，庾亮见到他的第一面，就立刻跪拜下来。这让原本怨气满满的陶侃，愣在了那里。

庾亮是地位尊贵的美男子，风度不凡，此刻的举动充满了大气风范，让陶侃反而不知如何应对。寒门与贵族的鸿沟，一直存在于陶侃的潜意识里。所以当庾亮跪拜他的时候，他内心是受到震动的。

当他们坐下来饮酒用膳，陶侃还装作不经意间奚落庾亮："这个时候来找我帮忙了，出事的时候听说你还在防着我呢。"

庾亮只得尴尬地回答："没有没有。"

听说陶侃是节俭的人，庾亮吃掉了一盘韭菜，却独独留下了根。陶侃不悦地问："为何剩下韭菜根？"庾亮回答："因为根可以再种。"

这样的回答，让陶侃不得不另眼相看。

在温峤的帮助下，庾亮展示出了一生中十分少有的高情商时刻。这一切都太值得了，因为他的低头，彻底赢得了陶侃的心。

陶侃出兵摆平了苏峻之乱，收复了建康。

庾亮的屁股，算是擦干净了。

5

苏峻之乱对庾亮来说，可以说是血的教训。

如果他能一直记得这个教训，也学会那日在陶侃面前的让步与低头，或许才是真正的成长。

可惜，他没有。

他不但没有自省，在复盘这件事的时候，反将责任归到了王导身上。

按照庾亮的脑回路，他并不觉得这件事的根源在于自己的决策失误与一意孤行，而是觉得王导的姑息养奸，才给了苏峻发展壮大的机会。

两个人的较量就这样默默开始了。

王导如此聪明的人，当然明白庾亮在想什么。他的愚蠢和自以为是，也已经激怒了王导这个喜欢"一团和气"的老好人。

有一次，庾亮的马车经过，带起了灰尘。王导十分鄙夷地用麈尾扇掩住了口鼻，对身边的人说："元规尘污人。"

元规，就是庾亮的字。

庾亮知道王导的态度。他已经在心里有了一个大胆的决定——让王导留在朝廷辅佐小皇帝，他手握兵权驻扎在芜湖。

庾亮在不断扩大军队，所有开支都要求朝廷拨款。那些时不时就递上来的拨款申请，让王导越来越不安起来。

历史已经不断证明，乱世中谁有兵权，谁就牛。

庾亮的运气也着实不错。在他做出这个决定后不久，温峤去世，将江州交给了陶侃。五年后，陶侃也去世了，将手中所有兵权交给了庾亮。

庾亮手中可调遣的军队，越来越庞大。

王导的行动也开始了。

有人报告，后赵的继承者石虎现身历阳。这里是北方的战略缓冲地带，一旦出现问题，则很多地方都会面临危机。王导立刻以此为由，亲自带兵出征，并派遣了大量嫡系将领到各地，摆出一副要打仗的样子。

结果十几天后，石虎就走了。王导公费旅游了一圈，带兵回到了建康。而他安排下去的那些嫡系将领却没有调离，纷纷驻守在各地，占据了不少地盘。

那个当初打了"虚假报告"的人，表面上受了严厉的处分，没过多久就悄悄出现在了其他官职上。

原来王导的"导"，是导演的"导"。这场闹剧，让他夺回了长江两岸的控制权。

就这样，王导和庾亮都有废黜对方的打算，但是谁也没做到。

两个谁也干不掉谁的老头，整日横眉冷对，不时给对方使个绊子，彼此玩着无聊的斗争游戏。

值得一提的是，在这场游戏中，因为有人说陶侃的儿子陶称在王导面前，说了不该说的话。庾亮一怒之下，竟然杀掉了陶称。

他仿佛完全忘记了，在自己走投无路的时候，在陶侃面前跪下的那个瞬间。

陶侃也终究没有发现，在庾亮英俊的皮囊之下，跳动着一颗捂不热的心。

6

公元 339 年，庾亮为了夺权，又将王导当年的把戏耍了一遍。

他要出兵北伐，收拾他眼里"不堪一击"的石虎。结果将弟弟调到了豫州刺史的位置上后，也渐渐忘记了"北伐"的事情。

他似乎使不出什么新花样了。

但他依然乐此不疲地玩着抢地盘的游戏，不久走到了生命的尽头。

《晋书》中，庾亮得到的评价是"智小谋大，昧经邦之远图；才高识寡，阙安国之长算"。

这样的评价，算是客观中肯。

眼界小，气量小，又固执僵化。回首他的一生，虽然动静很大，却很难说做出了什么真正有价值的事情。他的才能，不足以匹配他的高位。

下葬前，好友们去拜别庾亮。

不再作妖的他，就是一个安静的美男子，显得尤为美好。

一个叫何充的朋友垂下泪来，"如此美玉竟然就要掩埋于尘土之下，教人如何能不惋惜"。

是啊，他真正拥有的，也就只有美貌罢了。

这场命运的错位，终于结束了。

时而清醒，时而糊涂

这世上有一种人，被称为"老好人"。

他们天生有一种本领，可以迅速与人打成一片，且让人感觉很舒服。如果用一个词语来概括，那就是"周到"。

不过在职场里，这样的人不一定受欢迎。

因为他们容易和稀泥，当和事佬，也很容易把心思都放在没用的地方，没有实质的工作业绩。

所以我们常说，宁可要一头长着獠牙的战狼，也不要一只狡猾的职场老白兔。

不过，凡事总有特殊情况。

除非这家公司不追求业绩，只追求关系制衡。

王导，就刚好遇到了这样的公司。

1

王导加入这家公司，也算是拥有一部分股份，不是资金入股，而是资源入股。所以当时流传一句话，叫作"王与马，共天下"。

琅邪王司马睿还没有坐上皇位的时候，王导就看上了这位合作伙伴。

当时西晋王朝岌岌可危，司马睿带着人马准备北伐，结果"忽然发现"粮草迟迟未到，于是一怒砍了粮草官。

其实，司马睿只是想找个借口不去洛阳。

但这场戏演得实在不怎么样，人们议论琅邪王没有同情心，只会窝里斗，弄得司马睿骑虎难下，不管是生气再砍几颗脑袋，还是硬着头皮不了了之，都很丢人。

这时候，王导适时出来做了"背锅侠"。

他说："都是我的错，我用人不当，愿意领罚。"

司马睿一见有了台阶，也立刻就坡下驴，与王导两人装模作样自责了一下，为这件事画上了句号。

不久，西晋灭亡，司马睿成为东晋的开国君主。

他忽然发现，自己需要一位合伙人，于是想起了王导。

此时，以他为首的所谓"朝廷"，其实就是一群北方来的难民，连一支正规军队都没有。在这样的情况下，东晋这家公司无论如何是立不住脚的。他需要找一个有影响力的人来帮他，王导就是最合适的那个。

江南的利益格局，是各大世家的天下。士族们从东吴时期就开始积累资源，没理由忽然带一个外地人玩，就算是皇帝也一样。

所以对于一个外来政权来说，王导的角色，非常重要。

2

决定了入股之后，王导的任务就是拉拢两方之间的关系，凑成东晋这盘棋局。

而这，的确也是王导的拿手好戏。

所谓的拉拢，说白了就是"三陪"，陪吃饭、陪游玩、陪清谈。在各大世家的酒局上，王导像个交际花一样满场飞舞。

关于王导在酒席间的"周到"，大家都是有目共睹的。

有一次，王导办了大宴席，一次请几百个人吃饭。但几乎每个人，他都要上前打个招呼，套套近乎。

最后，角落里还有一位姓任的临海郡人和几个和尚。大家都觉得王导不会来了。

但王导不仅来了，还极其自然地笑着说："您走了以后，临海就没有人才啦。"搞得这位任先生脸上立刻挂满了笑意。随后他又走到几个和尚面前，恭敬地说了几句禅语。

王导的这种"见人说人话，见鬼说鬼话"的功夫，着实了得。当场就把所有人都哄得高高兴兴。

就这样，王导为司马睿拿下了世家的支持，也用司马睿代表的皇权正统，为世家们谋得了更多利益。

在这场"对缝"的生意里，他自己得到了功名，也将琅邪王氏推向了顶峰。

王导的政治敏锐性非常强。

司马睿登基的那一天，心情激动，感慨万分。他看了看帮助自己得到这天下的王导，忽然有点情绪失控。

在百官列队站好，齐声朝拜的时候，他竟然拍了拍龙椅的空处，叫王导上来一起坐。

王导汗如雨下，慌忙拒绝。

司马睿不放弃，继续召唤，两人来回重复了三四次。

如果登基大典继续卡在这里，恐怕就要沦为笑谈。但王导明白，摆在他面前的不是半个王座，分明就是断头台，死也不能上去，于是慌忙跪地启奏：

"如果天上的太阳与地上的万物一样，那天下苍生到底要如何沐浴到阳光呢？"

司马睿听后大悦，天上的太阳当然只有一个，于是不再扯皮，下令登基大典继续。

3

作为东晋政权的合伙人，王导开始了自己四平八稳的表演。

他清楚明白，这个时候稳定才是最大的业绩。皇权与士族之间，士族与士族之间，闹心的事儿多着呢。

他要做的，就是尽量端平一碗水，平衡好利益，调和好矛盾。他把这些内容，一一列到了自己最重要的工作清单里。

他在兼任扬州刺史的时候，曾经派人到各郡去督查，大家回来后整理好小道消息，一起汇总给他处理，都是些挠痒痒的小事，绝不伤筋动骨。

开会时，大家都滔滔不绝，只有顾和不吭声。

细心的王导立刻注意到了这一点，因为顾和是顾荣的儿子，他很重视，于是询问道："您可曾听到什么消息？要不要惩戒几个小瘪三？"

顾和不以为然地说："宰相肚里可撑船，您大可以让鱼从网眼里漏出去，何必去管那些宵小之事？"

这一番话，马屁拍到了点子上，换来了王导的一顿夸奖。

王导心里明白，这不是顾和一个人的心里话，其实江南士族大多都这样想。

即使大家都心知肚明，也有人瞧不起他，他依然要这样做。

因为东晋是外来政权，作为空降兵，最聪明的做法就是不轻易插手，也不轻易下猛药。

很多事情，走走过场也就算了，何必太认真呢？

尤其后来到了明帝的时候，王导更是变本加厉。

大臣们提交上来的计划书、意见书，他都是大概看上几眼，随手画个"喏"。只有出现了矛盾的时候，他才会打起精神去处理。

有一次，明帝下令要拆除朱雀门外的浮桥。结果丹阳尹温峤完全当成了耳旁风，不仅活儿没干，还不知请罪，在大殿上喝醉了酒，向明帝讨要酒肉。

明帝勃然大怒，眼看就要不可收拾。

王导进来了。

他一来，就感受到了紧张的气氛。明白事情缘由后，他连忙跪在地上，"天威有如雷霆，竟然使得温峤没有机会谢罪了"。

这句话，相当于丢了一个机会出去。温峤连忙跪在大殿上，向皇帝请罪。

明帝也拿到了台阶，脸色渐渐缓和，最后几方愉快地达成共识。

看起来，王导天生就是干公关的料。

4

话说回来，当皇权渐渐稳固之后，"王与马，共天下"这样的话，还是多了一些危险的意味。

人性贪婪，对于君臣共治这件事，其实只有王导是心甘情愿的。

司马睿不愿意，王敦也不愿意。

司马睿开始试着扶持其他势力，暗中限制和打压王家。王导当然察觉得到，但他选择默不作声，按兵不动。

可没想到的是，王敦选了另一条路。

王敦同样来自琅邪王氏，是王导的堂兄。

这个人与王导性格完全不同，豪爽雄迈，飞扬跋扈，是个具有恶势力人格的家伙。

所以，当他感觉司马睿开始不地道的时候，干脆大旗一挥，造反了。

这下，王导尴尬了。

一边是领导，一边是兄弟，他夹在中间里外不是人。

危境之中，他做了一番清醒的权衡。东晋初建，局势需要稳定，并不利于权力更迭。他素来最懂人心，以王敦的声望，也不足以获得支持与拥护，得到长足发展。

思前想后，他决定拥护司马睿。

所以他一面写信给王敦，劝他不要起兵，一边带着王邃、王彬、王侃等人跪在司马睿的宫门之外谢罪。

皇帝一日不见他，他就日复一日地去跪。

这一跪，跪出了世情百态。

首先，王导心里已经算定皇帝不会杀他，若杀了他，王氏被彻底激怒，事情也就完全没有了退路。况且司马睿新扶持的势力不成气候，此时没有了王导，他就有可能面临风雨飘摇。

另外，王导平时广交朋友，此时也到了收割的时候。尽管各自怀着不同的目的，但的确有很多人来为他说情。

这样一来，王敦若成功了，不会杀他。若失败了，自己也还有回旋的余地。

5

跪在宫门口那几日，最令王导意外的，是他内心认定的哥们儿周伯仁。

周伯仁由门口入宫，王导连忙对他说："伯仁帮我，我一家老小的性命都交给你了。"

周伯仁一声没吭，眼皮也没抬，就进了大殿。

后来，他又在宫里喝得酩酊大醉才出来。

这一切，不免让王导有些心寒。

司马睿掐指一算，时间差不多了，叫人召王导进来。

王导跪地流泪："万万没想到，历朝历代都有逆臣贼子，这次竟然出自臣的家族。"

司马睿光着脚就跑下龙椅，一把扶起了王导，连声表示自己愿意相信他的忠诚。

令人意外的是，王敦的军队竟然成功攻进了建康。

但他没有逼宫，司马睿依然做着皇帝，他杀了几个打压王家势力的权臣，暂时各安其位。王导继续在两者之间做着和事佬，每当王敦有逼宫的想法，都会被他劝回去。

不过，当王敦询问应该如何处置周伯仁的时候，王导却沉默了。

那一天的景象，他刻骨铭心，可他不想说出那样残忍的话。

于是，王敦提议周伯仁出任三司，他沉默，提议降职任用，他还是沉默。

王敦说：既然不能任用，那我就杀了。他再次沉默。

周伯仁被斩。

这一次，是王导一生少有的狠下心肠的时刻。

可惜的是，王敦这个葫芦，王导没有按下去。最后在周围人的鼓动下，王敦还是起了颠覆朝廷的念头。这一次，王导只得坚定地站在了王敦的对立面。直到王敦病死，叛乱被平。

王导的坚持，使得琅邪王氏得以保全，他还因此加官晋爵。

很久以后，王导无意中发现，原来周伯仁当初一直在为自己奔走求情。

皇宫里的文书，清清楚楚地记载着晋元帝与周伯仁之间的对谈，他逐条分析王导与王敦之间的本质不同，并总结了近些年来王导的所有功绩。

真相大白，只是他看到的太晚了。

当日宫门前，周伯仁之所以不应声，是因为不想让皇帝觉得自己因私交而为谁求情，而是站在君主的角度客观分析。

得知真相的王导崩溃大哭道，"我虽不杀伯仁，伯仁却因我而死"。

余生，他每每想到周伯仁，都痛苦万分。

6

杀周伯仁这件事，是王导一生中少有的几次强硬表现之一。

还有一次，是关于立储。

王导这一辈子，很多人认为他糊涂，在好多事情上和稀泥，常常看不出明确的立场，也不喜欢得罪人。

但是在关键的事情上，王导从来不掉链子。

皇帝立储，这是关于未来琅邪王家能否站稳脚跟的大事。

他的这根弦，绷得紧紧的。

太子的人选原本是长子司马绍。但因为宠爱郑氏，司马睿动了心思想要改立司马昱。

政权不稳的情况下，改立太子容易引起动荡，所以王导这一次立场鲜明，抗争到底，死活不同意，爱咋咋地。

司马睿脾气也挺倔，他想了个极其幼稚的办法，就是写好了诏书，把王导等人支走，想要交给唯一支持这个方案的大臣，宣了再说。

这点小把戏，没能瞒过王导的眼睛。

他直直地走向司马睿，问："陛下是不是召见我？"

最后司马睿只得撕烂了诏书，气呼呼地摔在了王导的脸上，就此作罢。

还有一次，是司马绍继位后，两人的一次对谈中。

司马绍问他："晋何以得天下？"

这个问题关键在于，作为臣子，究竟是应该说假话呢？还是应该说假话呢？

但王导说了真话。

他半分没有犹豫，将司马家篡权的过程绘声绘色描述了一遍，从司马懿开始，一桩桩，一件件。司马绍臊得抓起床单蒙住脸。

"若如公言，晋祚复安得长远！"

7

王导的一生，口碑参差不齐。有人鄙视他，有人喜欢他，也有人无视他。

这个人看似时而清醒，时而糊涂，但其实都在自己的算计之中。他的目的，也一直清晰而明确。

他辅佐过三任皇帝，经过多次危局，始终屹立不倒。

他从来就不是什么乱世的英雄，只想在动荡之间为家族谋求更大的利益，做一个精致的利己主义者。

暮年时，面对大家对他的非议，他感慨过，"人言我愦愦，后人当思此愦愦"。

他费尽心思，维持着脆弱而微妙的平衡。

那兜里装着的糊涂，其实大家都懂。

我的冲动无处安放

读《晋书》，发现房玄龄将桓温与王敦并列一传。

如此明显的"合并同类项"，说明在唐人眼中，他们是同一类的叛臣贼子。

事实上，王敦也的确是桓温的偶像。

在王敦死去多年后，桓温路过时特意去了他的墓前，不由自主地大声呼唤，"可儿！可儿！"

用"可儿"来称呼五大三粗的王敦，真是令人醉了。

1

如果非要在王敦身上寻找一点偶像气质的话，只能说他这个人直来直去，有点蠢萌。

要论外貌，王敦在崇尚男色的魏晋时期，那就是怪兽级别的颜值。眼睛像马蜂，声音像豺狼，长相很凶狠，没有什么亲和力。

要论风度，王敦也是捉襟见肘。在王公贵族们眼中，他曾经是"乡巴佬"一样的存在，受尽嘲笑。

当时西晋还没有灭亡，司马家族的腰杆还是硬的，年轻的王敦娶了司马家的公主，也就是司马衷的妹妹，不免有些高攀。他在公主府里的种种"土老帽"行为，没少被公主和丫鬟们所嘲笑。

王敦在公主府里第一次上厕所的时候，看到旁边放着很多干枣，顺手抓起一把就嚼了起来。结果从厕所出来，公主的丫鬟们都哧哧直笑。王敦见她们端来了一个金盆，里面放着水和藻豆，也没多想，接过来就咕嘟咕嘟喝光了。

后来他才明白，那厕所里的干枣，是用来塞鼻孔，为了隔绝如厕时的臭味的。而丫鬟们送来的金盆水，是如厕后洗手用的。

王敦的这些举动，就像刘姥姥进了大观园，在她们眼中就像个小丑。

"八王之乱"后，司马家族乱了套，渐渐走向没落。王敦的家庭地位慢慢提高，他把那些嘲笑他的丫鬟统统赶了出去，或者送给了手下的士兵。

所谓风雅这种事情，王敦也向往过，努力过。

毕竟社会主流如此，他也不愿意总是被看扁。

但尝试了多次，他发现自己的确很难进入状态。他本就不擅长清谈，并且口音很重，听起来总会少了些韵味，多了些滑稽。

有一次，美男子卫玠前来拜访，两人本打算促膝长谈。但王敦想了想自己的水平，决定找个陪跑队员，于是喊上了谢鲲。

结果当晚卫玠与谢鲲两人一见如故，相谈甚欢，王敦被晾在了一边，试着努力了好几次也没插上话。

那一晚王敦才明白，圈子不同，不必强融。

合群这种事情，越努力，看起来就越好笑。

多年以后，当桓温夹在一群名士中格格不入的时候，想必也体会到了相同的感受，所以才会将王敦引为灵魂知己。

2

如果你以为王敦是个软柿子，那就大错特错了。

其实，这是个狠角色。

王敦的性格，可以拿来与王导做个对比。这一对堂兄弟，完全是截然不同的两种人格。

西晋的高调土豪石崇喜欢在家里摆酒宴，去过的人都难以忘怀。不是因为酒好喝，而是因为劝酒的方式太吓人。

席间有美女劝酒，如果客人不喝，美女就会因为失职而被砍头。

这样的劝酒方式，着实会立刻坏了人的兴致。

想想王导那种"老好人"的性格，简直压力大得要死。他酒量其实不行，但是左一杯，右一杯，杯杯一饮而尽，最后喝得脸红脖子粗，两腿发软扶着墙走。

但王敦就不一样了，他面不改色心不跳，说不喝就不喝。爱谁谁，少拿套路来绑架我。

石崇这个变态也不是说着玩的，他一激动接连砍了三个美人。换作别人，估计早就吓尿裤子了。人命当前，王敦却连眼睛都没眨，依然稳如泰山，不为所动。

连王导都不由得感慨，"我这个哥哥不一般，太过刚愎和残忍了"。

还有石崇家厕所里的那一套复杂的流程，十几个女仆呼啦啦围上来，又是换衣服，又是焚香，搞得很多人都不爱在那里上厕所，怕麻烦，怕尴尬。

但王敦从来不怕。他大大咧咧地进去，坦然享受一整套的服务，一点也不觉得不好意思。

石崇家的仆人见了，都悄悄说，"这个人不一样，以后可以做贼"。

所以，其实我们看得出，王敦虽然出身于名门，但是骨子里带着一种边缘性格。西晋的主流社会不太喜欢他，对他的评价也不高。

3

西晋陨落，东晋升起。

找到司马睿这个合伙人之后，琅邪王氏的春天到了，王敦也开始逆天改命。

对于这个新生的政权，王敦和王导小心呵护，同心辅佐。不久，王导官至丞相，王敦被封为镇东大将军，督六州军事。

原本以为生活会这样一直下去，直到王敦发现司马睿这个人忒不讲究。

刚刚坐稳了龙椅，司马睿就动了歪脑筋，想要卸磨杀驴。他偷偷限制和削弱了王氏的权力，还扶持起了两个新的"小弟"。

在王敦眼里，像刁协和刘隗这样的货色，他一万个瞧不上。他也学不来王导的那套"和平与友爱"，绝不允许琅邪王氏任人宰割。

在翻脸之前，他给了司马睿一次机会。

一份奏表被呈上朝堂，主要内容是奉劝司马睿善待王导，否则功臣们都会寒心。但王导看了觉得太没面了，认为指责君主不是臣子该做的，所以原路退了回去。

王敦偏不信邪，再次呈了上去。

结果，就是让司马睿越来越讨厌王敦，加紧将更多权力分给了刁协和刘隗。

王敦最接受不了的，是司马睿重用了刘隗这个小人来恶心他。

刘隗曾经上疏弹劾过王敦的哥哥王含，说王含因家族才身居高位，不仅没有才干还骄傲自矜。

这个孙子，王敦早就想收拾他。

如今司马睿偏偏拿刘隗来牵制他，还以讨伐胡人的名义，将刘隗封为镇北将军，将戴若思封为征西将军，让扬州的奴隶全部充军。

王敦心里憋屈极了，看了看还在装老实的王导，无奈至极，只能在酒后高声吟诵曹操的乐府诗："老骥伏枥，志在千里。烈士暮年，壮心不已。"

每次一边吟诵一边敲打唾壶，把壶边都打出了口子。

公元 322 年，王敦忍无可忍，以诛杀刘隗为名起兵谋反。

4

王敦的第一次造反，出乎意料地顺利。

因为天时地利人和。

司马睿的任性做法，已经让很多人心生不满。一个根基不稳的皇帝，是依靠各士族的支持才有了今天。但是位子还没有坐热，就想着要踢走王家，是不是过分了？

兔死狐悲的感受，所有的世家都能够体验到。

换句话说，你司马睿今天可以翻脸不认人，踢走王家，那明天就可以踢走我们。我们共同享有的这块蛋糕，难不成你要一个人端走吗？

对于士族贵族们来说，这已经是触犯到了权益的大忌。所以，虽然并不是所有人都站出来支持王敦的造反，但起码在内心深处，很多人都认为王敦的做法是无可厚非的。

所以几乎没有费什么力气，王敦的大军就攻进了建康。

王敦并不是大奸大恶之人，性格里甚至带着一些天真，所以他并没有想要搞死司马睿，只是想要给他点颜色看看，很快撤兵了。

他的意思是告诉司马睿：小子，老子随时可以把你从这龙椅上拉下来，所以长点记性，别再得意忘形。

司马睿哪里受到过这种窝囊气，一时急火攻心，一病不起。

不久，他就带着满满的负能量一命呜呼了。

5

晋明帝司马绍继位后，始终对王敦怀恨在心，想要找机会除之而后快。

其实，王敦也早就意识到了自己的危险处境。

第一次叛乱之后，他与司马睿尴尬会面。司马睿穿着朝服，恨不得找个地缝钻进去，"欲得我处，但当早道，我自还琅邪，何至困百姓如此"！

早知今日，何必当初，我就把皇帝给你当呗，何苦折腾老百姓。

这话说得，既卑微，又哀怨。

王敦虽然取得了胜利，也表示自己没有篡权的意思。但是往后的相处，难免处于微妙的氛围中，他似乎被架在了骑虎难下的位置上，与皇室之间的关系再也回不到从前。

这就像两口子吵架下了死手，即使接着过下去，也不可能彻底消除猜忌。

这条不归路，他似乎很难回头了。

司马绍那呼之欲出的恨意，让他更加没有选择。大家都说，大不了这回真的反了，把那皇帝从王座上拉下来，又能如何？

但此一时，彼一时。

王敦的胜算，已经越来越低了。

第一次叛乱时，王敦是代表了整个琅邪王氏，所以尽管王导在墙头上左右把风，但是归根结底都是为了家族利益。刘隗时不时就劝司马睿杀掉王导全家，他们当然是拴在一根绳上的蚂蚱。

但这一次，王家内部已经出现了分化。

皇权被打击之后，已经如同纸老虎，不足以威胁王家的利益，反倒是王敦势力越来越大，让王氏的另外几个分支内心不爽。王导、王舒、王彬都明确表示不支持王敦叛乱。

另外，第一次叛乱时，各大士族都心有戚戚，所以要么明确支持，要么悄悄观望，几乎没有人强势反对。所以王敦打进建康的时候，连城门都是打开的。

这场叛乱，表面是王敦的胜利，实质是整体士族利益的胜利。

而当王敦再次发动叛乱时，背后的逻辑就彻底改变了。

上一次，他几乎兵不血刃地进入了都城，这一次，他刚刚开战就溃不成军。

6

这个道理，王敦并非不懂。

尤其当他发现自己的身体每况愈下，已经无法支撑太久的时候，更加萌生了退缩之意。

他要重新思考，到底该何去何从。

思前想后，他对自己的手下说：

"我死之后，莫若解众放兵，归身朝廷，保全门户，此计之上也。"

可是事情已经走到这一步，哪里是说收手就收手的。

王敦的亲信们不愿意做出这个选择，他们觉得离胜利只有一步之遥，向后退，却有可能是万丈深渊。

无奈之下，王敦举兵再次叛乱，败得一塌糊涂。

公元 324 年，王敦病死。群龙无首之时，势力被彻底击垮。

他的尸体还来不及入土，就被扒光了衣服，摆成长跪的姿势，当众被枭首，头颅被挂在浮桥上示众。

伴随着成王败寇的法则，历史发出了无情的笑声，为他冠以"反贼叛臣"之名。

一生戎马写春秋

公元 289 年，凌晨四点的洛阳，太阳还没有出来。

伴随着一声公鸡的鸣叫，24 岁的司州主簿祖逖翻身踢了刘琨一脚。

这两人是同事，刘琨比祖逖小 5 岁，因经常彻夜谈论公务，所以同榻而眠。

刘琨睡眼惺忪就被祖逖拉了起来，两位"鸡血少年"在日月交替间舞剑，缔造了一个连小学生都会的成语"闻鸡起舞"。

这本是一幅非常积极进取的正能量画面。不过《晋书》却评价说，祖逖这个人心眼太多。

为什么这样说呢？

原来在舞剑的时候，祖逖对刘琨说："若海内鼎沸，豪杰并起，吾与足下当相避于中原耳。"

大意是说，以后天下大乱了，咱哥儿俩都可能成为割据一方的扛把子，所以现在也别走得太近。

因为这句话，有后人认定祖逖是个唯恐天下不乱的人，所以评价他说，"闻鸡暗舞，思中原之燎火，幸天步之多艰，原其素怀，抑为贪乱者矣"。

1

将祖逖称为"贪乱者"的人，着实刻薄了些。

结合当时的社会背景，祖逖说出这句话，也是情有可原的。

西晋末期，天下几乎已经是世家大族的后院。作为一个积极进取的年轻人，即使祖逖每天都"闻鸡起舞"，也很难在职场上混出什么名堂。

当然，祖逖也是士族之后，否则不会有机会在 24 岁做到司州主簿。不过即使是这样，他还是很容易就看到了职业天花板。以他的出身再想往上爬，已经很难了。

果然，从他"闻鸡起舞"的24岁起，后面就如同消失了一般，成为名副其实的职场"小透明"。

比较而言，刘琨虽然没有祖逖勤快，但出身要更好一些。作为中山靖王之后，他混进了西晋首富石崇组建的"二十四友"小分队，每天在豪华大别墅里吟诗作对，日子过得好生滋润。

直到"八王之乱"中，司马伦倒台，他才算面临了人生第一次危机。因为他曾经站过司马伦的队，所以诚惶诚恐，怕有人借此干掉他。不过，齐王司马冏竟然没有动他一根汗毛。其中的原因，或许与祖逖有关系，他正在齐王司马冏麾下做事。

此时，距离"闻鸡起舞"已经约有十年的光景。当世道开始乱起来的时候，祖逖这样的人果然开始面临更多选择和发展。

不过，这位"贪乱者"的内心是有星空与道德律的。

他选择了齐王司马冏，是因为权衡之后，他决定要站在拥护皇权的一边。至于那些明摆着就要篡位的人，他打死也不会效忠。

可悲的是，最后维护皇权的司马冏和司马乂先后败亡。跟着司马越打了一场败仗后，看透了时局的祖逖大失所望。

他决定走出体制，无论谁来游说，死活都不再回去上班了。

2

公元311年，司马越的军队被匈奴汉国大将石勒打败，洛阳陷落。

西晋王朝已经摇摇欲坠，只剩最后的喘息。

在老家待业的祖逖，在乱世中感受到了使命的召唤。因为老家河北正是北方民族肆虐的地方，他带领族人和邻居们组建了一支小分队，加入了避难的流民大军。

流民南下，一路以来都是九死一生。祖逖亲眼见证了死亡、瘟疫与饥饿，内心被震撼着。

人们很快就发现，祖逖与很多娇生惯养的士族公子不同，既吃得了苦，又愿意帮助别人。他会把车让给老弱病残，自己下车步行，也会把食物和药品分给那些需要的人。

《晋书》记载，祖逖小时候就是个热心肠，会帮助贫穷的佃客与乡邻。"然轻财好侠，慷慨有节尚，每至田舍，辄称兄意，散谷帛以周贫乏，乡党宗族以是重之。"

因为这样的优良作风，大家都愿意听他指挥。就这样，他一边逃亡，一边拉起了一支队伍，并且队伍越来越庞大。这支流民部队渐渐成形，从反抗胡人，到阻止其他流民队伍的劫掠。他一路收编，建立了自己的"创业团队"。

踏遍了艰难困苦，祖逖带着队伍来到了京口。

此时他的豪情壮志已经快要喷涌而出，那就是：北伐收复中原，拯救天下苍生。

晋琅邪王司马睿正在江东，听说"闻鸡起舞"的祖逖来了，立刻封他为徐州刺史，在京口任职。

京口很合适作为北伐的起点。南兵从京口过江，舰队向东行进，然后北上进入中渎水，再北上至泗口。休整后，舰队继续北上至下邳，距离兵家必争之地的徐州就非常近了。如果拿下徐州，北伐就可以说成功了一半。

这里，就是他梦想的起点。

祖逖感受到了热血在燃烧，他的北伐之梦，终于要开启了。

3

到了真正启程那天，送行的人脸上都挂着不乐意。

原来，司马睿嘴上支持北伐，结果竟然只给了三千匹布和一千人吃的粮食，除此之外，一兵一卒都没有。

有人说，司马睿也太抠了，完全没有诚意。

也有人说，司马睿压根不想北伐，他只想在江南做好自己的官。

其实，这还真的错怪了司马睿。

说出来没人相信，当时司马睿的府库里只有布数四千匹，财政状况更是紧张得要死。在这种情况下，能拿出三千匹给祖逖，已经很有诚意了。

祖逖的激情，丝毫没有被这些限制条件所打败。

在他心里，天下遍地都是北伐的兵将。只要一声号令，他就愿意誓死不归。在率众渡江北上时，他在中流慷慨击楫，誓曰："祖逖若不能收复中原，有如此江！"

这样的举动，让天下为之动容。

祖逖虽然有激情，但并不是一个情绪化的将领。他深深懂得，跟随自己的都是活生生的血肉之躯，不可冲动行事，让这些人白白送命。

渡江后，他率部屯驻在江阴，休养生息，排兵布阵，铸造兵器。足足做了三年的准备工作。

公元 316 年，祖逖带着两千人马，继续北上。

这个时候，刘琨正在西部对抗刘聪。

想想当年"闻鸡起舞"时祖逖说的那句话，没想到果然成了真。他与刘琨已经成了两股不容忽视的势力，在为各自的荣耀而战。

4

在收复河南的过程中，祖逖面临最大的挑战，就是搞定汉人坞堡主们。

所谓坞堡主，就是以汉人豪强为核心的地方性武装组织。这些人狡猾得很，一会儿接受朝廷的册封，一会儿又被石勒收买去，就像墙头草一样飘忽不定。

祖逖与这些汉人坞堡主足足纠缠了两年，才站稳了脚跟，在桓宣的帮助下逼降了樊雅。

不久，祖逖与坞堡主陈川又迎来了一场大战。

很多人丈二和尚摸不着头脑，明明陈川前脚还在帮助祖逖围攻樊雅，怎么说翻脸就翻脸了呢？

原来，男人之间的忌妒也是很可怕的。

陈川向祖逖伸出援手的时候，援军中有一个将军叫李头，作战十分勇猛。这个人喜欢骏马，当时祖逖刚好缴获了一匹。李头虽然没好意思张嘴要，但是眼神已经暴露了一切。

祖逖二话没说，将骏马赠予李头，搞得他心花怒放。

没想到，这李头的情商有点问题。

回到老东家队伍里之后，他隔三岔五就分享与祖逖一起工作的愉快感受，还表示如果自己有祖逖这样的领导，那就死而无憾了。

陈川气得脸红脖子粗，心想："好你个祖逖，我好心帮助你，你却来收买人心，挖我的墙脚。"一气之下，陈川竟然杀了李头。李头的部下一时着急，竟然连夜投奔到了祖逖那里。

这件事对祖逖来说，简直是人在家中坐，祸从天上来。

陈川彻底被惹怒，宣布向祖逖出兵，两人就此闹掰。

就是这样一场战争，整整打了两年。陈川逐渐支撑不住，转而投靠了石勒，并请求派遣援军。石勒派遣石虎率军 5 万南下，援救陈川。

这场战役的结果是个谜。有说法是"季龙大败，收兵掠豫州，徙陈川还襄国"，也有说法是"平西将军祖逖攻陈川于蓬关，石季龙救川，逖退屯梁国，季龙使扬武左伏肃攻之"。

不论怎样，祖逖的观点就是：咱不惹事儿，但是也不能怕事儿。

这场战役并没有带来太大损伤，至此告一段落，祖逖带兵开始了停战休整。

5

祖逖在外奔忙打仗的时候，王敦不断在朝廷里作妖。

王敦这人虽然握有兵权，但是对外打仗不灵，只擅长窝里反。他心里的算盘，是打算起兵攻占南京，并为此不断拉拢各路人马。

对于这样的小人，祖逖恨不得戳上几个窟窿。

他叫来王敦的使者，冷冷放了句狠话："回去告诉阿黑（王敦小名），大逆不道的事儿趁早给我放下，真要是敢在我眼皮子底下放肆，我就率三千兵马用长矛把他戳回去！"

使者回去后，王敦立刻消停了不少。人总有一怕，只要祖逖还活着，他是不敢使什么幺蛾子的。

公元 319 年，祖逖率兵继续北伐。

在蓬陂坞与桃豹的对峙中，他做出了军事生涯中令人称道的一次能力展示。

两军对垒，彼此消耗了四十多天。

祖逖发现，如果再这样耗下去，军粮就要无法供给了。掐指一算，对方也是相同的情况。那么，要如何打破僵局呢？

眉头一皱，计上心来。

祖逖安排了一队士兵扛着布袋，做出在运军粮的样子。为了以假乱真，几位坐在路边休息的士兵担子里装的是真正的粮食。

敌人果然上钩，派人在路边突袭抢粮。

抢来了担子里的粮食，桃豹认定祖逖一方军粮充足，自己再战下去恐怕毫无优势，于是萌生了退意。祖逖趁机偷袭了桃豹的补给队，又抢到了大量军粮。弹尽粮绝的桃豹别无选择，只有立刻退了兵。

后人评价祖逖的军事能力，认为他并不是天才型选手，而是信念型选手。但从与桃豹的这次博弈来看，他纵使没有惊世之才，也有独特的能力，可以当之无愧成为北伐的领袖级人物。

6

在战场上，祖逖是一个懂得变通的人。

在与汉人坞堡主周旋的时候，他就懂得了如何抓住人心。

他深深知道，这些坞堡主都是表面臣服于石勒。当代表晋朝的祖逖到来之后，他们的内心是很挣扎的。人为了生存，去以利己的角度分析处境，做出现实的选择，这都是人之常情。

所以，他几乎是默许了坞堡主们的摇摆不定。

最后的结果是，他们之间形成了某种默契。祖逖会故意派兵佯装攻打，让他们在石勒面前表现自己的忠心。但暗地里，这些人会将军情暗送过来，作为回报。

无间道的分寸感，拿捏得死死的。

在管理队伍的时候，他也会采取较为弹性的方式。

因为他永远记得，这支队伍是滋生在什么样的土壤和环境中的。大家本是逃难的流民，为了生存集聚在一起，愿意跟随祖逖，他对此感恩不尽，因此不会转身就变脸，以将军的威严压人一头。

南渡京口的时候，队伍的吃穿用度都很紧张。但有一天，王导和庾亮来拜访祖逖，却发现祖逖容光焕发，穿得好吃得好，仿佛一夜暴富了。

问及原因，祖逖不以为然地说："昨天兄弟们在秦淮河南干了一票。"

当然，他从来不会主动带领士兵去打劫。但只要兄弟们犯了事儿，他都会不遗余力地把他们从大牢里救出来。

比起虚名，他更在意维护兄弟们的利益。在这一点上，他的做法虽然看起来不够高大上，也着实有点"护犊子"。但从人性的角度来说，就不难理解为什么大家都愿意死心塌地跟着他出生入死了。

公元 320 年，祖逖击败了石勒，收复了黄河以南的大部分土地。

石勒要集中精力对抗前赵，不愿继续与祖逖争锋，并表现出了来自对手的惺惺相惜。

　　他命人为祖逖母亲修缮坟墓，两人各自按兵，相安无事。

7

　　公元 321 年，晋元帝命戴渊出征合肥。

　　在祖逖眼中，这位老兄完全不是带兵打仗的材料，于北伐并无半点用处。朝廷这样的安排，究竟是何意呢？

　　他的判断完全没有错误。

　　戴渊的任命，只是朝廷为了控制祖逖的兵力，进而震慑有不臣之心的王敦。

　　将军征战，天子心疑。

　　这样的戏码已经屡见不鲜，但祖逖的心还是被刺痛了。

　　他用一腔热血，一身孤胆，半生奔波，都没有捂热王座上的心。

　　愤怒与忧虑之下，祖逖大病了一场。

　　公元 321 年，豫州上空出现一颗奇怪的星星，有人预言，大将当死。

　　当时的祖逖，正在带病修建虎牢城，为了打造可以抗击石勒的军事重镇。

　　他想起了"闻鸡起舞"的那些清晨，忽然释怀。这一生，他本也不是为了朝廷而战，而是为了信念而战，为了天下苍生而战。

　　9 月，祖逖去世，豫州百姓于长街痛哭，如丧父母。

　　祖逖死后，北方无人再能阻挡石勒。不久，他收复的土地被后赵攻陷。

有钱任性，任性没命

"师傅，咱们是不是走错路了？"

"不会，这路线我熟，就是这个方向。"

"不是要把我拉到交趾、广州流放吗？"

"没那么远，马上就到了。"

话音落下，囚车转了一个弯，缓缓在终点站停了下来。

车里的石崇脸色惨白，整个人已经僵住，这地点他认得——东市。而这个令人冒汗的结果，的确超出了他的预想。

良久，他才深深叹了一口气："没想到这些人真要对自己下死手啊。"

押送的人一把将他拉出了囚车："早知有今日，何不早点把那钱财散掉呢？"

石崇默默无语。

当日，他于东市被斩，家里老少三族皆被夷灭。

围观的人无不捂着胸口感叹：钱财太多，就是那催命的符咒啊。

1

石崇之死，祸因就是太有钱了。不只有钱，他还喜欢炫富，哪怕对手是皇帝也是绝不手软。

一次，外国使者进贡了一批珍贵的火浣布。传说这布制成的衣服很神奇，脏了不用水洗，放在火里烧一烧，立刻像新的一样。

晋武帝司马炎立刻弄了一套，打算到石崇府上显摆显摆。

结果去了一趟，被啪啪打脸。

迎接圣驾的时候，石崇其实只穿了一件非常普通的衣服。但司马炎的脸为什么拉得像马一样长呢？因为他手下的 50 名奴仆，身上竟然都穿着火浣布。

当天晚上，司马炎就失眠了，黑暗中咬着被角，恨自己为什么不能一夜暴富。

在炫富这条路上，石崇遇到过最大的对手就是王恺——晋武帝的舅父。但他见招拆招，根本不放在眼里。

王恺家用糖水刷锅，石崇家就用蜡烛当柴火烧；

王恺家做四十里的紫丝布步障，石崇家就做五十里锦步障；

王恺家用赤石脂涂墙，石崇家就用花椒涂墙。

总之这两个败家玩意为了证明自己才是当朝第一款爷，咬得死死的，谁也不肯让步。

吃过亏的司马炎打算帮舅父一把，于是给他搞了一棵名贵珊瑚，足有二尺高，光彩照人。王恺琢磨着，这回要赢了。

结果石崇都没正眼看，就命人拿着铁如意当场砸碎，随即抬出了自己家里的珊瑚，三四尺高的有七八棵，和王恺那棵差不多高的数都数不过来。

这简直是自尊心的碾压啊。

王恺的心也随着那珊瑚碎了一地，他觉得石崇就是个神经病。不过当身边人都劝他退出比赛时，他又死都不肯。

这件事情已经激发了他的斗志。他开始下苦功研究，不断寻找差距，来提升自己。

要是能把这个劲头用在工作上，他说不定也能建功立业、名垂青史了。

2

王恺发现，石崇把房子装修得极其豪华。

传言去过他家的人，都找不到厕所在哪儿。

因为那厕所实在不像厕所，装修得精美绝伦，搞得人进去以后压力山大，常常忘了自己是要去解手的。

金碧辉煌的房间里，齐刷刷站了十多个艳丽的婢女在等着伺候。客人上过了厕所，就不能再穿着身上的衣服出去。婢女会拿来新衣，帮客人换上，再准备琳琅满目的各式香水、香膏，以供使用。

这么大的阵仗，搞得很多客人都不习惯，所以都尽量憋着。不到万不得已，就不在这里如厕。

曾有一个客人叫刘寔，贫寒出身，所以养成了一些习惯。比如去别人家做客都很勤快，挑水、做饭、洗碗都自己动手，后来做了官，还是一样的优良作风。

有一次，他到石崇家做客，一进到厕所就退了出来，不好意思地对石崇说："我走错了，进到你卧室了。"

石崇说："你没走错，那是厕所。"

刘寔又回去看了一眼："抱歉，你这个我真享受不了。"

了解到了敌人的优势，王恺也在炫富这条路上越走越远。

后来，两个人之间的较量演变到了方方面面，落到了细微的生活细节上。比如，王恺总结了一下，自己有3件事没搞懂。

一是当时煮豆粥很难煮，但是石崇只要一声令下，下人就能端上来热气腾腾的一碗；

二是当时没有温室大棚，但是大冬天的时候，石崇家却还有嫩绿嫩绿的碎韭菜；

三是两人每次赛牛，王恺都会输。

这是如何做到的呢？王恺想不通。

为了赢，王恺买通了石家的一个仆人，在商业间谍的帮助下，这才分别找到了原因，与石崇打成了平手。

结果安稳觉还没睡上几天，石崇找出了泄密的人，把他给宰了。

3

是的，石崇杀人了，就为了这一点点小事儿。

他不是第一次杀人，事实上，他从来就不是什么好货，堪称人渣中的战斗机。

我们先来看看他的钱究竟是怎么来的。

首先，他不算是"富二代"。父亲石苞出身贫寒，后来虽然因为军功而逆袭做了高官，但在个人财富方面，绝对没到富可敌国的程度。

石苞有6个儿子。据说这个老头临终前分财产的时候，只分给了另外五个，独独没给老六。理由是：反正这小子以后会很有钱。

虽然不知道这是什么鬼逻辑，总之可以认定，石崇的钱并非来自家族继承。

那么，难道是因为做生意？

这条也可以轻易排除。一个赚得了这么多钱的生意人，他做的是什么生意？如何起家？史料怎会半个字都没有，不合常理。

最后的答案是：抢劫。

《晋书》记载，"（石崇）在荆州，劫远使商客，致富不赀"。原来石崇在荆州做刺史的时候，靠打劫过境客商来敛财。

别人做生意，他来收割果实。

这钱赚得真埋汰。

不过，这似乎也可以解释了，他为什么炫富炫得如此高调。我们可以发现，其实那些靠自己打拼致富的"富一代"，反倒不爱炫耀。因为他们清楚知道，这每一分钱都是汗水摔成八瓣换来的。

凡是炫富者，要么是富二代，要么是投机倒把的暴发户。

钱来得太容易，因此不知敬畏。

4

杀人的事儿，石崇不是第一次干。

他有一个很变态的习惯，凡是参加过他家酒局的人，都会吓得好几天睡不着觉。

《世说新语》中记载，石崇请客吃饭，会在席间让家里的美姬劝酒。客人不喝，就杀掉美姬。这种劝酒方式，教人如何敢拒绝？所以，那战战兢兢喝下去的哪里是酒，分明是恐惧。

从这件事也可以看出来，石崇就是个不把下人当人的人。

拿下人不当人，但石崇对文艺青年还是很友好的。

很多大款其实都有这个倾向，钱不缺了，就喜欢用文化在自己脸上贴贴金。

在河阳金谷，他专门建了个别墅，经常召集一帮文学青年在此聚会。饮酒赋诗，欣赏音乐，所有的费用他一个人全包。

实事求是地说，石崇虽然本质上是个流氓，但在文学上并不是土老帽儿。品位可以，自己的创作水平也不错。

因此，参与到金谷聚会中的名士实力很强，不乏陆机、陆云、潘岳、左思这样的厉害人物。后来，他们抱团取暖，组建了一个叫"金谷二十四友"的团体。

《诗品》中言，"陆才如海，潘才如江"，"潘江陆海"已经是可以形容人在诗文方面才华横溢的词。"陆"就是陆机，"潘"就是潘岳，还有创作了《三都赋》导致

"洛阳纸贵"的左思，这些都是文学领域的大牛。所以说，石崇在文学圈里的影响力，是响当当的。

5

喜欢文学，并不足以洗白石崇这个人。

但他还真有一件事，让大家为之感动，甚至因此认为他是个有情有义的人。

他有一个宠妾，名为绿珠，不只长相倾国倾城，还善音律，笛子吹得极好，又精通一支当时很流行的舞蹈《明君》，扮演的王昭君惟妙惟肖。

像石崇这种阅美无数，也杀美无数的人，也不免为之心动。他对绿珠格外宠爱，不惜花巨资为其建造数百丈高的崇绮楼，缀以珍珠、玛瑙、琥珀、象牙等名贵装饰，只为让她登楼远眺，不再为思乡而苦恼。

后来在"八王之乱"中，石崇见贾南风势起，于是巴结贾家。但没想到一时疏忽站错了队。

赵王司马伦专权后，石崇失去了保护伞，官职被免。而因为一直以来过于高调，太多人垂涎他所拥有的一切，他成了一块人人想要分割的肥肉。

司马伦的手下孙秀暗恋绿珠，想趁机霸占，于是派使者向石崇索要。石崇视绿珠为珍宝，怎肯相让，于是惹来了杀身之祸。

美梦将碎，石崇对绿珠说，"今为尔得罪"。

绿珠垂泪，"当效死于官前"，说完从那崇绮楼一跃而下，香消玉殒。

如此凄美的爱情故事，令很多人动容。

石崇对绿珠，真的有如此深厚的情意吗？

6

人们本能地愿意相信美好的情感。但石崇与绿珠，不见得是真正的爱情。

石崇这样自私与霸道的人，家里无数美姬都是财产而已。如果绿珠可以换回他的钱，可以换回他的命，他早就换了。

孙秀看上的，也不是绿珠。

绿珠是他向石崇打响的第一枪，是他的宣言，是他的借口。

所以，在这场无聊的争夺中，绿珠才是那个牺牲品，是最可怜的人。

　　她仿佛拥有无尽珍宝，拥有一个霸道总裁的爱。事实上，她一无所有，亦无法选择自己的命运。

　　除了从那高高的塔上跳下，她别无选择。

　　石崇之死，死于有钱，死于炫耀，更死于愚蠢。

　　当一个富可敌国的人失去了政治的保护伞，就是一只待宰的肥羊。

　　无论宰他的人，是孙秀、王秀，还是李秀，这样的故事结局，都是毫无悬念的必然。

　　《金谷诗序》中，石崇曾写下"感性命之不永，惧凋落之无期"。

　　他挥霍了半生，如今人死了，钱没花完。

　　遗憾。

暗夜中的耀眼星辰

说起北齐高家，这大概是历史上为数不多的盛产各路奇葩的家族。

有人甚至说这一家子几乎都是变态、神经病。这个家族里的故事，随便拿出一件，都能写出一部极具戏剧性的剧本，还是限制级的那种。

有人认为这是血统导致，因为相似的基因，行事风格上多少也会相近。也有人认为是环境导致，毕竟在一个不以变态为奇的环境下，人对自身的道德限制标准也会低了很多。

只是，不论是基因导致，还是环境影响，这个家族里最终还是成长出一个与众不同的人。

他生来俊美非常，有着倾倒众生的外在条件，却偏偏摒弃了家族惯有的行为准则，选择了一条难走的道路：忠君报国。

这个人就是被誉为中国四大美男子之一的兰陵王——高长恭。

1

高长恭本名高肃，族名高孝瓘，字长恭，渤海蓨县（今河北省景县）人，是北齐神武帝高欢的孙子，高澄的四子。也有人说，他本是三子，但因母亲身份卑微，被同年出生的高孝琬排挤成第四子。

北齐高家虽说在历史上赫赫有名，但其实整个北齐在历史上只存在了 28 年。

也可以说，北齐能在中国上下五千年的历史中创下如此高的知名度，与高家的奇特行事不无关系。

真正创建北齐的人，是高长恭的爷爷高欢。

虽然并未在名义上建立政权，但作为北魏的权臣，他早已经独揽北魏的大权，连当时北魏的皇帝也被他逼到出走关陇，使得北魏被分裂成东魏和西魏。

东魏，便是北齐的前身。

当时，东魏的实际掌权者是高欢和其长子高澄，高澄便是高长恭的父亲。高澄因喜爱父亲的妻子蠕蠕公主，在父亲高欢去世后，直接将蠕蠕公主娶了过来。

高欢的次子高洋在父亲与长兄掌权期间一直装出行为呆傻的样子，从未被放在眼里，直到某日高澄突然被家中厨子杀害，高洋立刻改头换面，不但出面平息了叛乱，更直接称帝建立北齐。

高洋称帝后，便彻底暴露了其变态的本质。

如果放在现代，他必然会是被通缉的连环杀人犯。他最喜欢用锯子、锉子这类能够充分折磨人的工具进行杀戮，并且热衷于对尸体肢解。可以说，他就是以残忍的手段杀人为乐的。

作为怪癖比较多的高家，高洋的其他兄弟也不遑多让。

高洋死后，经过其母亲娄太后的几番运作，最后由高洋的弟弟高湛继承了皇位。高湛又喜欢高洋的皇后李祖娥，便以李祖娥儿子的性命威胁逼奸了自己的皇嫂。

高湛的皇后或许因为耳濡目染，也彻底放飞自我，和各种男宠甚至和尚有染。

就是这样一个充斥着娶母奸嫂、杀人狂魔的家族，却奇迹般地出现了兰陵王高长恭这样的人物，不能不说，这世上的确有人是可以做到"出淤泥而不染"的。

北齐高家有人好色有人好杀，但偏偏都生就了一副好皮囊。

或许也正因容貌俊美，才使得他们能够如此肆无忌惮地挥霍情色吧。而即便在这个盛产美女俊男的高家，高长恭的相貌也都是出类拔萃的。

高家的容貌其实是偏阴柔类，按照描述，他们有些类似今天被很多年轻女孩喜欢的小鲜肉，当看到他们时，很容易令人生出一种浪漫的向往。作为"鲜肉中的鲜肉"的高长恭，更会使人感到无限柔情。

可是，在柔美外形之下，高长恭却有着一副铁骨铮铮。

对他而言，美貌从来都不是荣耀，而是负担。

他更希望自己能拥有尖角獠牙，令人望而却步。因为他不想成为一个讲着缠绵情话的男主角，只想驰骋沙场，为国效忠，做一个勇猛杀敌的将军。

2

兰陵王不仅仅与北齐高家格格不入，他甚至与当时整个时代都是格格不入的。

公元 564 年，北周向北齐发起战争。北周军队共派出二十万大军攻打北齐，并以洛阳为主要目标。其中有十万官兵将整个洛阳城围住，一时间，洛阳城内人心惶惶。

那时候，高长恭早已因骁勇善战而被封为兰陵王。为了解救洛阳，他奉命领兵迎战。

当时北周占据了绝对的战略优势，要打赢这场仗实非易事。于是兰陵王兵行险招，派出三个小队，分别从左路、右路和中路进军，深入敌营，夺下了北周占据的有利山头。

夺下有利地形后，兰陵王挑选了五百精兵，直接杀向敌军，并一路打到洛阳城下。

据记载，当时兰陵王的气魄，令所有人震撼和动容。

他像战神般立在所有将士之前，身披铠甲，手持神器，面上更是戴着如鬼魅般的恐怖面具，在人群中不怒自威。

他一路杀过来，身上沾染的是敌军的血，兵刃上更是挂着敌军的亡魂。在他身上，看不到任何腐朽奢靡的影子。他顶天立地，潇洒驰骋，是名副其实的铁血将军。

当他到达洛阳城下，被围困多日的洛阳守卫早已如惊弓之鸟，即便看到救援军队，亦不敢轻易相信。更何况，这位带兵的将军还戴着一副骇人的面具。即便兰陵王已亮明身份，可他们还是要求其摘下面具示人。

于是，这位以五百精兵破十万守城的如魔鬼般的将军摘下了他的面具，露出俊美面目。守军顿时放下一切戒备，高声欢呼，因为他们看到了来者正是北齐最值得托付的将军，是强大到足以护他们生命的主心骨——兰陵王。

兰陵王的到来令洛阳城内军心大振。原本早已失去生气的城中守军顿时又焕发了精气神，他们在兰陵王的带领下，共同杀出洛阳城，并破了北周的十万围困。北周军队被杀得溃不成军，逃亡过程中丢盔弃甲，好不狼狈。

这是史上十分著名的邙山大捷，也是为数不多的以少胜多的战役之一。

武成帝高湛为了表示嘉奖，将高长恭加封为尚书令。

他的面具开始从令人害怕，变成了令人安心的象征。当时北齐的民众甚至编出了戴着兰陵王的面具进行表演的歌舞。

从此，比起更容易被津津乐道的俊美长相，人们反而爱上了兰陵王的恐怖面具。那时已经无人在意高澄的四子有着怎样的美貌，人们只知道，那个身披战甲戴着尖角獠牙面具的人，是北齐的守护神。

3

或许，北齐高家能出现高长恭这样的人物，真的是上天开的一扇窗。

只是，生在这样的家族之中，或许对北齐的官兵百姓而言是幸事，但对高长恭自己而言，反而是一种不幸。

北齐是一个被阴云笼罩着的国家。当权者好色嗜杀，嫉贤妒能，在这团阴云之下，百姓的生活可想而知。

所以兰陵王的出现，才让人们如此欣喜，感到有了希望。

高长恭之所以受到爱戴，并不仅仅因为他骁勇善战。他虽然对待敌人如冬天一样寒冷，但对官兵和百姓却如同春天一样温暖，他几乎就是完美的，如天使一般降临在北齐百姓的身边。

作为将军，他严格要求属下兵将，以高标准来进行训练，但官兵对他却从未有怨言，因为他是那种真的会跟将士们同甘共苦的领导者。就连上面赏赐一些瓜果点心，他都不会独享，而是直接拿出来分给手下的将士们。他出身富贵，却生来就会吃苦，即便有了甜也是与人分享。

在他眼里，尊卑是不存在的，他自认与所有人都生来平等。

所以他愿意去体谅身边的仆从。即便被仆从怠慢，他也不愿去多加责备，而是淡然处之。

4

如果说高家是北齐头上的阴云，那么高长恭便是拨开阴云，照亮大地的星辰。

高长恭的许多行事逻辑，几乎都与高家相反。

高家人容易嫉贤妒能，而高长恭偏偏可以以德报怨，高家人好色贪婪，高长恭反而两袖清风。

武成帝高湛虽然自己喜欢乱搞男女关系，但对高长恭却貌似做到了任人唯贤，这也是他为数不多的优点之一。

由于高长恭屡立战功，高湛时常给予高长恭各种奖赏。有一次，他让贾护买下二十个女子，用来奖赏给高长恭做妾。

后来人们说起这件事，猜测说高湛是故意的，因为邙山大捷之后官兵和百姓对兰陵王过于爱戴，让高湛对他产生了忌惮之心，因此用二十个小妾来试探高长恭。

也有人说，高湛只是出于对爱臣的关心，希望高长恭能够开枝散叶。

究竟高湛的心里作何想，也只有他自己清楚。不过，一个逼奸自己嫂子的人，或许真的认为家中妻妾成群便是幸福，或许也真的是对高长恭一片好心。只是，他的好心却令高长恭无福消受。

高长恭的心却如同高山流水。他胸怀天下，又怎可能被情情爱爱绊住手脚。二十个小妾，他只留下了一个，其余全部遣散。即便这一个，或许也只是为了不违皇命而无奈留之的。

不知高湛是否感到自惭形秽，更不知他是否已经对高长恭心生嫌隙。可以肯定的是，这个时候皇子高纬已经留意到了一支曲子，听到后皱起了眉头。

在北齐的军中，几乎人人都喜欢那首曲子。

它就是为了纪念邙山大捷而谱写的《兰陵王入阵曲》。

5

作为暗夜里的一道光，高长恭短暂的人生只活到了 33 岁。

那天，已经做了皇帝的高纬问高长恭："你每次都在战场上奋勇杀敌，甚至不顾生死，你不怕真的发生意外吗？"

高长恭想也没想，直接回答说："国事就是家事，我没想过那么多。"

就是这句话，为他惹来了杀身之祸。

虽然高长恭也是高家人，可皇位却是高纬的。国事就算是家事，那也是高纬的家事。

于是，高纬断定高长恭有谋反之心，决定赐予毒酒。

兰陵王府中，高长恭拿到了毒酒。他怎么都想不通，自己一心为国，怎会落得如此下场。他问妻子，自己究竟做错了什么？妻子说，你为什么不当面问问皇帝呢？

高长恭挤出一抹讽刺的微笑："他怎么可能会见我呢？"说完，便喝下毒酒。

或许在他说出这句话时，心中早已经有了答案。

后来，人们说起高长恭之死，总是会说，那是一句无心之言导致的。可是，事实当真如此吗？

事实是，在高长恭为国尽忠的短短十数年里，他就被暗杀过多次，暗杀的命令都是来自他所尽忠的皇朝。

高湛去世后，皇位由其子高纬继承。

高纬的母亲胡太后因忌惮兰陵王功高盖主，赐给了高长恭一个名为张香香的妃子，该妃子的真实身份是一个杀手。只不过，因被高长恭人品折服，张香香直接倒戈将一切真相告知他。

此外，曾经被兰陵王一力救下的洛阳城太守，也曾多次派杀手暗杀他。同样，杀手因了解到太守陷害忠良的真相，亦倒戈向高长恭，并被高长恭收为义子。

与其说，兰陵王因一句话惹上杀身之祸，不如说，那时除了普通官兵和普通百姓，很多人几乎是盼着他死的。

也许这就是人性的恶，人们无法容忍与自己不同的人，即便那个人如此独特与美好。

毕竟，一个垃圾场，是不会容忍里面开出鲜艳玫瑰的。

当明镜照出了一个人的丑陋，就难逃被砸碎的命运。而这，才是兰陵王含恨赴死的真相。

第三章
文化宿命：博弈之外，何处言情

乱世之中，也有硝烟中锻造的风骨。这或许是个道德失范的年代，但依旧是个文化的硬核时代，有纵情肆意的人生观，有吟游遁世的牧歌，也有宗教的虚幻世界。在所有的文化领域，几乎都可以看到世态的折射，也可以看到文明的发展与再造，直至呼唤出一个盛唐气象的到来。

魏晋风度：一场唯美的幻梦

《射雕英雄传》里，有一个亦正亦邪的人物，名为黄药师。

这个人"形相清癯，身材高瘦，风姿隽爽，萧疏轩举，湛然若神"，既有才情，又有审美，一副老文青的潇洒模样。

但同时，他又"邪"名远播，连江南七怪都对他啧啧称奇。

如此一个人，身上充满了难以言说的奇妙矛盾，令人好奇又着迷。金庸先生借欧阳锋的口，对其盖棺定论说：他，就是魏晋风度的代表。

这魏晋风度，又是什么呢？

1

在权力频繁更迭，战火绵延不断的时代，道义被空悬，理想被压制，真正能够释放的，只有人性中的"我"。

"魏晋风度"最直接的表现，就是出现了一群特立独行的怪人。

这些怪人的怪表现，成为一种风范，一种引领，一种精神追求，也渐渐演变成了一个时代的审美。

举例来说，曹丕曾经与"建安七子"中的王粲是好朋友。王粲离世之后，曹丕带着众文士一起祭奠。

在这样严肃的氛围里，曹丕忽然想起王粲生前最喜欢听驴叫，于是起了个头，竟然带着大家一起学驴叫为其送别。

儒家对丧葬有一大套繁文缛节的规定，堂堂魏王世子与一众文士一起学驴叫，这样的奇怪画面，只有魏晋才会有。

而这种精神的本质，其实是将"情"字放在了至高无上的位置，"礼"字反倒做了让位。

再举个例子，东晋有一位太尉郗鉴，想在琅邪王氏的子侄中挑选一位女婿。

王导带着他去了厢房，他环视了一圈，发现很多年轻人都特意打扮了一番，脸上露出刻意的微笑。但唯有一个人躺在东边的床上旁若无人地看书，肚皮还露在外面。

太尉满意地点了点头，"就是他了"。

这个故事，就是"东床快婿"的成语来源。而这个被选中的年轻人，就是大名鼎鼎的书法家王羲之。

所以我们可以看到，这其实是一种价值解构，也是一种人性觉醒。

做人不要太刻意，真性情才可爱。

用一句歌词来概括，"我就是我，颜色不一样的烟火"。

2

"魏晋风度"，还代表了一些特殊的文化特征。比如清谈、饮酒与嗑药。

陈寅恪说："清谈误国是西晋亡国的原因之一。"

这话其实很多人不太同意。这就像"早恋会影响学习"的观念一样，或许影响学习的并不是早恋这件事，而是一个学生他只早恋而不学习。

清谈也是如此。

说白了，清谈就是几个聪明人聚在一起，做一次智力竞赛。这种竞赛本身没有生产力，不能为社会造成效益。唯一的作用就是可以在聪明人里选拔出最聪明的那一个，让他出尽风头。

清谈的内容，都在形而上的范畴之内，绝不讨论世俗话题。

比如美男子卫玠，不只人长得好看，还天生爱好清谈，喜欢思考各种各样的哲学问题。

他与另一位清谈家乐广对谈。

卫玠：什么是梦。

乐广：想。

卫玠：梦中都是从未经历之事，要如何想？

乐广：因缘。

这"因缘"二字实在太玄乎，卫玠思来想去没有参透，最后竟然急得生了病。

乐广听说了此事，特地去家里为他解说，这才为他解了心病。在当时，像卫玠这样魔怔的人，不在少数。

因为清谈的盛行，所以在魏晋的所谓上流社会中，到处都是拿着麈尾夸夸其谈的人。一时间，麈尾毛与唾沫星子齐飞，组成了非常奇特的画面。

人们追求的，不再是解决问题的能力，而是如何玄意高远，口吐莲花。

这种毫不接地气的文化，恰好证明了一种价值的虚无。而这场时代的价值危机，如此鲜明地体现在了士大夫精英阶层。

3

以竹林七贤为代表的名士们，喜欢饮酒。

他们厌烦了盘根错节的利益，痛恨世俗的种种限制和羁绊，所以在酒精中释放自我。

刘伶饮酒，会酒不离身，在出游时车中载酒，随走随饮，可以狂放地说出"死便埋我"。

阮籍饮酒，会因步兵署中有美酒而想做步兵校尉，可以喝到口吐鲜血，释放满腹愁思。

阮咸饮酒，竟然提议用大瓮喝才尽兴，于是就有这样的场景：

好几个衣冠不整的男同学，一起醉醺醺地趴在瓮沿上喝酒。酒的味道太香醇，吸引来了几只猪。于是人搂着猪，猪拱着人，其乐融融，一起轰趴。

这样怪诞的场面，就真实地发生在那个时代。

在酒精的加持下，他们追求的是身体感官的短暂快乐和思想的片刻自由。所以他们会说出"使我有身后名，不如即时一杯酒"，借此来逃遁灰暗的现世。

除了饮酒，魏晋名士还发现了寒食散，也称"五石散"的妙处。

据说这种风气是由何晏开创的，后来在士大夫阶层形成了风尚。

寒食散这种药，原本是治疗心脏病使用的，从制作到服用在技术上有一套较为复杂的程序。正常人服用起来，有点类似毒品，吃多了有可能送命，少量服用能产生生理上和精神上的快感。

用何晏本人的话说："服五石散，非唯治病，亦觉神明开朗。"

因为这药吃了以后，会令人全身发热然后发冷，所以大家为了消减毒性，会吃冷食、喝热酒、洗冷水澡、快步走。

因此，当时名士们最常见的样子就是：披头散发穿着宽大的衣服，时不时抓出几只虱子，穿着木屐乱跑，算作一种潇洒与不羁。

4

魏晋是一个崇尚唯美的时代。用今天的话说，就是看脸的时代。

一个人如果有美丽的皮囊，就会被人注意到有趣的灵魂，因此获得更多喜欢的机会。

西晋的文学家潘岳是个美男子，也被叫作"潘安"。

每次他出门的时候，都会有大批粉丝涌上来，给他送花送水果，俨然就像出街的超级明星。

另外两位文学家左思和张载看了很羡慕，也依样画葫芦模仿了一回，结果不但没人买账，还装了一车石子回来，俨然就是另一版本的"东施效颦"。

更夸张的是，在那个时代，美竟然也可以救命。

大将军桓温灭了成汉，顺手带回了成汉皇帝的妹妹，偷偷藏在了自己的书房里。

桓温的妻子南康长公主听说后醋意大发，立马带着几十个婢女，拎着刀去讨伐小三。

闯进门的时候，女子正坐在镜前梳头，乌黑的长发垂在地上，皮肤像玉一样白润。

面对一群穷凶极恶的泼妇，女子毫不慌乱，一丝不苟地梳了个精致的发型，才起身缓缓向公主行礼，语气平静地说：

"国破家亡，无心至此，若能见杀，乃是本怀。"

所有人都被这场面所震慑了，公主丢掉了刀，抱住那女子说："难为你了，像你这样漂亮的人，连我见了都动心，何况男人呢？"

其实确切地说，让女子保住性命的，不仅仅是她美丽的容颜，而是容貌与性格混合在一起的某种气度。

这种气度，就代表了那个崇尚唯美的时代。

5

"魏晋风度"，是一种特定的乱世风度。

盛世的时候，我们喜欢遵守礼教、温文尔雅的儒家君子风度。而到了乱世，一切都被打破，条条框框被瓦解，才会出现这样灵魂深层的自我革命。

冯友兰说："风流是一种人格美。"

魏晋的所谓风流，其实是源于无力改变现实，只好遗世独立。

名士们寄情山水，饮酒清谈，重塑自我，思考人死以后究竟变成蝴蝶，还是化为尘土，也算释放出了别样的光彩，照亮了暗夜的星空。

顶级男神，死于黑粉之手

宋绍圣二年（1095）四月八日，59岁的苏轼读到了嵇康的《养生论》，忍不住拍案叫绝。

此时的他，正在被贬惠州。

经历了大半生的颠沛流离与胡吃海喝，苏老先生早已练就了"贬遍天下都不怕"的豪气。

立于耳顺之年，除了"做人最重要的就是开心"，他最关注的是身体健康，于是将《养生论》视若珍宝，洋洋洒洒抄下来，打算分享给朋友们。

那时的他还不知，这篇名为《养生论贴》的小楷，会成为流传后世的书法名作。

他只是在欣喜之后扼腕叹息，年仅24岁就能写出《养生论》的嵇康，却仅仅只活到了40岁。

风流名士也好，养生达人也罢，终究没能逃过两张无情的催命符：一曰政治，二曰声名。

1

公元223年，嵇康出生。

此时魏文帝曹丕当政，父亲嵇昭是曹操旧部，任治书侍御史，属于处级干部。但因父亲去世得太早，嵇康没有当成官二代，在母亲和哥哥嵇喜的抚养下长大。

为了弥补父爱的缺失，家人对嵇康尤为宠爱，因此也把孩子惯出了毛病：性子太直，想说啥说啥，爱咋咋的。

这样的性格，对他未来的人生产生了重要的影响。

嵇康的任性是有资本的。年纪轻轻时，他就已经展现出了全能型艺人的风采。论诗词歌赋，谈琴棋书画，搞玄学哲思，样样拿得出手。更重要的是，他还是位美男子。

古人惜字，很少夸赞某人如何帅，就连美男子潘安，我们也只读到了"美姿仪"三个字，剩下的全凭后人自行想象。

但在《晋书》中，竟然破天荒出现了大段描述嵇康相貌的文字，"身长七尺八寸，美词气，有风仪，而土木形骸，不自藻饰，人以为龙章凤姿，天质自然"。可见，此人的确相貌出众。

很多年以后，有人夸赞嵇康的儿子真帅，在人群里一眼就能锁定视线，并诞生了一个成语"鹤立鸡群"。嵇康的旧友王戎听后不以为然地说，瞧瞧这一副没见过世面的样子，你们是没见过他爹。

因为各方面综合素质过于优秀，嵇康得到了曹操儿子曹林的青睐。曹林左思右想，把才子收入囊中的最佳方法，就是变成自己的亲戚。于是，嵇康娶了长乐亭主，变成了皇室宗亲，也因此步入仕途，做了中散大夫。

嵇康崇尚自由，并不爱做官。

他捧着公务员的铁饭碗，无意青云直上，反而安于现状，每天打完卡后玩玩音乐，写写东西，声望越来越高，收获了大票粉丝。木心先生评价，"嵇康的诗，几乎可以说是中国唯一阳刚的诗，不同于李白、苏轼的豪放是做出来的架子，嵇康的这种阳刚是内在的、天生的"。

如果时光一直这样下去，嵇康会度过平顺的一生。

然而249年"高平陵之变"后，司马懿篡权，曹家失势。作为曹操的曾孙女婿，嵇康对司马家族的卑劣手段充满鄙视。他拒绝司马家族的拉拢，决定远离政治，消极避世。

也是在这段时间，嵇康结识了一群志同道合的好朋友，组建了"竹林七贤天团"，谱写了千古佳话。

2

竹林七贤中，老大哥山涛最年长，官职也最高。但团队的精神领袖却是嵇康。他们时常相聚山林，豪饮、清谈、高歌。

在政治巨变的环境下，文人丧失了言论自由。但是在那片竹林中，他们抛却世俗纷扰，展露最真的性情、最酷的自我。

按照今天的标准，这就是一支人气最高的摇滚乐队。

不上班以后，嵇康涨粉的速度更快了，很快荣登了"最具影响力艺人"的榜首。

他的粉丝中，也不乏一些名门贵公子，比如钟会。

钟会比嵇康小两岁，是大书法家钟繇的儿子。他19岁就当了秘书郎，不到三年就升为尚书郎。这只政治上的绩优股，一直是嵇康的狂热粉丝。

或许是因为偶像太过于耀眼，钟会感觉自己爱得"低到了尘埃里"。

曾有一次，他拿着作品《四本论》去拜访嵇康，希望得到一二指点。结果到了门口却胆怯起来，怕作品不能入偶像的法眼，竟然"于户外遥掷，便回急走"。

后来，钟会每当想起那个仓皇逃走的夜晚，都会感到羞耻。他没有想到的是，更羞耻的尚未发生。

嵇康的粉丝团不断扩大。与此同时，司马家族逐渐将大权尽揽手中，并在暗地里拉拢权贵，铲除异己。

摇滚的精神是愤怒，是反抗。所以嵇康时不时会出来唱唱反调，比如在举国推行名教礼法的时候，他会高举自然的大旗，贬斥仁义，主张"越名教而任自然"，犀利地攻击张邈的《自然好学论》，弄得司马家族很想封杀他。

司马昭却对嵇康燃起了兴趣，他暗下决心，有朝一日，一定要收服这匹烈马。

公元260年，司马昭公然杀害魏帝曹髦。其狼子野心，世人皆知。他收了一个小弟作为幕僚，正是钟会。

跟着创业老板做事，最容易分得股份。钟会在政治上押对了宝，开始扶摇直上。

傍上了大哥的钟会，自认为已经今非昔比。对偶像念念不忘的他，决定再次去拜会嵇康。

就像很多穷小子都会满身名牌，开着奔驰荣归故里一样。急于证明自己的钟会，这回摆起了大阵仗。

本以为可以在偶像面前扬眉吐气一回。钟会没想到的是，嵇康连抬眼看他一下都不屑。

他与向秀两个人正在打铁，两人赤膊流汗，专心致志，将钟会一行人彻底晾在一边，当成了空气。

这场景，让钟会尴尬得无地自容。

他转身要走，背后传来嵇康戏谑的口吻："何所闻而来，何所见而去？"

钟会咬牙答道："闻所闻而来，见所见而去。"

说罢，拂袖而去。

司马集团不断收拢大权，杀人如麻，就要注意舆论的严控。他们希望能够收编一些大V，作为帮自己发声的喉舌。嵇康这个名字，再次映入了司马昭的眼帘。

司马昭知道，这个人不好收服，但还是想挑战一下。思虑一番，他决定搬出山涛。

3

是的，山涛一直在为司马政权做事。

他的另一个身份，是张春华的亲戚。这张春华，就是司马懿的夫人。

确切地说，张春华的母亲是山涛的堂姑奶奶，张春华是山涛的表姑，山涛该管司马懿叫表姑父。所以在政治这条路上，这就是山涛的天然选择。

由于山涛要继续高升，吏部尚书郎的职位出现了空缺。按照司马昭的示意，这个位置非嵇康莫属，于是要山涛来举荐。

司马集团曾经拉拢过嵇康，嵇康从来都是"非暴力不合作"的态度。

这一次，当自己敬重的老大哥山涛出面时，他不禁大动肝火，写下了千古名篇《与山巨源绝交书》（山涛字巨源）。

这封绝交信，言辞十分激烈，一时间引发了轰动。

大意是我们志不同，不相为谋，就从这一点，你就不再是我的朋友。

吃瓜群众皆以为是两位昔日好友撕破脸皮，其实司马昭却明白，嵇康这是借着绝交信，在向自己表明立场：老子不想去你那上班，你找谁来都不好使！

信中列举了"七不堪""二不可"，证明自己不适合出仕做官，甚至口出恶言，称山涛"已嗜臭腐，养鸳雏以死鼠也"。

恶语背后，其实也是对山涛的一种保护。

司马昭气得浑身颤抖，尤其一句"非汤武而薄周孔"，让他牙根发痒。但因无从发泄，他只好掏出了小本子，为嵇康好好记上了一笔。

目睹了这一切的钟会，嘴角微翘。他知道，自己只差一个时机。

在时机到来之前，他未雨绸缪，私下对司马昭说："嵇康，卧龙也，不可起。公无忧天下，顾以康为虑耳。"

这句提醒，准确捏到了司马昭的痛点。

对这样一位名满天下的国民偶像，司马昭原本还有几分爱惜和忌惮，并没有想要置他于死地。

但钟会的话，让他迟疑的眼神变得坚定起来。

丧钟，已经敲响。

4

如何在众目睽睽之下，杀掉一个偶像？正在钟会一筹莫展的时候，机会来了。

嵇康有一位好朋友，名叫吕安。他虽然不是竹林七贤中的一员，但与嵇康十分要好，两人经常一起喝酒谈诗。

事情的起因，是吕安的一段家丑。

吕安同父异母的哥哥吕巽，对美丽的弟媳徐氏起了邪念，并趁吕安不在家的时候，下了贼手。吕安知道后暴跳如雷，吵着要去官府。

嵇康知道这件事后，劝吕安不要把事情闹大，毕竟是自己的亲哥哥。在当时"九品中正"的体制下，如果闹出了丑闻，那吕家兄弟都没法混了。

正是这次心软，埋下了危机的种子。

吕巽左思右想，始终觉得有把柄在弟弟手里。今日不告发，难保吕安哪天改了主意。于是，索性先下手为强。

吕巽恶人先告状，告发弟弟不孝。在当时的社会环境下，不孝乃是大罪，于是吕安迅速被收押流放。

嵇康听闻此事，怎能置身事外。他立刻利用自己的威望为吕安站队发声，呼吁要还吕安一个清白。并再次发挥了写绝交书的特长，写下一篇《与吕长悌绝交书》（吕巽字长悌）。

如果说，《与山巨源绝交书》是嵇康悲剧的导火索，那么《与吕长悌绝交书》就是要了嵇康性命的铡刀。

钟会终于等到了良机，他与司马昭秘密召开了小会。嵇康立刻被扣上了吕安同党的帽子，流放中的吕安被召回，两人一起问斩。

罪状是："上不臣天子，下不事王侯，轻时傲世，无益于今，有败于俗。"

这一次，狱中的嵇康感受到了死亡的召唤。回想自己一生的狂放不羁，他留下了一首沉郁的《幽愤诗》。

文字中，没有了以往的肆意激扬。

死亡面前，摇滚歌手的愤怒，也变成了哀鸣。

一句"今愧孙登"，诉说了这位昔日斗士真实的心境。

5

公元 262 年秋，那一天，司马昭感到莫名的心慌。

有那么一瞬间，他怀疑自己这样做是否是错的。

犹豫之时，钟会来报。洛阳已万人空巷，书生们都去为嵇康送别。

尤其三千太学生为嵇康请愿，还有人主动申请与嵇康共同关押，陪伴其在囹圄之内。

这一闹，司马昭摇摆的心再次坚定了起来。

小人，战胜了君子，卑鄙，取代了高尚。历史的天际，映出了一片血红。

刑场上的嵇康，表情镇定，依旧俊朗。他看向旁边的吕安，心中饱含愧意。

世人皆以为嵇康是受吕安所连累。其实，恰恰是他自己连累了吕安。

罢了，他轻轻问了句："我可以再抚一次琴吗？"嵇喜赶忙取出那把跟随弟弟多年的古琴。

琴声响起，没有悠长温婉，而是充满杀伐之气。

这首曲子，即为《广陵散》。

一曲结束，嵇康轻叹："袁孝尼尝请学此散，吾靳固不与，《广陵散》于今绝矣！"刀光微闪，人头落地。

嵇康死后，琴音果然不再。

成为绝响的，哪里是曲，而是敢于抚琴的人。

竹林七贤各奔东西，或妥协，或逃避。

竹林，自此安静了起来。

6

临死之际，嵇康将一对儿女托付给了山涛。

是的，山涛，那位已经绝交的山涛。

《晋书》记载，嵇康临刑前对儿子嵇绍说："巨源在，汝不孤矣。"由此，衍生了成语"嵇绍不孤"。

孩子，有山涛在，你就不是孤儿。

这个举动，更加充分说明了嵇康当年的言辞，不是针对山涛，而是借此公布自己的政治宣言。

历史的吊诡再次出现。山涛不负所托，将嵇康的儿子嵇绍视如己出，抚养成人，并举荐为官。

公元 304 年，嵇绍为保护那位"何不食肉糜"的晋惠帝，染血身亡。

41 年前，嵇康因司马昭而死。

41 年后，嵇绍为保护司马昭的孙子而逝。

父子二人，都用生命，为自己的选择盖下了印章。

世界以痛吻我，我要报之以白眼

一位才貌双全的美丽少女，还没嫁人就死了。

灵堂之中，忽然闯进了一个生面孔的男子。他扶着棺柩，一边泪雨滂沱，一边诉说哀悼。

哭完之后，男子擦了擦眼泪扬长而去。

事后，少女的父兄又仔细调查了一番，发现这男子果真与少女素不相识。

他是阮籍。

没有世俗的理由，没有无聊的解释。

只是听闻有如此悲伤的事情发生，他就来哭这猝不及防就消逝的美丽生命。

这似乎是一个极度浪漫的人。

可惜，他的故事却没有撒下漫天樱花。

1

阮籍是一位富二代、官二代，兼文化二代。他出生于儒学世家，父亲阮瑀是大名鼎鼎的"建安七子"之一。

当年在曹操身边，阮瑀是一支响当当的笔杆子，相当于首席文字秘书。

一次，曹操在行军途中要给韩遂写信，阮瑀大笔一挥，立刻呈上了初稿。通常这种情况，领导总要改上那么一两个字来摆摆姿态，但曹操看了半天，生生是没有找到可修改的地方。

要知道，曹操可不是好伺候的领导，尤其对文字颇为挑剔。他竟然一字未改。可见，阮瑀的业务能力，绝对是水准之上。

无奈，阮瑀命薄。

阮籍3岁那年，父亲去世。为此，曹丕专门作赋表达了哀思，也在后来不断关照阮家的孤儿寡母。

因为这层渊源，很多人认为阮籍的内心，倾向于曹。

其实，这只是一种误解。

真实的情况是，他左右两边看了又看，感觉哪边都是坑。

第一次找工作的时候，蒋济和曹爽都想录取他。蒋济属于司马懿集团，和曹爽集团算是死对头。

阮籍做了一番公司调研，发现两边其实是半斤对八两，都与他内心的道德准则无法匹配。

于是，他思来想去投了蒋济的票。因为他预测司马懿集团胜率更高，为了不招来杀身之祸，他需要表达态度，不能站在他们的对立面。

但至于未来的路怎么走，他也做好了打算。

阮籍家世起点颇高，又继承了父亲的才气，写得一手好文章，于是直接做了蒋济的秘书。

但是试用期还没过，他就以无法适应工作为理由向领导提出了辞职。

领导你看，我想好好干，也尝试了，但是真做不好。

就凭这一点我们可以看出，阮籍的思虑颇深。

他追求浪漫、崇尚自由，想做一个独立文人，不为任何政治势力代言。如果身不由己，那就只能在其中和稀泥。

后来，他又稀里糊涂被曹爽拉拢，只好再次故技重施，火速离职。

在动荡拉扯中，他小心翼翼平衡着，希望找到一条安全的缝隙。那里进退有余，是他期待拥有的人生坐标。

说得直白一些，他与山涛和王戎不一样。

他无法在两种身份中切换自如，更爱惜自己的名声，不想放弃理想的翅膀。

他与嵇康也不一样。

虽然不想成为政治的附庸，但他也不想成为政治的牺牲品。

在竹林七贤中，本身就存在着不同的身份与立场。他们一起喝酒，一起清谈，只要进入竹林，他们就是个人主义，可以回归人性的狂野与生动。

2

高平陵政变之后，司马政权登上了历史的舞台。被司马昭看中的阮籍，又被命运的大手拉了回去，再次开始了与权力之间的斗智斗勇。

说起来，他也没有什么特别的办法，主要就是喝酒装傻。

竹林七贤都是酒疯子，所以喝起来没有节制，一时失了分寸，也算是情理之中。

司马昭有一阵子想和阮籍结亲家，让司马炎娶他的女儿。

结果为了搅黄这件事情，他足足醉了 60 个日夜，喝了一缸又一缸，硬是把这事糊弄了过去。

做未来皇帝的老丈人，这是多少人求之不得的美事。但是他知道，有些东西，需要付出无比昂贵的代价。

昨日荣耀加身，明日一地枯骨。他不想自己的女儿活在这样的噩梦里。

在司马昭眼里，阮籍就是那种有才华但是不好控制的文艺青年。

有一次太阳打西边出来了，他对司马昭主动申请：我曾经去过一次东平，非常喜欢那里。

司马昭特别开心，以为阮籍终于意识到要努力工作了，连忙封了个"东平相"给他。结果到了东平，他先是把东平官府的墙给拆了，声称为了方便百姓们监督，后又废除了一些繁复的法令。十多天后，再次拍拍屁股辞职了。

在司马昭印象中，他对工作最积极的一次，就是听说了步兵校尉官署里藏有佳酿之后，蹦着喊着要去上任。结果在做步兵校尉的那段时间，他整日躲在官署里喝酒，也不处理军务。

阮籍对酒，极度痴迷。

对他来说，酒是神仙水，可以用来表达快乐，可以用来宣泄悲伤，也可以用来躲避灾难。

一次，钟会百般询问阮籍对朝廷的看法，言语中下了不少套，明摆着想要找碴儿陷害他。

言多必失，他要想办法闭嘴。

最后只好再次喝得酩酊大醉，舌头僵直得说不出话来，由此躲过了一劫。

他醉着，也醒着。一边挂好了营业的牌子，一边在内心消极抵抗。

这就是阮籍的拧巴。

最失控的一次，是他与司马昭一起听一桩案子的裁断。犯人杀害了自己的母亲，引起了社会的热议。

当下有那么一瞬，阮籍感到莫大的讽刺。司马昭敢杀皇帝曹髦，已经是"无君无父"之徒，竟然还坐在这里装大尾巴狼。

于是他脱口而出：杀父可以，杀母就不可以。

司马昭做贼心虚，立刻竖起了汗毛，恶狠狠地看着他。

阮籍内心一个激灵，连忙努力找补："我是说，禽兽只认母亲不认父亲，杀父他就是禽兽，杀母他就是禽兽不如。"

从那开始，他说话更加小心，万万不敢失了分寸。

3

阮籍就是这样一个纠结的人。

是非黑白，都在他的内心。但是他不想殉道，也没有分明的爱恨，只想守住这沉重的肉身，保护好自己的家人，时而躲进那竹林里长啸，享受片刻的精神自由。

看到这里，你或许会理解他为什么会为一个陌生的少女哭泣。

在政治的圈圈之外，他要拾起那些最宝贵的东西，那些他曾经迫不得已舍弃的东西。

原始生动的爱与恨。

想哭就哭，想笑就笑的勇气和自由。

职场之外，阮籍的包袱就完全卸了下来。

他生命中仅有的妥协，似乎都已经在官场耗尽，再也不会留一点出来。

《世说新语》记载，阮籍的母亲去世，按礼仪来说，他应该注意自己的言行。

结果在晋文王司马昭的酒宴上，他依旧大口吃肉喝酒，完全不管自己这样的行为会引起什么争议，会不会登上负面新闻的热搜。

中书令裴楷去吊唁阮籍的母亲时，在现场流泪痛哭，表达哀思。但回头看看阮籍，只是披头散发地坐在那里，目光涣散，表情木然。没有人知道，他曾经在得知母亲去世的那一刻，口吐鲜血，险些丧命。

用现场哭丧的表现来评判一个人的孝心，难道不愚蠢吗？

他并非不悲伤。

他只是不会表演悲伤。

有时候内心太压抑，他会选择一个人驾车游荡，车上挂着几壶酒，一边喝，一边漫无目的地一路向前。

直到走到路的尽头，他会为自己号啕大哭一场，像个婴儿一样。

以阮籍的教育背景来看，他本不应该过这样的人生。他自幼受儒家教育的熏染，内心是渴望入世，建立一番功业的。

在登广武城，参观楚汉古战场的时候，他触动很深，发出过这样的感慨："时无英雄，使竖子成名。"

可见他的心中，也住着那样一位"英雄"。只是时代没有给他这样的机会，那深不见底的黑暗，彻底拖垮了他。

除了在路的尽头流泪，他还能做些什么呢？

4

曹雪芹的别号为"梦阮"，"阮"指的就是阮籍。

在曹雪芹眼里，阮籍与贾宝玉有一样的"痴"。

他可以去哭陌生的少女，也会毫不避嫌地去为回娘家的嫂子送行，还会在酒醉之后直接睡在老板娘的身边，早上起来像没事人一样热情地打个招呼，转身回家。

他自认为是正人君子，不需要拘泥于礼法，也不需要在意他人的目光。

他没有适应这世上的任何一套秩序，在痛苦中摇摇摆摆。所以在历史上，他会拥有截然不同的风评。

关于交友，他也有一个习惯。

就是遇到不喜欢的人，白眼相待。如果是喜欢的人，就青眼有加。

嵇康的哥哥嵇喜，就不知为何触了阮籍的霉头，一直看到的都是阮籍的眼白。但只要嵇康走进来，阮籍就会立即切换成青眼。

非同道者，不讨好，也不屈就，这有什么错？总有那么一个角落，他想要活得潇洒肆意一点，火热赤诚一点。

如果没有公元262年的那个夏天，阮籍的一生，可能会一直在纠结中度过。

但是那天在洛阳的刑场上，他藏在拥挤的人群里，听了一首令人心碎的琴曲。

他心里所有那些高墙，都轰然倒塌下来。

那舞动在琴弦上的手，也是曾与他共同举起酒杯的手。

曲终之后，刀光微闪，滚下了一颗高傲的头颅。

他不由得问自己：这样的牺牲，有意义吗？他那被小心翼翼所裹挟的人生，又有意义吗？

次年，司马昭决定进封晋公，让阮籍来写劝进表。

他故技重施，以大醉来逃避。无奈司马昭对劝进表极其重视，因此下了死命令。

提起笔的那一天，阮籍向死去的嵇康隔空敬了一杯酒。

很惭愧，他一生没有达到自己所期待的那种英雄格局。写下这篇违心的文字后，他就会成为罪恶的助推者，失去自己最爱护的羽毛。

这或许是懦弱，是妥协，可如果拿全家老小的性命做赌注，他真的做不到。

洋洋洒洒完稿后，司马昭十分满意，一字未改，称赞他有阮瑀当年的风范。

阮籍自此大病了一场，两个月后离开人世。

临死前，他告诫自己的儿子，莫要学他的扭曲与撕裂。

而后，他终于对这个崩坏的世界，用力翻上了一个白眼。

酒精里的栖居

古来圣贤多寂寞，唯有饮者留其名。

论起喝酒，这句诗的作者李白算是一位。

但论起酗酒这件事，李白也有甘拜下风的对象。那就是刘伶，几乎把自己活活喝成了酒文化的代言人。

在中国古代酒鬼排行榜上，绝对有他的一席之位。

1

在魏晋这个美男子盛行的年代，刘伶是个异类。

他的长相，实在很对不起观众。

身长六尺，换算一下，大概是不到一米五的样子。

除了丑以外，他宅、内向、爱喝酒、不懂人情世故，对工作也没什么责任心。

他曾做过小官，在王戎手下工作，但是一直没啥业绩。

上面来了领导，对大家进行岗位考核。领导问他治国方略，结果这家伙完全不懂看眼色，信口开河说了一堆"无为而治"的内容。

领导气得吹胡子瞪眼睛。

怪不得你小子干啥啥不行，敢情跑我这儿"无为"来了？

刘伶心里也在嘀咕。

其实他的真实意图是：这个国家你们不插手还挺好的，胡乱管理反倒管坏了。

这种"自杀式"举动很快导致他丢了工作，被炒了鱿鱼。

他开始整日与其他"竹林六贤"混在一起开舞会，高谈阔论喝大酒。凭着"别人笑我太疯癫，我笑别人看不穿"的疯子行径，竟然也攒下了一些粉丝。

不久，司马政权再次想要招他入朝，派人去游说。

那一天，他摆上了好几坛美酒，自己喝多以后，裸奔耍起了酒疯。

裸奔这种事，刘伶不是第一次干了。

兴致所至，他就喜欢光着身子，搞行为艺术。有人劝他收敛点，多不礼貌，他却毫不害臊地说："这屋子就是我的裤子，你咋还钻我裤裆里了呢？"

这太美的画面，让朝廷特使当场就打起了退堂鼓。

罢了，罢了，这样的作风，如何进得了公务员的队伍。

如果有惊世之才还好，就他那"无为而治"的两下子，还是洗洗睡吧。

特使二话不说，转头就走。

从此，刘伶彻底成了自由职业者。

2

竹林七贤个个都喜欢喝酒，但刘伶还是以酒闻名，可见他是真的有量。

日子久了，老婆就有意见了，归根结底是怕他伤身。

有一次，为了取得良好的效果，老婆用上了大招。

既然小哭小闹不好使，那咱们就来一次惊天动地的。一番河东狮吼之后，屋里的东西一通乱砸，尤其是刘伶的那些酒器。最后，她累到虚脱还不忘继续威胁，"你要是再喝酒，咱俩就别过了，赶紧去领离婚证"。

刘伶结结实实地被震慑住了，毕竟像他这么丑的人，找到老婆不容易，不想轻易鸡飞蛋打。

他连连点头，表情诚恳："老婆说得对。但我这人缺乏自制力，要不你帮我准备点酒菜，我向神像起个誓吧。"

老婆信以为真，乐颠颠跑去颠勺，做了几个好菜，不一会儿就摆好了阵仗。

只见刘伶虔诚地跪了下来，一本正经地对那神像说道：

"天生刘伶，以酒为名，一饮一斛，五斗解酲。妇人之言，慎不可听。"说完拿起神像前的酒杯，一饮而尽。

有酒有肉，美哉美哉。刘伶坐在神像对面，高高兴兴喝到睡着。

老婆早就气得没了力气。

伴随着此起彼伏的呼噜声，她已经不知道自己该哭还是该笑。

3

刘伶的丑，天地可鉴。

但是他竟然被刘义庆这些人，选到了《世说新语·容止》当中。要知道，这里面选的全是绝世美男子。

不过这也说明，刘伶的确有其特别之处。

皮囊差了一些，但赢在了风度上。

刘伶喝多了酒，喜欢坐着鹿车到处兜风。不过不是酒驾，而是带了司机。

除了司机，后面还有人背个锄头跟着。万一喝死了，要就地挖坑埋起来。

"死便埋我。"

他的世界里，仿佛没有什么能够与酒相提并论。

有人说，刘伶在竹林七贤中存在感最低，因为他连确定的出生年月都没有，搞得后人还在猜测。

似乎除了酗酒，他什么也不会，找一找他的代表作品，竟然是《酒德颂》。

细读那内容，分明就是写给酒的情书。

"有大人先生，以天地为一朝，万期为须臾，日月为扃牖，八荒为庭衢。行无辙迹，居无室庐，幕天席地，纵意所如。止则操卮执觚，动则挈榼提壶，唯酒是务，焉知其余？"

"有贵介公子，缙绅处士，闻吾风声，议其所以。乃奋袂攘襟，怒目切齿，陈说礼法，是非锋起。先生于是方捧罂承槽，衔杯漱醪。奋髯箕踞，枕麴藉糟，无思无虑，其乐陶陶。兀然而醉，豁然而醒。静听不闻雷霆之声，熟视不睹泰山之形，不觉寒暑之切肌，利欲之感情。俯观万物，扰扰焉，如江汉之载浮萍；二豪侍侧焉，如蜾蠃之与螟蛉。"

这篇小文，以"大人先生"为境界，几乎就是刘伶们追求的理想境界，也表达了对官场的揶揄与嘲笑。

爱喝酒的人很多，但这种把酒喝成文化的人，才是真的牛。

4

都说喝酒的人容易闹事，但刘伶从来没有喝丢了心眼儿。

有一次，他和人喝酒喝高了，两个人一言不合吵了起来。结果他把对方惹毛了，人家攥起拳头，就要揍他。

他却脱了上衣，镇定自若地说："你看看我这鸡肋骨一样的身材，哪有地方能够安放你老兄的拳头。"

对方一听，扑哧一声乐了出来。

可不是嘛，刘伶那个瘦小的样子，哪里挨得住他的拳头。看在他反应如此可爱的分儿上，放他一马，接着喝酒。

关于刘伶喝酒，还有一个神乎其神的传说。

刘伶路过杜康酒馆的门口，看见门口有一副对子。上联是"猛虎一杯山中醉"，下联是"蛟龙两盏海底眠"，横批是"不醉三年不要钱"。

刘伶心想：这是埋汰谁呢？30杯也喝不倒你刘爷爷啊。

于是推开店门，招呼小二上酒。

喝了一杯，唇齿留香，通体舒畅。

喝了两杯，飘飘欲仙，美哉优哉。

再要第三杯，杜康却出现了，说什么也不给上酒。

刘伶恼了：大哥有你这么开店的吗？

杜康却一脸担忧：我们的酒，第三杯喝下去，可要醉3年啊。

没办法，刘伶坚持要喝，喝完之后回到家，果然扑通倒了下去。

妻子安葬了刘伶，将他的棺木，放在了酒槽里。

三年后，家里来了一个陌生人，说要收刘伶欠下的酒钱。妻子勾起了伤心事，嘤嘤哭了起来。

那人笑说："哪里是死，分明是醉，快带我前去。"

打开棺木，刘伶果然一跃而起，大叫一声"好酒"。

所以民间流传的那句"杜康造酒刘伶醉"，说的就是这个故事。原来杜康是那酒界的天神，刘伶是瑶池旁边偷喝仙酒而被贬下凡间的小仙童，王母娘娘为了点化刘伶，所以派酒神来到了人间。

当然，这只是世人杜撰的神话传说。但也足以见得，刘伶喝酒的名声远播在外，已然成了一种特定的人物形象。

5

历史上的刘伶，并不似神仙那般快活。他依然要在现实中摸爬滚打。用喝酒来忘却尘世中的烦恼。

他爱酒，其实就是在蔑视礼法，向往自然。

在竹林七贤中，刘伶在为司马政权效力这件事上，也是态度坚决的。

他的方式，就是收起光芒，栖居在酒精中，让自己看起来没有什么利用价值。

是啊，这个只会谈"无为而治"的人，有什么利用价值呢？

原来从最开始，他就在装疯卖傻，为自己贴上了"百无一用"的标签。

醉的人，可能比谁都清醒。

嵇康死后，阮籍很快随之而去，山涛和王戎继续做着西晋的高级公务员，向秀也迫于压力出仕。

而刘伶，竟然凭着醉酒装疯，完美躲过了司马政权的仕途绑架，且没有惹来杀身之祸，最后寿终正寝。

很多人都以为，像刘伶这样的喝法，一定早早就喝出了肝硬化、脑出血，被那阎王收了去。

但是没有想到，他是竹林七贤中最长寿的一位。

他没有激烈对抗，也没有委曲求全。对嵇康那样的选择，他充满敬意，但不会效仿。他只是希望，既然做不了喜欢做的事，但是可以不做讨厌做的事。

他做到了。

就算这一生只留下了"酒事"，又如何呢？

在这个意义上，让我们敬刘伶一杯。

会写诗，也能杀人

隆冬之季，大雪皑皑。

为了留住难得一见的美景，正在与子侄们谈论诗文的谢安出了道即兴考题：大家都发条朋友圈吧。

主题是：白雪纷纷何所似？

预备，开始！刷屏走起！

不一会儿，大家纷纷点了提交，同一场景，同一主题，水平高下立现。

侄子谢朗首先更新了一条："撒盐空中差可拟。"谢安摇摇头，毫无美感，抬手回复了一句：你小子真是个直男。

接着向下刷，刷来刷去，半天没有看到触动心灵的文案，他不免有点上火。谢家文脉不该如此啊。于是他重新返回顶端，抱着试试看的心态刷新了一下。

新的信息进来，只见一个软妹子的头像后跟了一句："未若柳絮因风起。"

漂亮！

谢安激动得差点双手鼓掌，把手机掉到笑开花的脸上。

简单的几个字，越品越有味道，比那撒盐的小子强太多了。于是，他为这个叫谢道韫的小侄女点上了大大的一个赞，并截图发到了自己的大 V 账号上。作为对比，也发上了倒霉孩子谢朗的那一句。

那一年，谢道韫只有 7 岁。

没想到，这个冬夜的片段，不只留在了谢家孩子的记忆中。它被历史悄悄筛选出来，收纳在了时间的备忘录里。

多年以后，一个叫曹雪芹的文艺青年正在闭门创作他的长篇小说，他冥思苦想，不知该如何表达女主角的旷世才情。

他随手翻开备忘录，恰好是东晋的那一页，冬夜的雪扑面而来，下到了他的心里。

他重新拿起笔，为那个叫林黛玉的姑娘添上了一句"堪怜咏絮才"的人物注脚。

1

在谢道韫眼里，叔叔谢安是个顶厉害的人物。

他 40 岁之前从来没上过班，入了职场却可以高能反转，一路升级打怪，带领谢家成为东晋的顶级豪门。

"山阴道上桂花初，王谢风流满晋书"，她因此成了东晋第一白富美。

印象中，叔叔人很和气，但是为了栽培谢家子侄也有严厉的一面，尤其对男孩子们要求更高，因为他们是未来可能会担当大任的人。

谢家有一条规定：从六岁起，孩子们要在十年内读完书房里的每一个字（女子除外）。

对于这个括号，她觉得特别刺眼。

为了证明自己，别的姑娘都在绣花的时候，她却整天泡在书房里。

书读得越多，她就越不相信"女子无才便是德"这种鬼话。她偷偷想，说不定，自己也能成为班昭、蔡文姬那种女人呢。

转眼间，才女已值妙龄，那谢家的书房，早已经装到了她的气度里。

论起才学诗情，她敢与家里任何一个同龄男子 PK。经常被 KO 的几个难兄难弟开始在暗地里议论，不知道谁家汉子能接得住这么厉害的女人。

没错，谢道韫该嫁人了。

当时，女子的人生系统设置里没有"工作"这个选项，只有"嫁人"。对于这一点，谢道韫倒没有纠结。

她想，如果能找到一位盖世英雄，她愿意对他死心塌地，陪他建功立业，伴他举案齐眉。

如此，也算修得圆满。

只是这个人，要去哪里找呢？

帮谢道韫找对象的任务，落到了谢安身上。

谢安很上心。他很快开始张罗物色人选，把报名条件设置得极高。

在当时的婚恋市场里，谢道韫的条件实在是太优质了。"我就是豪门"，绝对可以作为她的相亲的标识。

父亲是位高权重的安西将军谢奕，母亲是阮籍的族人。叔叔是宰相谢安，曾指挥过赫赫有名的淝水之战，堂伯父是尚书仆射谢尚。就算是谢家小辈，也不乏资质过人的，弟弟谢玄的名字更是天下皆知了。

这简直是来自超级家族的碾压。

毫不夸张地说，谢道韫当时就是癞蛤蟆们做梦都想吃的天鹅肉。

举个例子，我们就能知道当时王、谢两家的姑娘有多抢手。

据说南北朝时期，北魏将军侯景很想娶江南望族王、谢两家的女子为妻，于是拜托梁武帝帮忙安排。

梁武帝听了之后，连连摆手。

不行不行，这咱高攀不上。

结果，侯景只好娶了一位皇族公主。

看到这，或许你会说，这谢家女子的身价都高过了小国公主，那谢道韫的夫君，岂不是满天下的男子任她挑。

可事实并非如此，正是因为鄙视链的存在，谢道韫的择偶范围反而越来越狭窄。

思来想去，能够配得上谢家的只有王家了。

谢安锁定了自己的挚友王羲之，打算在他的七个儿子里面挑选一位。

2

谢安先用年龄、恋爱经验、工作地点等几个硬性指标做了排除法，最后筛选出了两位男嘉宾。

王徽之和王凝之。

原本谢安更中意王徽之，因为他的才学更为出众。不过，当谢安看完了王徽之的资料之后，却犹豫了起来。

资料的内容是这样的：

王徽之住在山阴县，有天夜里，下起了大雪。

他在雪中饮酒，兴致越来越高，忽然就很想去找一个叫戴逵的哥儿们。

当时已经是凌晨2点钟，但他内心非常迫切，于是冒着大雪来了一次"说走就走的串门"，连夜坐船去找戴逵。

他兴奋了一路，早上才到了戴逵家门口，刚要敲门又缩了回去，转身又坐船回去了。

随从们都傻眼了："咋回事儿呢？咋走了呢？"

王徽之边走边说："昨晚来是因为兴致高，走到戴逵家门口就觉得已经尽兴了，所以不一定非要见到他，就是这么简单。"

随从们面面相觑，谁也没敢吱声。

这件事中，大家都对王徽之交口称赞，说他是一位伟大的行为艺术家，也是真正的风流名士。

谢安的眉头，已经快要拧成了一个大疙瘩。

如果不是从择偶的角度，谢安说不定也会为王徽之拍案叫绝，称赞他的潇洒与风度。但是落实到现实层面，小侄女如果嫁给这样的男人，他总觉得有点不靠谱。

结论：自由随性，思维跳脱，适合恋爱。

接着，谢安打开了王凝之的资料，发现内容朴实无华。

王凝之不多说话，就是喜欢写大字。

王羲之是书法大家，王凝之也算表现了家族的传承。

而且他的字写得真不错。

结论：德才兼备、沉稳内敛，适合结婚。

谢安在两位男孩子中选择了王凝之。一代才女，就这样被叔叔坑了。

从这个故事我们也可以得出结论：隔行如隔山，当得了宰相的人，未必做得了红娘。

3

嫁了人的谢道韫，很快就发现自己掉坑里了。

《世说新语》中记载，谢道韫第三天回门，看起来就有点丧。

谢安关心地问："怎么了这是？老公字儿写得不好吗？"

谢道韫痛苦地抱住了头："我从小到大见过的男人，且不说叔叔您，也都是谢尚、谢万这样的风范人物，或者谢韶、谢朗、谢玄、谢渊这样的青年才俊，想不到天地之间，竟有王凝之这种人。"

这句话，说得着实有些严重。

换作寻常人家，女子若说出这样的话，早就大耳刮子伺候了。

女子三从四德，居然敢如此贬低自己的老公？

谢家自然没有这样迂腐，但尽管这样，大家还是觉得谢道韫有点太夸张了。

可能是……不太适应吧……

那什么，你要不回去再适应适应……

谢道韫回去以后，仔细思考了这个问题。世上本来就没有真正的感同身受，让男人理解女子的处境，怕也是有些困难。

事到如今，既然后悔也没用，那就接受吧。

古代婚嫁都是瞎子摸鱼。不满意的人多了，不差我一个。

她决定，不将幸福寄托在男人身上。

平心而论，作为一个不走寻常路的女人，她不愿取悦他人，也不想洗手做羹汤，相信王凝之的头，此刻也大了不少。

想到这里，她决定继续"顶风作案"，活出个独立自主的模样。

《晋书》中记载，当时清谈盛行，谢道韫的小叔子王献之很喜欢。他常常在家里举办活动，办一些形而上的哲学辩论赛。

谢道韫心痒痒也想参加。

王献之很为难，因为按照规则，女人不能参赛，所以只能安排嫂子在后面偷听。

那一天的主题是——"真正的隐者"。

双方展开了激烈的论战，对方辩友认为，真正的隐者应该隐居山林，不问世事。王献之认为大隐隐于市，不一定非要追求形式上的隐居。但是辩来辩去，王献之的角度和素材似乎已经用尽，渐渐落了下风。

谢道韫实在忍不住了。她不想破坏规则，让王献之为难，于是命人设好了幕帘，隔着幕帘加入了辩论。

一边上价值，一边摆事例，战斗力十足。

众人惊呼：原本以为是个青铜，原来是个王者，还是个女王者。

被嫂子救了场的王献之，当场也被震慑住了。

但爱面子的他，还有点不服气。毕竟当着众人的面，靠嫂子挽回局面，有点丢人。所以他后来有事没事就去找谢道韫清谈，被掊到心服口服再收场。

那次之后，谢道韫一战成名，大家都说王凝之的媳妇有个性，像个男人一样喜欢做什么就做什么。脑子灵光，嘴皮子厉害，一帮男人也不是她的对手。

有人说她豪气，有人说她叛逆，有人说她真实，有人说她放肆。

谢道韫倒是通通不在意，她的人生，只有自己可以定义。

4

王凝之最大的毛病，就是没有梦想。

没有梦想也就罢了，还没有情趣；没有情趣也就罢了，还没有责任感。

谢道韫就纳闷了，人又不是咸鱼，活着难道不需要精神支柱的吗？

很快，王凝之给了她答案：他的精神支柱是求仙问道。

荒唐，这实在是太荒唐了。

每每遇到什么难事，他都要祈求神道，后来干脆信上了五斗米教，整日神神道道，两脚不着地。

谢道韫尝试过把他改造成一个唯物主义者，但是一点用也没有。她彻底失望了，甚至在娘家发出了"大薄凝之"这样的牢骚，来宣泄怒气。

这样的生活继续下去，夫妻难免变成了"睡在上铺的兄弟"。

改变一个人太难了，谢道韫不想浪费时间。接下来的很多年里，她将全部心思放在了自我成长和子女教育上面。

如果，时间可以一直这样过。

各自安好，也不失为一种平静。

奈何好景不长，东晋末年战乱四起，国家如浮萍一般风雨飘摇。

公元 399 年，孙恩之乱爆发。孙恩带着起义大军一路攻打到了会稽县。

王凝之是这里的父母官。只见他不着急不上火，也不去领兵操练。孙恩已经杀到城门口了，他还在那里祈求神明。

下属们急得像热锅上的蚂蚁："领导，别拜了，咱们想想办法啊？"

王凝之淡定地抬起了头说："办法是有的。"

生死关头，大家倒愿意相信他真的想到了办法，希望他的淡定，就像谢安面对八十万大军时的运筹帷幄。

结果下一秒破功，他在祠堂里念念叨叨作起法来，想邀请来天上的神仙助阵。

神仙正在打麻将，没工夫搭理王凝之。

孙恩顺利杀进会稽，杀了王凝之和他的儿子。最可笑的是，这位孙恩也信五斗米教，算是王凝之的"教友"。

兵临城下，谢道韫当机立断，她抱着小外孙，号召所有人拿起刀剑，穿起盔甲冲出去。

所有人都打起了精神，一个女子尚且有这样的魄力。这世上还有什么好害怕的？

王家军一路砍杀，生生拼出一条血路，冲到了城门。

闻讯而来的孙恩，被那女子上阵杀敌的魄力所震撼。这份不输男儿的气概，让铁汉也动了恻隐之心。

他想杀那怀中的婴儿。

谢道韫横眉冷对："事在王门，何关他族！"

一句话掷地有声，生生让孙恩的刀停在了半空。

孙恩杀人如麻，但是那一点残存的江湖之义，让他不允许自己伤害谢道韫这样的女子，所以不仅没有杀她，还把她和孩子送回了家。

余生，谢道韫隐居在会稽，归于山水之静。

5

人生不如意事十之八九，比如生错了时代，比如嫁错了人。

此时，她丧父、丧夫、丧子。人间不幸，散落一地。

除了将遗憾与伤感化为诗文，她已经再难欢喜。

孙恩之乱后，新的会稽太守上任，曾经慕名拜访过谢道韫。

隔着一道素色的幕帘，他们侃侃而谈。内容虽不得而知，但太守事后的评价是："内史夫人风致高远，词理无滞，诚挚感人，一席谈论，受惠无穷。"

青灯古卷下，她独自度过了漫漫余生。每逢下雪时，她都会想起儿时的那个晚上。

就像年少时曾经期待的那样，她终会拥有一代才女的盛名，被写进《三字经》这样的经典著作里。

"蔡文姬，能辨琴。谢道韫，能咏吟。"

但如果可以，她甘愿用一生平淡，来换回这一地破碎。

满纸仙气，一生美名

纵观整个世界文化史，能将自己民族的文字发展为一门独立书写艺术的，恐怕就只有我们的中国书法了。

说到中国书法，"书圣"王羲之是无论如何都绕不过的存在。

其被誉为天下第一行书的《兰亭集序》，更是中国书法史上数千年来屹立不倒的丰碑，为后来无数书家所仰止。

当我们翻开史书，循着历史脉络走近这位传奇人物的时候，有些认知也许会有些出乎意料。

1

王羲之生于公元 303 年，世代显贵。关于王家的历史，已不仅仅是"悠久、显赫"之类词语所能形容的了。

这个源于东周天子之后的家族，堪称历史"造梗"世家，像什么"卧冰求鲤""弹冠相庆""清谈误国"等等之类的典故，都与他们家人有关。

王羲之与大名鼎鼎的诸葛亮一样，也是出生在大名鼎鼎的琅邪郡。

王家与皇室有着千丝万缕的关系。世袭琅邪王的司马睿，与王羲之父亲王旷是亲姨表兄弟，而几个叔伯在西晋朝中也都扮演着举足轻重的角色。

当王家拥立司马睿东渡建康，登上九五之尊的时候，司马睿没有过河拆桥，并且给予了这个家族所能给予的一切。

国家总理级别的职务安排给了王羲之的伯父王导，总司令级别的职务给了另一个伯父王敦，此时王家权势达到了顶峰，历史上将这一时期的朝局称之为"王与马，共天下"。

可以说，东晋初期的琅邪王氏，不管说他们是福与天齐的齐天大圣，还是说他们是能管马的弼马温，都没毛病！

而此时的王羲之，心中正承受着不小的悲戚。因为在这个过程之中，有不世之才的父亲王旷，在一次执行莫名救援任务中，惨败，三万大军全军覆没！

诡异的是，战役结束后没有人找到王旷的尸体，关于王旷是生是死，是逃是降，历史上没有给出任何交代。

这对于年仅12岁的王羲之来说，是个不小的打击。使得本来就"幼讷于言"的他变得更加内向。

父亲王旷不仅是一位能征善战的勇武之才，同样也是一位学富五车的饱学之士，这与王家源远流长的家学有很大关系。

王羲之走进书法大门，便是小时候受了父亲的影响。

当他还是孩童的时候，有一次偶然发现父亲把自己关在书房，看着一本书，时而惊叹，时而长吁，还时不时伸出手指比画画。

如此反反复复了好多天，王羲之终于忍不住，便问父亲看的什么书，父亲笑而不语。

或许是觉得儿子才几岁，说了也不懂。

按捺不住好奇心的王羲之于是便趁着父亲出门的空当，偷偷溜进父亲的书房，看看究竟是一本什么书，能让父亲这么痴迷。

这本封皮满是斑驳的书，名叫《笔论》。

都说"知子莫若父"，王旷这次还真是小瞧了自己的儿子。

王羲之自从打开这本书后，便对这些错落别致的线条，展现出了极大的兴致，于是经常背着父亲偷偷研习书中内容。

这本书若是放到现在，应该就是一本书法理论教科书，但凡学习书法的，谁的书架上没有几本，但在当时，这本书却是如《辟邪剑谱》般的存在。

关于这本书的来历，可以说相当的传奇，在这一点上，倒是不输任何一部秘籍流落江湖的桥段。

2

《笔论》出自东汉末年蔡邕之手，他死后传给了女儿蔡文姬。后几经周折，三国时期被一个叫韦诞的书法爱好者获得，并凭借此书的技巧在书坛大放异彩。

这让他的好友，同样也是书法爱好者的钟繇大为艳羡，多次求借，却都没有能借出来，友谊的小船在那一刻摇摇欲坠。

韦诞对于这本书的热爱，几乎是到了疯魔的状态，临死的时候都没舍得留给钟繇，而是与自己一起埋进了坟墓。

钟繇心中在经受完几万匹马的践踏之后，找人掘开了韦诞的墓穴，并找出了那本让他魂牵梦绕的书法秘籍。

在获得了书中"多力丰筋者胜，无力无筋者病"等诸多法门后，原本写字多败笔总不得其法的他，进步立竿见影，终成一代书法大家。

不知道是不是这本书被人下了蛊，但凡接触过它的人，都会对它欲罢不能，这次轮到了钟繇。

钟繇一直没有将密传的《笔论》公开，他死后和韦诞一样，也将这本书带进了棺材。

但这个秘密后来被自己的学生宋翼知道了，他用了老师当初所用的方法，打开了钟繇的坟墓，将这本带有魔力的《笔论》据为己有。

其实这也不是什么坏事，物尽其用，代有传承的结果在某种意义上也算善举，尽管他们的出发点不那么纯真。

不得不说，宋翼是个高手，他得到这本秘籍后，日夜研究，不只学有所成，还为这本书写了续论。

这就好比自己不只练会了七十二路辟邪剑法，还将此剑谱的招式增加到了一百四十四路！

宋翼临终前，没有像他老师那样，也许是觉得带下去的话可能也会导致自己尸骨难安，或者是觉得自己续作的秘籍不传后世太过可惜，所以他像第一代祖师蔡邕那样，传给了学生卫铄，也就是后来的卫夫人，辗转又到了王羲之父亲王旷的手里。

3

当王旷终于从孩子字里看出端倪的时候，他向儿子确定了其学习《笔论》的事实，这时的他，方才觉察出这个孩子身上的天赋。

后来王旷索性把王羲之送到书法已有大成的卫夫人那里，跟着她专门学习书法。

卫夫人虽是女流，在这方面的艺术造诣丝毫不输当时任何一位大家，她不仅将《笔论》里的精髓了然于心，自己还写了一本叫作《笔阵图》的书法教科书。

有些人活在这个世界上的意义，纯粹是为了凑数而来，而有些人来到这个世界的意义，则是证明自己不是来凑数的。

而两者的区别，便是他们对于世间美好的热爱，前者几乎没有，后者则可以为之癫狂！

书法不同于骑马射箭，三五个月便能学得有模有样。王羲之学书法下的功夫，是常人难以体会的。

据说王家门口的清水池，因为每天在里边清洗砚台，直接导致了水资源严重污染。

这就是现在位于临沂市砚台街王羲之故居洗砚池的来历，当然，此墨池已非彼墨池。

其实不管父亲王旷有没有在那场战役后失踪，已迁往东晋的王羲之，仕途之路都不会受到太大影响，毕竟，叔伯大爷们在朝中个个位高权重。

而王羲之对于当官并没有展现出太大的热情，平日除了研习书法，做做学问外，便是与几个知心好友谈谈人生，探讨一下天人奥妙。

这种淡泊恬静的生活态度，反倒更是引起了一些高人的青睐。

当时文化界的领袖周颛就注意到了这个青年，有一天他请王羲之到家里做客，作陪的都是当时社会上有头有脸的名人，而在席上，还没等众人动筷子，主人周颛便夹起了桌子上最名贵的一道菜，先让王羲之品尝，惊得众人瞠目结舌！

顺便提一句，这个叫周颛的人，正是典故"我不杀伯仁，伯仁却因我而死"的主人公——深藏功与名的周伯仁（周颛字伯仁）。而说这话的人，是王羲之的伯父王导，举起屠刀杀了伯仁的，是另一个伯父王敦。

如果说周颛给足了王羲之面子，那么国防部部长郗鉴，则是里子面子一块给。

王家基因之强大，郗鉴是深信不疑的。

郗鉴决定从王家子弟中选一个做自己的女婿时，就很能说明这一点。

他找到王家的带头大哥王导，开门见山挑明来意，王导即刻命管家把家里所有的了侄都召集到了客厅。

听说郗部长来选女婿，激素爆棚的子侄们个个跟打了鸡血一样，很快便衣冠楚楚地聚集在了客厅。

郗鉴转了一圈后，发现小有名气的王羲之并不在其列，于是便吩咐管家带自己去找，看看这小子为何这么沉得住气。

当走进王羲之居住的东房时，郗鉴一下子乐了。

王羲之穿着件衬衣，扣子也没系好，还露着小腹，正躺在床上若无其事地吃着零食。

郗鉴一看，觉得王羲之果然不同于凡人，女婿，就是你了。

这便是成语"坦腹东床"与"东床快婿"的由来。

4

岳父郗鉴是个好人，更是那个时代为数不多的为国为民的忠臣良将，对于王羲之的影响甚至都超过了他的亲生父亲。

在岳父的举荐下，王羲之开始了自己的官场生涯，先是在国家图书馆馆长的位置上做了五年。

这是他人生中极其重要的一段时光。

不像现在这样，随便翻一下手机，世事百科应有尽有。

那个时候要想博学广知，唯有从书里寻找。

在这五年中，王羲之饱览群书，还收集到了众多前朝书法大家留下的手迹，就像一本本武林秘籍，使他增益良多。

离开这个岗位不久后，王羲之又在岳父推荐下，给会稽王司马昱做了一年办公室主任。

其后又在临川和江州做了两任市长。在任期间，王羲之谨遵岳父教诲，尽心竭力，维护一方百姓安宁，还曾在灾年没得到朝廷许可的情况下开仓放粮，可谓是胆大包天。

虽然出身官宦之家，但王羲之与那些一言不合就炫富的士族子弟不同，他更喜欢简约朴素的生活。

当市长这些年，他和夫人郗璇一起，经常住在山间的茅草屋，一副老百姓的装扮，盖粗布，吃糙米。

后来因为母亲去世，便卸任了官职，为母丁忧守孝。

如果没有好友殷浩，或许这辈子王羲之都不会选择重返官场了。

丁忧期满后的好多年，虽然好多人劝其复出，他都坚辞不受。因为他发现，自己的治理理念与当时的官场风气格格不入。

再加上这些年家族变故，身边好多良师挚友相继离去，精神上多少有些意冷心灰。

殷浩与王羲之的关系不一般，从他能把王羲之请出山就能看得出来。

复出后的王羲之担任了朝廷的护军一职，这个官职其实不小，大概类似现在的京城公安局局长，有调动军队的权力，这也是为何后来的书法界习惯把王羲之喊作王右军的缘故。

京城的水，本来就很浑，更何况不久后进来了一条大黑鱼——安西将军桓温。

为人耿直的殷浩容不下这个，纠集党羽对抗桓温。

王羲之私底下多次劝说他的这位老友，外患重重，团结对外才是正道。可执拗的殷浩不听，非要扳倒桓温不可！

于是王羲之递交了辞呈。

殷浩不准，辞职是坚决不批准：你既然不愿留在京城，那你就去会稽做个内政部长吧，这个护军的职位还是你兼着，毕竟咱是自己人嘛。

王羲之推辞不掉，也似乎是命中注定，他本就应该属于那个使他名动千古的宝地。

5

公元 353 年，三月初三，上巳节郊游日，时任会稽内史的王羲之主持了这一届的兰亭集会。

这一年的集会，仿佛格外星光璀璨，当时文艺界当红大腕能来的几乎都来了。

他们聚在一起，吟诗作赋，天地宇宙，无所不谈。

氛围十分轻松，场面相当融洽。

按照惯例，集会结束时，他们需要把这一天大家作的诗，汇成一册集录。

而这本集录是要写序的，这个任务自然是由书法早有盛名的王羲之来完成了。

略带酒意的王羲之于是涂涂改改地打了个草稿。

也就是这个草稿，竟一不小心成了中华民族文艺史上的一颗明珠！

酒醒后的王羲之本来是要将草稿内容录成正稿，正式作为书的序言附上，可无论怎么写，再也写不出那种感觉。

罢了，涂鸦就涂鸦吧。

仔细研读《兰亭集序》，我们会发现，王羲之的才华，其实远不止于书法一项，他的文学造诣同样出众，抛开书法成就不谈，《兰亭序》本身就是一篇极具思辨哲学的优美散文。

晚年的王羲之，因为疾病痛失了两个孙女，这使他的身心备受打击，他曾说："期小女四岁，暴疾不救，哀愍痛心，奈何奈何！"

其实在他与众多好友的来往书帖中，"奈何"这个词语出现的频率是很高的，这也能让我们感受到，这位字体翰逸神飞的书法家内心的另一面。

公元 361 年，59 岁的王羲之与世长辞。

在多数人的印象中，王羲之是一个近乎神人般的存在，关于他的传说穿透千年的时空，而今仍然散发着令人咀嚼回味的余香。

而在这美好之上，往往盖着一层不忍揭开的面纱。倒不是王羲之盛名难副，而是如今我们所能看到的他的作品都是后人摹写的，所有他的真迹，都被唐太宗李世民，带进了自己的坟墓——昭陵。

因为李世民是王羲之的铁杆粉丝！

痴情人设的背后

有这样一个美丽的爱情故事。

男嘉宾出身于顶级名门世家，文采卓然，写得一手好书法，并且颜值超高，是个文艺范儿的富二代大帅哥。

他是王献之，著名大书法家王羲之的小儿子，书法造诣与父亲并称"二圣"。

当时有人评价他说："王献之风流蕴藉，乃一时之冠。"

可见，这是每个姑娘都梦寐以求的白马王子。

女嘉宾也出身于名门世家，与男嘉宾门当户对。

她是郗道茂，郗家虽不如王氏显贵，但也曾显赫一时。包括王羲之本人，就是郗家的女婿。

所以，郗道茂其实是王献之舅舅家的女儿。两人是表姐弟，从小竹马绕青梅，志趣相投。

在当时的年代，这种情况不算近亲结婚，只算"亲上加亲"。所以他们的爱情顺风顺水，很容易就得到了父母的祝福，修成了正果。

1

婚后，王献之与郗道茂感情融洽，如神仙眷侣一般。

而这一切，都被一个突如其来的小三破坏了。

俗话说，不怕贼偷，就怕贼惦记。王献之，被贼惦记上了。

这个贼的身份很尊贵，她是晋简文帝司马昱的女儿，也是晋孝武帝的姐姐。她叫司马道福，即"新安公主"。

故事讲到这里，就有点麻烦了。

因为除了王献之是已婚男子之外，新安公主也已结婚了。爱虽然来得猛烈，却有点不是时候。所以这条"小三上位"的路，难免有些艰辛和漫长。

好在，如果爱得足够没羞没臊，那就不怕麻烦。

怪只怪王献之的魅力太大了，新安公主暗自决定，自己首先要想方设法离婚。

她盘算了一下，这真不是一件简单的事。老公是大将军桓温的次子桓济，属于绝对"不省油"的狠角色。所以新安公主隐藏得小心翼翼，默默寻找着良机，生怕被老公发现了端倪。

不过，狠也有狠的坏处。桓济竟然搬起石头砸了自己的脚。

原来，桓温年纪大了，想要找到一个接替者。但他认为长子桓熙资质平庸，所以将家族未来托付给了弟弟桓冲。而桓济这个熊孩子，竟然撺掇兄长密谋杀掉叔叔桓冲，结果两人以失败告终。

新安公主的机会来了。

桓济阴谋败露，被桓冲贬职发配。她趁机借口性格不合，提出了离婚。

拿到了离婚证的那天，新安公主笑得合不拢嘴。

献之哥哥，你等着，我来了。

2

身为皇家女儿，剩下的事情就简单了许多。

新安公主拿出了一哭二闹三上吊的架势，恳求皇帝与太后成全自己的一腔痴情。

皇帝想了想，这不是什么难事。

但公主是金枝玉叶，虽然离过婚，也不能去给王家做小妾。所以他找来王献之，动之以情晓之以理，要求王献之休了郗道茂，迎娶新安公主。

流氓，真是太流氓了。

坐立难安的王献之看着这个突然劈下来的大雷，不知如何是好。

皇帝的意思，他不敢违逆。但是一想到要与妻子劳燕分飞，他心里也是老大的不乐意。

想来想去，他想出了个极其幼稚的办法。——故意用艾灸烫伤了腿，走起路来一瘸一拐的。或许，公主不会想嫁给一个残疾人吧？

但公主的回复令他绝望：别说瘸了，就算瘫了，老娘也养着你。这个婚，我是结定了。

事已至此，王献之明白自己别无选择。

他含泪写下了休书，理由是妻子一直没有生育。

他们结婚多年，曾经育有一个女儿玉润，可惜夭折了。而这样的痛楚，如今竟然用来作为休妻的理由，真是残忍到极致。

郗道茂带着破碎的心，离开了王家。

当时父亲郗昙已经去世，郗道茂没有了娘家，只好住在伯父家里，寄人篱下，郁郁而终。

王献之的后半生，始终忘不掉对妻子的伤害与亏欠。

据《晋书》记载，王献之的临终遗言是，"不觉有余事，唯忆与郗家离婚"。

死亡将至，想想这辈子做过的错事，想不起来有别的，只记得与郗家离婚这件事。

令人动容，潸然泪下。

3

一段美好的婚姻就这样被拆散。

很多人说，王献之的选择是无奈之举。他在家族命运与个人幸福之间，似乎也没有什么选择的余地。

所以这件事情最大的恶人，就是不守妇道的新安公主。这个强势的入侵者，导致了悲剧的发生。

历史如果有弹幕，相信这个女人已经被骂得狗血淋头。

可是，事情真的是这个样子吗？

答案，或许真的不像人们想象的这样梦幻唯美。

先不说以王家的权势，如果王献之真的死心塌地不想娶这位公主，皇帝是很难强迫的。

晋朝不同于其他朝代，世家对皇权的制衡是客观存在的。况且新安公主只是一个不得宠的公主，她的生母是地位卑微的徐氏。如果她的个人幸福，都会被皇族如此上心，那么恐怕那些深宫悲剧，早就没有了开花的土壤。

另外，王献之如果不愿意离婚，其实他可以同时接受两个女人，并不一定非要休掉原配。在同时代的记载中，就有这样的先例。

并且在王献之休妻的时候，郗道茂父母已亡，弟弟年纪尚小，在古代礼仪中属于"三不出"。男人在这个时候和妻子离婚，是于礼法所不容的。

事实上我们也可以看到，郗道茂在离婚后无家可归，过得非常凄惨。

本可以不娶，却娶了。本可以不离，却离了。

王献之究竟是痴情汉，还是渣男？

事情的真相，究竟如何呢？

4

先从新安公主离婚说起。

晋简文帝是桓温一手扶上帝位的。就算桓温死了，桓冲的势力依然保持了很多年。

所以，如果说新安公主休掉了驸马，恐怕她没有这个权力，也没有这个胆子。

正确的答案或许是，新安公主是被桓家踢走的。

因为在新安公主离婚的同一时段，桓冲的儿子迎娶了武昌公主。

这显然是因为桓济的阴谋落败，因而被桓冲切割了与皇家之间的脐带，转而将皇家联姻改到了自己儿子的头上，以示地位。

这么看来，新安公主其实是个悲剧人物。

是的，离婚后的她有什么话语权呢？母亲出身低微，父亲已死，前夫被流放，太后对她并不偏爱。

这样的她，有能力拆散王家贵公子的姻缘，将自己嫁过去吗？

没有。

她的婚姻，自己是绝对做不了主的。

5

让我们回到这场婚变的本质。

王献之休了郗道茂，可以说是：王家抛弃了没落的郗家。而离婚这个选择最重要的原因，是王献之站了谢安的队。

桓温死后，谢安就是最大的权臣。想要大树底下好乘凉，选择谢安肯定是没错的。况且父亲王羲之与谢安本来就是很好的朋友，这样的选择不足为奇。

谢安掌权后，最得力的助手就是谢玄，郗超与谢玄却向来不睦。

桓温死前想要废帝自立，郗超是最大的谋主，谢安因为毁掉了桓温的计划而青云直上。

这背后的风云涌动，才是王献之休妻的真正原因。

并且，他是自愿的，他是自愿的，他是自愿的。

重要的事情说三遍。

谢安不会干涉小辈的婚姻，王羲之也不会强迫儿子做出休妻的举动，因为他自己也是郗家的女婿，难道也要老来离婚吗？这解释不通，也并没有什么必要。

我们来看一看，休妻的王献之有可能获得什么呢？

在与新安公主结婚后，他们生了一个女儿，后来成了晋安帝的皇后。

公元 397 年，晋安帝追赠王献之为侍中、特进、光禄大夫、太宰，谥号"宪"。

可想而知，王献之如果不是因为死得太早，是有可能辅政的。假设是这样，琅邪王氏的地位会回暖，有可能再创辉煌。

王献之的心思，是很深重的。

6

王献之这个人，一直是那种主意很正，凡事有自己的节奏，能够临危不乱的类型。

有一次家里来了小偷，王献之也不声张，就躺在床上看着小偷忙活。眼看着大功告成，小偷的包裹装得差不多了，他才悠然来了一句："兄弟，那青毡是我家旧物，留下吧。"

小偷吓得激灵了一下，丢下包裹，撒腿就跑。

还有一次王家失火，王徽之光着脚就跑出去了，但王献之看了看火势，不打紧，于是面不改色，也不慌张，慢悠悠地被仆人扶着走出来。

他的心理素质，是极高的。

这个故事的反转告诉我们：在权力的博弈游戏中，爱情只是人们的一场幻觉。

王献之这个被描述为"情圣"的人，并不是真的情圣。

新安公主和郗道茂，都是男人争夺权势的牺牲品罢了。她们的命运，从来不在自己的掌控之中。

但王献之临终前说的那句话，确实有可能是发自内心的忏悔。

他因为现实政治利益的计算，休掉了相濡以沫的妻子，并害得她郁郁而终。午夜梦回，想来是内心有愧的吧。

7

　　王献之与新安公主的女儿王神爱，13 岁就嫁给了痴傻的晋安帝。

　　晋安帝的痴傻货真价实，是口吃到难以沟通，对冷热饥饱没有感觉的程度。

　　她的婚姻，只是一座空城。

　　29 岁那年，她凋零在了深宫墙内，在历史上没有留下太多痕迹。

　　王献之的选择，真的值得吗？

城市套路深，我要回农村

有这样一个男人：

职场上总是一言不合就辞职，酷爱写诗却没有稿费，回家种田但是草长得比苗多，害得全家老小一起饿肚子。

你认为，他是个好男人吗？

陶渊明的好，是死后多年才被发现的。

越是盛世，越受推崇。

时间是块神奇的橡皮，擦去了所有的现实与瑕疵，将故事装点得金光闪闪。从唐代开始一直到今天，几乎所有步履匆匆的奋斗者，都曾在疲惫的夜晚想起过那一句——"归去来兮！田园将芜，胡不归？"

文艺青年们更是在他的身上找寻到了一种理想人格，挖掘到了内心深处的另一个自己。他的名字，开始与"坦然""豁达"等词语连接在一起，成了"诗与远方"的象征。

可是，去掉理想主义的滤镜，他其实并不坦然，也并不豁达，更多的是在苦涩中艰难跋涉。

他终其一生所追求的，只是一个平凡的人生罢了。

1

你的梦想是什么？

七岁那年，陶渊明第一次思考这个问题。

答案，并不是种田。

那时候，他刚刚遭遇了父丧，失去了童年最大的精神与经济支柱。孤儿寡母相依为命，日子过得无比艰难。他默默写下的答案是：希望快快长大，早日建功立业，为家人遮风避雨。

陶渊明当时还不懂，这个朴实的梦想，实现起来并不容易。

他曾经听过祖辈们的光荣事迹，曾祖父陶侃是东晋的开国元勋，外祖父孟嘉是一代名士。他们靠自己的双手打拼，自己又凭什么不可以。

这话听起来没错，但是他似乎搞乱了逻辑。

他忘记了，曾祖父生于东晋建立之初，是靠着乱世的机遇和生命的代价才拼得功名，戎马一生为后代拼得了一个跻身上流社会的高贵门第，孙子才可以娶到名士孟嘉的女儿。

尽管如此，陶家依旧没能改变生于寒门的限制。在当时没有科举的情况下，陶渊明只能被动等待，步步皆是艰难。

即便如此，他还是不免天真地想：我努力读书，刻苦做事，难道不能用汗水，换来与士族们一起喝咖啡的那一天吗？

为了这一天，他一心只读圣贤书。

这期间，一些人找到了成功的捷径。比如嗑药、清谈、攀附权贵，都可以快速获取资源，或者刷爆流量。

但是对小清新的陶渊明来说，这些都太重口味了。

他果断拒绝，继续关在家里使蛮力。

为了找到一份好工作，他只能不断地写写写，等待着机会的到来。

2

29 岁那年，他才等来了人生的第一份工作。

他的一篇《闲情赋》，得到了江州刺史王凝之的欣赏，因此收获了一个江州祭酒的岗位。

此时的他，身边已有妻子，肩上更多了责任。

入职的前一天，他又默默许下了梦想：跟着领导好好干，争取混出个人样来。

陶渊明的热血翻涌并不是没有道理的。这份工作虽然来得晚一些，但含金量很高，相当于当时的五百强名企。

王凝之的背景很牛，出自"琅邪王氏"，父亲是大名鼎鼎的书法家王羲之，妻子是著名才女谢道韫。"旧时王谢堂前燕，飞入寻常百姓家"，说的就是王家与谢家。

打了鸡血的陶渊明，很看好这个平台。他感觉自己攒了一身的劲儿，终于有了用武之地，迫不及待想要大干一场。

但入职后没多久，他就发现了异常。

原来王凝之的企业里，压根没有什么正规项目。他迷上了一种叫作"五斗米道"的教派，整天脑子里装的都是寻仙问道、炼丹养生。

跟着这样一个神神道道的领导，能干成什么事业呢？陶渊明的热血，顿时就凉了下来。

很多人劝他，"咱一个打工的，赚的是工资，凑合着干吧"。

但是每次领导开会，当所有人都热烈鼓掌，煞有介事地列出工作计划，制定目标的时候，陶渊明都要极力控制快要喷涌而出的脏话。

他万万没想到，吃这碗饭靠的不是才华，而是演技。

于是，他做出了人生的第一个辞职决定，潇洒地留下了"世界那么大，我想去看看"的字条，带着行李回家种田了。

是的，回家种田。

这不是他的梦想，而是梦想落空后的无奈选择。

他发了一条朋友圈："悠悠上古，厥初生民。傲然自足，抱朴含真。"试图说服自己，做个农民也挺好的。

没有人点赞，包括他妻子在内。

3

裸辞的代价，是整整五年的再次等待。

34 岁那年，陶渊明才等到了人生的第二个工作——荆州刺史桓玄的助理。

凉了的血，再次沸腾起来。

这时候，他已经有了五个孩子。生活的压力无处不在，作为一个男人，他知道自己必须负重前行。

这一次，他信心满满地写下了梦想：再现曾祖父的辉煌。

口气似乎大得很，但他是有依据的。

首先，建功立业是需要时代契机的，此时新皇帝登基，朝廷内外一片混乱，正是需要人才的时候。

其次，桓玄是北伐名将桓温之子，曾经多次讨伐内乱，是个极其有魄力的领导。

再次，外祖父孟嘉曾经效命于桓温，且桓玄非常崇拜陶侃，这也算是情感的纽带，信任的基础。

最后，桓玄诚意十足，写来了亲笔信来邀请他。

陶渊明的分析，条条在理。但是命运弄人，他在田里待得久了，还是低估了人的欲望，高估了人的底线。

入职之后，他再次发现了骇人的真相。

桓玄并非善类，竟然有篡位的野心。陶渊明的工作内容，就是为他的谋逆计划搞舆论造势。

如果说，王凝之只是个糊涂的领导，那么，桓玄就是个罪恶的领导了。陶渊明别无选择，唯有遵循自己的内心。

当再次拎着行李走进家门的时候，他看到了妻子眼中的怨念与绝望。

"栖栖失群鸟，日暮犹独飞。徘徊无定止，夜夜声转悲。"

那天夜里，他独自坐在田间，思考一个问题。

明明做出了无比正确的选择，但在世人的眼光下，他为何像一只失群的孤鸟呢？

4

妻子的眼神，让他感到无地自容。

一个男人，该是家人的避风港。

在为母亲守孝结束后，他打算再试一试，于是主动投了简历，拿到了第三份工作——到枭雄刘裕那里去做参军。

这一次，他小心修改了自己的梦想：养家糊口。

虽然看起来更接地气了，但其实陶渊明做出的选择，依然带有理想主义色彩。

桓玄篡位称帝，自立国号为"楚"，让他内心愤愤不平。所以当听说刘裕正在联合刘毅、何无忌讨伐桓玄的时候，他才义无反顾前去投奔。

所以，陶渊明对这份工作十分上心。

他不惜乔装打扮来到建康，得知了桓玄将晋安帝挟持到江陵的始末，并将其及时报告给刘裕。

他看着刘裕的拨乱反正，整顿朝纲，暗自又燃起了希望。

"燕丹善养士，志在报强嬴。招集百夫良，岁暮得荆卿。君子死知己，提剑出燕京。"

他愿意如荆轲一般，守护心中的正义。

直到刘裕也渐渐露出了马脚，陶渊明的热血，再次成了笑话。

原来所谓的正义，只是华丽的包装。刘裕的目的，与桓玄没有什么两样。他们都把欲望当作了志向。

这一次，他真的失望了，决定回归田园，不再出仕。

田地之上，一分耕耘一分收获，不必揣测人心。

如果能用身体的辛劳，换来内心的安宁，不如就用这面朝黄土背朝天的简单，维护一生心安吧。

5

第四份工作，他是心不甘情不愿接下的。

他一次又一次的辞职，让家人十分不解。他们不懂他的坚持，不懂他的痛苦，也读不懂他的诗。

他们只知道，等米下锅的日子，太难熬。

在叔父的推荐下，他去上任彭泽县县令。

这一次，他梦想的页面，是一片空白。

是的，他已经不再抱有希望，且终于认清，自己压根就不适合走仕途。

走上工作岗位的第一天，他就嗅到了熟悉的配方、熟悉的味道。这里仿佛是灵魂的樊笼，令他不由得怀念起了屋后的田园。

从前，种田是无奈之举。此刻，种田却是内心真实的呼唤。

或许从一开始，他就在等待一个契机，一个再次离开的契机。

他知道，妻子脸上终于焕发出的光彩，还是会暗下去。但是人生那么短，他无法活成另外一张面具。

那一天，州郡派了督邮下来巡视。

身边人早早就提醒他：要小心应对，认真讨好，否则回去万一被打小报告，难保领导不会给你穿小鞋。

他露出鄙夷的目光，强压住了恶心，打算例行公事。

身边人再次拦住他：你这套衣服不行，必须要换好正装，遵守礼仪。

这本是一句善意的提醒，却如同压死骆驼的稻草，换来了掷地有声的回复："我岂能为五斗米折腰，老子不干了！"

这是他人生的最后一次辞职。

从此，不再取悦任何人，只想做一个快乐喝酒的隐士。

<h2 style="text-align:center">6</h2>

你的梦想是什么？

这一次，他的答案，是种田。

为了这次坚定，他已经耗费了半生。

这个笨手笨脚的农夫，一直在全家人的温饱线上挣扎着，品尝着不为人知的隐忍、心酸和痛苦。但面对后来找上门的猎头和工作，他都坚决地说不。

每个人都在各自的生命里，孤独地过冬。说起来浪漫的田园生活，实则骨感。

他并非生来淡泊，也曾渴望大鹏展翅，大有作为。但每一次面临选择，他都坚定地遵循内心。

三观这件事，嘴上说了不算，抉择关头才看得出来。

公元 426 年，他步履蹒跚地走到友人家门口，颤巍巍地敲了敲门。

那年大灾，颗粒无收。他只能出来借米，熬过饥肠辘辘。

这一生，他有很多次机会可以改写故事的结局，但是依然选择了穷困潦倒，硬是将苦难的岁月，熬成了诗。

世人以为的桃花源，是"采菊东篱下，悠然见南山"。

真实的陶渊明心境却是"虽留身后名，一生亦枯槁"。

这是选择的代价。

这也是选择的价值。

他拼尽全力，找回了自己。你认为，他是个好男人吗？

科学怪人惊艳登场

科学是什么？

有人说，它就是经过大量实验，反复证明是对的理论。

这听起来有些枯燥无趣，但其实，科学也充满了梦想色彩。

科学的梦想色彩在于，你可以大胆想象去举手摘下天上的星星，探索一切未知的奥秘。

人们生活在梦想与现实之间，获得截然不同的体验。就像前一刻幻想着如何摘星，后一刻去思索下顿饭该吃点什么。

摘星也好，摸云也罢，在许多人看来都是不现实的。但是从古至今，只有懂得了仰望星空，才能更加接近文明与真理。

祖冲之，便是这样一位"仰望星空"的人。

1

在中国古代历史中，科学似乎并不在教育的主流范畴内。

尽管我们也有类似《天工开物》这样的纯科学类书籍，但国家教育似乎更关注人文学科，被追捧的永远是"四书""五经"之类的东西。就算有科举考试的年代，也几乎不涉及科学领域。

在这样的大环境下，如果古人研究数学和物理，大多是出于个人爱好。

所以在当时的年代，一个人去研究科学，那无异于当今的一个高中生不认真上课却去研究怎么做饭。

所以，像祖冲之这样的人，放在今天会被人当作"别人家的孩子"，放在古代就是一个小众领域的发烧友。

公元 429 年，祖冲之在南朝宋的国都建康出生。他的祖父是南朝刘宋的大匠卿，负责管理土木工程。祖冲之对自然科学的兴趣有一大半是来自祖父的熏陶。从小，祖父就喜欢给祖冲之讲各种天文地理的奇事，因此，比起熟读孔孟的同龄人，祖冲之自幼就被激发了对数学、物理、天文等学科的兴趣。

有了祖父作为他的引路人，祖冲之的火花被点燃，一发不可收拾。

他开始到处搜罗有关自然科学的文献和资料。只是，那时候关于自然科学的记录并不多，即便是有限的自然文学读物里，也充斥了各种错误和不严谨的推论。

喜欢寻根究底的祖冲之为了确定真理，很多时候会自己亲自去测量和推算，来验证前人结论的对错。

如今，很多学子们不喜欢数理化，尤其不喜欢背那些如画符般的公式定理，可如果当年的祖冲之能够拥有这些公式定理，他怕是做梦都会笑出来吧。

这世上，有的人喜欢琢磨每天吃什么，琢磨怎样住上更大的房子，可也有人更想琢磨这个世界究竟是怎么回事，为什么星星是那样排列，为什么苹果会向下落，圆的周长跟半径究竟是什么关系。

前者喜欢嘲笑后者不务正业，却不知他们所做的一切，可以让世界改换另一种面貌。就在大部分人低头讨生活时，有一些人已经飞上了天空。

2

南朝刘宋时期，朝廷建立了一个专门做学术研究的机构，叫作总明观。

总明观的主要作用便是研究各种学术，包括文、史、儒、道、阴阳。祖冲之因博学多才的名声在外，故而当时的孝武帝任命他在总明观任职。当然，祖冲之的才学主要被用于阴阳一科。

中国历朝历代大多设有类似这样一个机构，但与现代的科学院不同，这些机构多数都是用来研究文史相关的学问，虽然其中有阴阳一项，主要也是用来观测天数和做历法的。

所以许多热爱科学的人，只能打着为帝王观测国家命数的旗号，来行天文地理研究之实。

如今我们知道数学运算是用来探索宇宙的各种运转规律的，可当年数学只是用来做简单计算的，人们会关心一升米该卖多少银子，却没人在乎圆的周长跟半径是什么关系。

可是祖冲之在乎。

这种在乎或许就是天性使然，有人天生便对真理有着超乎常人的执着。他们穷尽一生想要去解决某个数学难题，尽管这个难题貌似对当下的生活没有任何作用。

当年，很多人也无法理解祖冲之对数理的执着。研究天象，或许关乎王朝命运，可数理又跟这世界有什么关系呢？

与王朝命运相比，祖冲之更想弄清楚周长和半径之间的关系。

在他之前，东汉的张衡、三国的王蕃都曾经推算过，虽然数值有些误差，但已经与准确数值十分接近了。魏晋的数学家刘徽曾经撰写了中国历史上为数不多的数学著作《九章算术》，在这本书里给出了一种推算圆周率的方法：割圆术。

割圆术是对祖冲之帮助最大的理论。他推算圆周率的过程，便是对割圆术的完善和运用。

在中国历史上，有许多对自然科学有着浓厚兴趣的人，但这些人在大环境下看起来显得十分小众，正因小众，才显得尤为珍贵和伟大。

他们都是逆时而生的人，是领先了时代千年的人。

3

克服了重重困难，通过不懈的努力，最终祖冲之将圆周率的数值推算精确到了小数点后面第 7 位。

虽然后来欧洲也推算出了同样数值，但那已经是千年之后了。

从俗世意义上，这项成就对祖冲之的生活并没有太多的帮助。毕竟这种成就，只有小众的自然科学爱好者们会为之欢呼。

比起推算圆周率，当时人们更在意的是祖冲之对于天理的推算，也就是日月星辰的运转，因为这将直接影响到人们的纪年方式。

到今天我们已经知道，所谓的天地运转，不过就是数学和物理的计算，可在对自然科学不够重视的时代，因对数学和物理的研究不足，推算天理也成了一件十分复杂的事情。

祖冲之因其天才般的理科头脑，根据前人总结的方法经验，又重新推算了天体运行，发现当时的计算有误差，决定重新制定一套历年方法。

通过祖冲之的推算，他的历年方法精密度已经非常高，即便与今天的历年方式对比，误差也只有 46 秒。

然而，当他将自己通过辛苦演算编写出的《大明历》交给孝武帝时，却遭到当时负责历法的官员的反对。

官员的理由很简单，因为当前使用的历法是古人定下来的，后世万年都不该更改，他们甚至怒骂祖冲之违背天意。普通的凡夫俗子竟敢妄想改天，真是大逆不道。

祖冲之毫不示弱，他直接反驳了对方。

"凭什么古人就是对的，今人就是错的。如果古人有错，今人却一直沿用，那也太荒谬了！"

这样简单的道理，却超出了官员们的认知范围。

他们无法相信，竟然真的有人能够计算出更先进准确的历法。因为眼界狭小，他们以荒谬的理由阻止着人类智慧的进步。

祖冲之的《大明历》就这样不了了之。

直到许多年后，梁武帝当权，祖冲之的儿子祖暅再次拿着《大明历》请求皇帝启用。

皇帝经多方核查，才使得《大明历》重见天日。

4

南朝宋大明八年，即公元 464 年，祖冲之被调往娄县做县令，后又被派往建康任谒者仆射，主要掌管礼仪和使命的传达。

简单来说，是个没有什么实权的官。

这就是科学家的命运，他们就像是朝廷里的吉祥物。官场上，他们永远是摆盘的配菜，没有什么话语权，更不可能得到重视。如果不是出于对科学的热爱，没人愿意干这个。

科学家们时常要面临一个困境，就是理想和面包究竟哪个更重要。究竟是将毕生奉献于科学，为人类科学的发展而奋斗，让科技能够得到迅速发展；还是务实一点，去做那些更容易被认可的事，比如去搞搞权术政治，或者多背点"四书""五经"，写篇漂亮文章呢？

祖冲之偏偏就不想做"正事"，他不但自己要搞数学物理，还要拉着儿子一起，甚至还要做编写数学书这种"不务正业"的事。

他跟儿子撰写了一本名叫《缀术》的书，里面包含了很多宝贵的数学理论。可惜的是，这本书在几百年后还是渐渐失传了。

除了研究数学，祖冲之对物理也同样兴趣浓厚，在建康任职期间，他因没有多少实权，便将大部分时间都用来研究机械。

他通过改良古人的方法，设计制造了铜制的指南车、千里船和定时器等一系列机械。

如果他能够晚生一千年，必定会成为爱迪生一样的人物，只可惜他生的年代太早，周围的人又太愚钝，所以他所有的这些发明设计都无法得到广泛利用。

许多人只是把他的发明当作一种奇特玩具而已。

很难相信，祖冲之凭一人之力，将南北朝时期的科学水平提升了好几个高度。更难让人相信的是，在那之后的几百年甚至上千年里，中国科学水平的高度却仍保持在祖冲之时期。

5

祖冲之晚年时，国家正处于最动荡的时刻。或许是受了太多的苦，或许是时代给他的打击太多，祖冲之终于决定放下他的科研事业，去投身政治了。

但一个科学家的大脑，又怎么搞得懂那些权谋算计呢？

南朝宋隆昌元年（494）到建武五年（498）期间，祖冲之被任命为长水校尉。为了能够稳定国家，安定百姓，他写下《安边论》上书朝廷，内容主要是建议国家开垦土地，发展农业，进而加强国力。

说是投身政治，其实他的观点仍然是从科技出发，坚持的仍然是"科学是第一生产力"的理论。在他看来，只有先发展基础产业，国家才能有所发展。

好在皇帝接受了他的观点，可那时候连皇帝的政权也是不稳定的，所有的美好设想最终不过是一纸空谈。

千年之后，人们终于意识到祖冲之的理论有多么超前，终于意识到他的生命哲学多么正确，于是纷纷开始纪念他。国际天文学家联合会以他的名字命名了一座月球上的环形山，紫金山天文台以他的名字命名了一颗小行星。

在祖冲之有生之年，他无法相信，有一天科学家真的成了人类社会中最重要的人。

当人类不再愚钝时，他已经化作了天上的一颗星星。

一场长途跋涉的返璞归真

酒入豪肠，七分酿成月光，

余下三分啸成剑气，

绣口一吐，就半个盛唐。

李白是世人眼中的潇洒诗仙，唐玄宗为其调羹，杨贵妃替其捧砚，高力士为之提鞋，可谓风光无限，潇洒人间哪。

他那句"安能摧眉折腰事权贵，使我不得开心颜"当真霸气无比，藐视权贵，笑骂孔丘，可谓天不怕地不怕。

但若是李白来到谢灵运面前，顿时也会秒变迷弟。谢灵运是其崇拜的偶像，从那句"脚着谢公屐，身登青云梯"便可知晓。

谢灵运作为山水诗的开创者，与李白皆才华横溢，他们是天生的文学达人，同样一身傲骨，嬉笑怒骂，不畏权贵。

二者的仕途之路十分相似，皆是不得意之辈。于是乎，两人都纵情山水，游历人间，好似天上仙人，不染凡尘。

若说有差别之处，大概就是一生一死了。

谢灵运生得比李白好，门阀士家，荣华富贵。李白稍逊一筹，出生小康，一切的功名都靠才华努力争取而来。

起点不一样，终点亦不同，人间流传李白有三种死法，但无论是醉死、病死，还是醉酒入水捉月而淹死，都比谢灵运的终曲要体面。

谢灵运作为门阀士族，有背景有才华，按道理在南北朝时期应该混得风生水起，却郁郁不得志，只能寄情于山水，最后被残忍杀害，更是被后世称为"作死大师"。

或许天才的世界，只有天才能懂，无敌的寂寞，只有无敌者才能体会吧。

他从天上来，游历尘世，最后以另类的方式，返璞归真，回归于天地自然。

1

众所周知，东晋时期"王与马，共天下"。

门阀士族之间，为了巩固权力相互联姻，成就了诗里说的"江左风流王谢家"。

谢灵运就是王谢联姻的产物，其祖父是组建北府兵的名将谢玄，其母是王羲之的外孙女，当真是家世显赫，顶级门阀。

公元385年，谢灵运含着金钥匙来到世上。由于先前谢家接二连三有小儿夭折，一家人为顾全其安危，将之送到道观抚养。或许，正是在此期间，奠定了他骨子里的仙气。

谢灵运年纪轻轻便展现出非凡才气，博览群书。其文章之美，江左罕有人可以匹敌。

其爷爷谢玄就曾感叹，想不到资质平庸的儿子，竟然能够生出谢灵运这样的惊才绝艳的天才。

作为一流的官、富二代，天选之人谢灵运自然免不了有纨绔子弟的习气。他被香车美酒、华服豪宅所包围着，出门之时，身后奴仆无数，好不热闹，好不潇洒。

魏晋南北朝讲究士族制，也就是子承父爵。所以在谢灵运的爷爷、父亲相继去世后，18岁的他继承了爷爷的爵位，成为康乐公。

谢灵运却并没有直接去上任，一直拖着不去上班，估计是嫌弃官职小了，又或者自己还没玩尽兴吧。更奇葩的是，他不上班，还空领朝廷俸禄。当时东晋正处于内忧外患中，也无人查其考勤，所以他乐得逍遥。

因为才华名气太响，谢灵运不但没被追究责任，还被提拔为琅邪王司马德文的行参军。升职之后的他更为嚣张，生活奢华，宴席铺张，反正有钱，有背景，有靠山，那就使劲地作践吧。

作为高富帅代表，他每次出门，都把那怀春少女迷倒了一片；他华丽俊美的衣品，让青年男子争相效仿，颇有后来独孤信侧帽之风流。

一日，他前去找皇帝，新来的守卫不认识他，要检查登记其身份。谢灵运暴怒，将其暴打一顿，扬长而去。

这魄力没谁了，皇帝的守卫都敢随便打。

2

出来混总是要还的。不久之后，谢灵运便遇到了几件大事。

这几件大事，对他的人生产生了巨大影响。

其一，当时朝廷政权正值交替之际，桓玄篡夺了司马氏的帝位，刘裕与刘毅等人联合起来反抗桓玄。桓家势力被打败后，刘裕与刘毅两雄相争。

谢灵运的叔叔谢混支持刘毅，谢灵运与叔叔关系特好，自然也倾向刘毅。

没想到刘毅被刘裕打败，刘裕夺得了帝位。

站错队伍是官场大忌，这是谢灵运犯的第一个大错。

其二，由于平时老是出去游玩，夜不归宿，家里的小妾寂寞难耐，竟然勾搭了家中奴仆。

一代风流才子被戴了绿帽子，他哪里能忍？全天下岂不都在看笑话？

于是他一怒之下，竟然把奴仆活活打死。出了人命，不是小事，"擅杀门生"的风波直接传到了皇帝耳朵里，这是他犯下的第二个错误。

其三，刘裕是寒门子弟起家，夺得帝位后，看不惯那些靠先祖恩荫的士族子弟，自然要敲打一番。这个错倒不怪谢灵运，毕竟出生是上天注定的。

但刘裕还是顾忌谢家的地位，同时也欣赏谢灵运的才华，因此他只被贬了一级，从康乐公变成了康乐县侯，从食邑两千户降为五百户。

谢灵运被贬职，当然不爽了。于是在和朋友聚会喝酒时，他不断发牢骚，表达自己的不满，更说出"天下才共一石，曹子建独得八斗，我得一斗，自古及今共分一斗"这样的话来。

从古至今，除了曹植，我谢灵运的才华第一，豪气干云呀。

这就是"才高八斗"的由来。

话这样一说，好像朝中其他人都是庸才，捎带也讽刺了皇帝的眼光不行，任用的都是平庸之辈。这种口无遮拦惹了祸，将上上下下都得罪了个遍。

谢灵运觉得刘裕不重用自己，郁郁寡欢。这时，他不知道吃错了什么药，萌生出一个大胆的念头。他如果可以提前勾搭上下一个皇帝，那铁定会受到重用。

于是，他开始了自己的政治投机。

太子刘义符貌似不行，就知道吃喝玩乐，刘裕有点要废了他的念头，不能把鸡蛋放在他的篮子里。

谢灵运把目光转到了刘义真身上，这个刘义真与谢家有联姻，而且比较喜欢文学，和他聊得来。刘义真也放出豪言，说只要自己登上皇位，一定提拔谢灵运为权臣。

但是谁想到，刘义真在留守长安的时候乱搞一气，导致手下大将自相残杀，赫连勃勃趁机夺取了长安，使他夺取江山无望。

刘裕死后，一帮托孤大臣支持刘义符登基，支持刘义真的谢灵运前途无光。他被徐羡之等人穿了小鞋，被贬永嘉。

谢灵运自觉官运暗淡，经常翘班游玩，不理政务，在永嘉郡过着逍遥生活。玩了一年后，他干脆直接辞职，专心做个背包客，于山水中领略自然之美。

就在此时，他写下了许多山水田园诗，被后世的李白、王维、孟浩然等人推崇，间接成了"中国最牛背包客"徐霞客的启蒙老师。

在游玩的时候，他还发明了著名的"谢公屐"，上山时可去掉前齿，下山时可去掉后齿，方便登山。"谢公屐"得到世人的大力推广，风靡一时，后来流传到日本，至今仍在使用，就是所谓的"木屐"。

谢灵运的日子就这样过着，反正家大业大，可以肆意挥霍。

3

刘义符的九五之位坐得不怎么样，整日歌舞升平，纵情享乐。顾命大臣徐羡之等人一商量，决定重新洗牌。少帝刘义符被杀之后，皇帝之位依然没有轮到刘义真。

原来，徐羡之与刘义真素来有矛盾，不可能把皇权交给他，所以扶植了一个看起来较为软弱的皇帝刘义隆，意图掌控刘宋。

没想到，刘义隆是个伪装高手。

登基后，刘义隆开始还扮猪吃老虎，后来雄心狠辣逐渐显现。经过周密的筹谋，他成功干掉了徐羡之等顾命大臣，夺回了权力。或许后世的康熙也是学了他这招，才上演了除鳌拜的戏码。

刘义隆从幕后走到台前。因为欣赏谢灵运的才华，他召唤其回帝都。

谢灵运已经对官场失望，二拒其邀。怎奈刘义隆效仿刘备三顾茅庐之法，第三次派人去请谢灵运出山。

谢灵运终究还是心动了。

但他自视甚高。本以为自己像诸葛亮一样，可以大展拳脚，走上权力的巅峰，谁知道，刘义隆只是让他去修《晋书》，根本没有获得实权。

于是，谢灵运没有珍惜这次机会，反而彻底放飞自我，疯狂翘班，不上朝，不请假，工资照样领。

一次，刘义隆召见他，问《晋书》修得如何了。

谢灵运假装迷糊，推脱说忘记了此事。后来他依旧没有上心，只是草草交出了个大纲交差。

刘义隆很是失望。

他对谢灵运原本期望甚高，但现在这个人占着位置不工作，领着朝廷俸禄不办事。他思来想去，还是婉言将其劝退了。

谢灵运也识趣，辞职回到会稽，过起了优哉游哉的退休生活。

4

坐拥偌大的家业，谢灵运毫无后顾之忧，只顾着挥霍时光，结交朋友。谢家先人的门生故吏来往不绝，门庭若市。

谢灵运出门游玩的阵仗很大，可不像徐霞客那样独自穷游。

他呼朋引伴，带着百来号随从，浩浩荡荡游山玩水，遇阻便凿石开道，遇水则挖土填埋，甚至大兴土木，建造豪宅，给百姓造成了极大的困扰。

一次，他看中了会稽东的一个湖，于是就上书讨要此处作为私田，皇帝刘义隆一看，笑了一笑，便批准了。

但当地的太守孟可不买账，理由是这个湖的鱼虾水草可以养活许多百姓，怎么能给谢灵运私用。

谢灵运一听不爽了：皇帝都同意了，你一个太守算哪根葱？

于是他派出自己的手下，在会稽郡里打砸抢掠，想要逼迫孟太守就范。如果不就范，就给朝廷传出一个孟太守治理无方的绯闻，最后将其免职。

在官场沉浮多年，这个孟太守也不是吃素的。不久，一封举报信送到帝都，说谢灵运兴兵谋反。

谢灵运听到这个操作，惊出一身冷汗。造反可是诛灭九族的大事，于是快马加鞭来到刘义隆面前，一边抹眼泪，一边表忠心。

刘义隆算是位明君，好歹也开创了"元嘉盛世"，脑子够用。

他知道，谢灵运虽恃才傲物，倒不敢造反，也没有能力造反，于是并未降罪于他，随便给了一个闲职，让他去做临川内吏。

谢灵运刚刚表了忠心。虽然对工作不大感兴趣，但也不好扫了皇帝的面子。于是他收拾好了行李，硬着头皮去报到了。

5

到了新的岗位上，谢灵运没有任何长进。

他还是一副吊儿郎当的老样子，该玩的时候玩，该上班的时候也玩。日子久了，监察院的人实在看不下去，举报信一封封被送到宫中。

此时，刘义隆病重。朝廷大事都是他的弟弟刘义康帮忙审核。

刘义康是个用人唯贤的人，不看出身，只看能力，最讨厌那些靠着父辈光辉混个一官半职，又毫无作为的官二代。

于是，刘义康收到奏章后勃然大怒，令人去捉拿谢灵运。

谢灵运当时在和朋友喝酒，听到帝都有人来抓自己，丝毫不惧，还把来使给囚禁起来，更是借着酒劲，写下一首诗：

韩亡子房奋，秦帝鲁连耻。

本自江海人，忠义感君子。

这赤裸裸的反诗，把自己比作受迫害的张良，把皇帝刘义隆比作残暴的秦始皇，要是那个时候大兴文字狱，估计谢家九族都要被株连。

幸好刘义隆当真爱才，没有过多计较。但主政的刘义康忍受不了，强烈要求处罚谢灵运。最后，谢灵运被流放岭南。

那时候的岭南是荒芜之地，被流放的人基本有去无回。

谢灵运平静地接受了自己的命运，被押解前行。

半路上，有人竟然抓到一批匪徒。经过审问，匪徒供出他们是前来营救谢灵运的。在朝廷的调查之下，此人身上还牵出了谢灵运招兵买马，意图造反的惊天秘闻。

这下有了人证坐实，皇帝刘义隆想保住谢灵运也无能为力了，于是一代风流才子，难逃被绞死的命运。

临死之前，谢灵运看着远方的天空暗骂一声，"欲加之罪，何患无辞"。

6

浮云涌动，清风拂面，他回想自己的一生，曾交友无数，饮酒千杯；曾提笔著文，宦海浮沉；曾乐于山水之间，也曾迷于自然之中；曾感动了一些人，也得罪过无数人；曾裸衣骂人，也曾狂笑人生。

这一辈子，值了！

他赤裸身体来到人间，赢得千秋名声归去，他本不属于那个人间，最后回归天乡。

闭眼之前，他觉得天空那片云洁净美好，就像幼时在道观的窗子下，望出去的那朵一样。

谢灵运给自己的 48 年人生峥嵘岁月画上了句号，如同那箍紧的绳套。

最后，他将自己的美髯留在人间，捐给寺庙，挂在维摩诘菩萨像上，百年无尘。

胡须是他留给尘世的唯一纪念，直到 200 多年后被安乐公主嬉戏剪碎。

至此，谢灵运与人间再无羁绊。

那些年，他走过的路，留下的诗，打下的名号却永不消失，在历史的长河里熠熠生辉。

是个才子，也是个憨憨

有人说，最刻骨的爱，是爱而不得。

得不到的那个人，会带着无尽的美好想象，成为记忆中永久的红玫瑰，白月光。

就像甄宓之于曹植。

传说中，甄宓与曹丕、曹植兄弟之间发生过一段复杂的感情纠葛。作为感情和政治上的双重失败者，曹植曾经将这场唯美的相遇写进了他的《感甄赋》，也称《洛神赋》。

无论是虚幻的洛神，还是真实的甄宓，《洛神赋》中真挚纯洁的爱情故事，保持着穿越时间的感染力，令后人动容。

将《洛神赋》落在画卷上的顾恺之，以更加形象直观的表达方式，成了这个故事的传唱人，增加了它的触动性。

不仅如此，他还奠定了中国绘画发展的开端。

在魏晋南北朝之前，中国绘画艺术一直存在，但我们虽然可以看到一些画作，却很少留下画家的名字。也就是说，这门艺术真正在文化领域受到重视，正是开端于魏晋南北朝。

作为顾恺之的代表作，如今我们能够看到的《洛神赋》，都是北宋画人的临摹作品。但其中表现出来的空间感、层次感和质感，已经足够让我们惊叹。

中华文化的悠久与灿烂，在岁月传承中熠熠生辉。

1

细数古今很多才子，大多身上都带着一些痴气，保持着历经世事却没有被磨蚀的天真与率性，尤为宝贵，也尤为可爱。

顾恺之这样的大才子，被历史评价为"才绝、画绝、痴绝"，骨子里也是个孩子一样的"痴人"。

顾恺之的出身很不错，祖上是三国时期东吴"顾陆朱张"四大家族中的顾家，算是江南名门。到了父亲这一辈，虽然已经不是最具影响力的几大家族，但父亲顾悦之最高也曾做过尚书左丞，绝对算得上富贵之家。

顾恺之字长康，小名"虎头"，从小被家里人叫作"顾虎头"。他的性格，十分符合这名字中的呆萌。

顾恺之从小就显露出了绘画方面的才华，凭借超凡才华和反差萌，拥有大批粉丝，很有公众影响力。后来一次无心插柳的"营销事件"，更让他名气大增。

公元 364 年，朝廷在建康凤凰山建成了一座瓦棺寺。当时，东晋国库紧张，没有多少余粮，所以希望大家踊跃募捐，减少财政拨款。

众筹活动发起以后，很多大臣和贵族都带头积极响应，你一万，他两万，为百姓带了个好头。百姓们纷纷跟着加入了众筹当中，关注度极高。

这时候顾恺之来了，张口就说自己要捐一百万，眼皮都没眨。要知道，像王谢这样的顶级门阀，也只是捐了大概十万。所以大家都很关注这个消息，并纷纷议论顾恺之是不是在吹牛。

最上火的是顾恺之的家人。话都说出去了，全京城人民都在看，就不是上嘴唇碰下嘴唇的事儿了。问题是，钱去哪里搞呢？

顾恺之却神情自若，一点也不着急。

他与寺中僧人商议了一番，要在墙壁处画一幅维摩诘像。作画大约需要一个月时间，他会在神殿中闭关创作，谁也不能来打扰。

一个月之后，顾恺之的潜心创作大功告成，画像熠熠生辉，仿若有光。唯一就是佛像的眼睛还没有画。他联合寺庙住持向外宣布消息，自己会用三天时间来为佛像点睛。

这三天时间，善男信女们都可以来观看。首日观看者需要布施十万，次日观看者需要布施五万，最后一天随意布施。

对百姓们来说，这件事具备文化和信仰的双重吸引力。

佛教信徒讲求心诚，而维摩诘是古印度著名佛教居士，在人们心中的地位不可替代。顾恺之又是名震京城的才子大画家，拥有大票粉丝。如果可以亲眼看到顾恺之为维摩诘像"点睛"，可以说是一辈子的高光时刻。

放在今天，这既是一次成功的直播策划，也是一次巧妙的事件营销与饥饿营销。结果那三天观者云集，顾恺之轻轻松松就实现了一百万的"小目标"。

这次事件之后，顾恺之的名气更大了，成为当时举世无双的人物。

瓦棺寺也因此成为文化圣地。多年后，王维还在此处留下诗句："虎头金粟影，神妙独难忘。"

2

生活中，顾恺之是个特别好玩的人。

比如我们常人吃甘蔗，可能会先挑选最甜的部分来吃。但顾恺之有强迫症，他必须从尾巴啃起。旁人问他原因，他还真有一番理论，"老铁们都来这样啃吧，让你越吃越甜，渐入佳境"。

"渐入佳境"这个成语，就诞生于此。

与甘蔗一样渐入佳境的，还有他的绘画。作为一个既被官方认可，又有群众基础的知名画家，他也是第一个被记录进历史的画家。不得不说，这对画家来说是件极其幸运且难得的事情。

有一阵子，他在桓温手下上班，做散骑常侍。下了班以后，他很喜欢约同事谢瞻一起在月光下作诗，两个大男人彼此唱和，颇有一番情趣。

不过吟诗作对这种事情，偶尔为之是情趣，天天 PK 就有些变态了。但是顾恺之这个人，一旦喜欢某件事就会疯狂打卡，十分着迷，每次作诗之后他还会认真询问谢瞻的意见，以便下次可以调整进步。

连续创作了一段时间之后，谢瞻内心有点崩溃。所以当顾恺之向他要点评的时候，他都打着哈欠说几句场面话。再后来，他见顾恺之还是不知疲倦，索性自己偷偷溜走，留了个下人在旁边鼓掌叫好，陪着顾恺之吟诵到天亮。

反正一旦遇到想做的事情，他就会立刻进入"一根筋"的状态，九头牛都拉不回来。

每当他需要全身心投入作画，进入一种无我之境的时候，就会躲到家里的小楼上，吩咐家人把楼梯撤掉，一直画到作品完成才肯下楼。

除了对事，顾恺之对人也是一样的。

因为曾经在桓温麾下工作，他内心感恩，很念旧情。

尽管桓温在晚年的时候有不轨之意图，他明晃晃的野心和"遗臭万年"的口号，让很多人避而远之。但顾恺之从来不会这样思考问题，他无法理解这样的做法。

感情，难道是可以说断就断的吗？

桓温死后，这些人为了免去麻烦与猜忌，都急着撇清与桓家的关系。顾恺之却偏偏不避嫌，他跑到桓温的墓前大哭，还写下了"山崩溟海竭，鱼鸟将何依"的诗句。

身边人忍不住问他，干吗不低调一些，对东家的感情不至于这么深厚吧。他不以为然地回答："声如震雷破山，泪如倾河泄海！"

就是这么深，怎么着吧？

3

以顾恺之的绘画水平，在那时是当之无愧的行业大牛。

他的作品更注重灵性与神韵，带着深深的个人烙印，具有不可替代性。很多王公贵族都会找他来画像，并以此为荣。

当时有一位名士叫裴楷，对画像颇为挑剔，合作了多位画师都不满意。他满心期待地找到了顾恺之，这才欢喜而归。

虽然当时还没有照相技术，但是顾恺之已经不喜欢写实的人像画作。两个人整日端坐在那里，彼此都付出大量时间，只是为了复制，那其实挺没劲的。相较而言，顾恺之更喜欢那些可以被感知的东西。

比如裴楷的那幅人像画，他就抓住了对方脸上的三根毫毛为特征，将线条稍稍夸张处理，便显得整幅画像有了魂魄，极为传神。因为这个故事，他再度为我们留下了一个成语，叫作"颊上添毫"，用来形容文艺作品中的点睛之笔。

顾恺之还有一幅人像画很出名，就是谢鲲的画像。

谢鲲是谢安的伯父，最大的性格特点就是不喜欢庙堂之高，更喜欢山水之妙。就连当着皇帝的面，他也敢这样说。

有一次晋明帝问他："你若和庾亮相比，觉得如何？"他的回答是："比官场斡旋，那我自叹不如；论纵情山水，我之高情，可以甩庾亮十条街。"

在画像的时候，顾恺之刻意以岩石为背景，从构图到笔触，都是独属于谢鲲的气质。这幅画也开创了山水人物画的先河，后来又渐渐演变出了山水画，为中国美术史做出了突出的贡献。

除了桓温，顾恺之还曾在荆州刺史殷仲堪府上做过事。他们是相识多年的好朋友。当时，已经有很多人求顾恺之为自己画像，但殷仲堪始终没有提出这个请求。

顾恺之明白殷仲堪的心结。殷仲堪右眼有疾，只能用左眼看东西，所以对自己的容貌不自信，担心画出来不好看。于是他琢磨了很久，如何能够回避这个明显的缺陷，还能画出殷仲堪与众不同的气质，并呈现出美感呢？

翻来覆去想了几个晚上，顾恺之终于有了办法。

《世说新语》记载这幅画，"明点瞳子，飞白拂其上，使如轻云之蔽日"。顾恺之在画到右眼的时候，用飞白手法涂抹出了淡淡的烟云，既做了遮盖，又使人像多出一分神秘脱俗的气质。最终呈现的效果，让殷仲堪爱不释手。

连谢安也对顾恺之的能力竖起了大拇指，称赞他"有苍生来所无"。

4

顾恺之的"痴气"，不只体现在了对工作和对朋友上，在处理感情问题的时候更加明显。

顾恺之有一位恩师，名为卫协，是当时"画圣"一般的人物。

两人不但师生关系相处得好，还发展成了翁婿关系。卫协出于对爱徒的欣赏，将女儿嫁给了他。

不过，有个词叫"相见恨晚"。顾恺之在婚后才感受到了来势汹汹的爱情，对象是一个邻家少女。

对顾恺之这种脑回路来说，感情就是感情，没有错与对，早与晚。

因为已经成亲，他只好向邻家少女提出，娶她做自己的小妾。那少女不甘心做二房，狠心将其拒之门外。

自此以后，顾恺之就像丢了魂魄一样，整日对少女魂牵梦绕。为解相思之苦，他将那少女画了下来，挂在卧室里。看着看着，竟然用上了邪术，用银针戳那画中少女的心口。

巧合的是，那姑娘竟然真的开始心痛。顾恺之趁着这个时机大献殷勤，表达自己的一片痴心，竟然真的"精诚所至，金石为开"，成功将少女娶了回来。

因为这种种事情，"痴"几乎成了顾恺之人设的一部分。人们以此来评价他，更多是觉得他单纯可爱。

不过准确来说，顾恺之的"痴"其实只留给他在意的人与事。他并不是个骨子里的糊涂虫，从那次瓦棺寺营销事件中就可以感受到。在恰当的时候，他还会利用这个人设，帮助自己摆脱困境。

因为对桓温怀揣感恩，顾恺之与桓玄之间也保持着交往。

顾恺之爱收藏，家里有许多珍贵的历代名画，让桓玄很是羡慕。有一次，桓玄终于逮到了机会。他听说顾恺之要回老家探亲，于是主动提出帮他保管这些珍稀之物。

顾恺之用他天真的卡姿兰大眼睛看了看桓玄，自知无法拒绝，只好答应了。存放的时候，他特意将名画都锁在一个柜子里，还贴上了封条，才送到了桓玄府上。

当顾恺之回来后，发现封条和锁都没有变，但他打开一看，里面已经空空如也。当事人桓玄一脸无辜状，"真是怪事，柜子没有打开过呀"。

顾恺之全程未露出一丁点诧异之色，立刻安慰桓玄说："我跟你说，这些名画是通灵的，早就变幻而去，就像我们人登了仙境。"

桓玄看着顾恺之一脸认真的样子，不知道他是真痴还是假痴。

又有一次，桓玄为了试探顾恺之，拿来了一片柳叶。他说："你看蝉的天敌那么多，但是它总能藏得很好而不被发现，其实就是因为这柳叶可以隐身。"说着，他将柳叶递给了顾恺之，"来，你试试"。

顾恺之配合地将柳叶举过头顶上，蹲在了地上。桓玄立刻表示自己已经看不到他了，还故意对着他的位置撒尿。

顾恺之心知肚明，装名画的柜子是被桓玄从背面拆开，拿走了全部作品，这柳叶的无聊游戏，更是一种刻意的考验与羞辱。

不过桓玄与桓温不同，他更加贪婪残暴，自己又何必与他硬碰硬呢？索性装傻充愣，保全性命吧。

5

公元 407 年，顾恺之去世。

乱世之中，少有才子名士可以善终。他的命运，算是极好了。

留传下来的顾恺之的《女史箴图》《洛神赋图》《烈女传仁智图》等作品，虽然已经是后世的宋摹本，但对中国文化弥足珍贵、影响深远。

非典型酷吏的"注水柔情"

世人大多面临着两个选择：是俗世浮沉，还是诗和远方。

绝大多数人的选择是，在俗世中浮沉，偶尔眺望一下诗和远方。因为人总归是要活在现实中的。诗和远方固然美好，但缺了衣食住行，谁还有那份闲情去在意远方的风景呢。

令人纠结之处便在于，诗和远方虽不现实，却能够带给人心灵上短暂的宁静，而现实人生总是苦难多于幸福，仿佛在遗憾中生老病死才是生命的必然。

北魏有一位官员，名叫郦道元。

他自小心中最向往的，便是诗和远方。

与大多数人心中只有一个模糊的概念不同，他的诗和远方都是具象化的，因为他自幼便随父游历，心中早已印下整个天地。

他渴望投身名山大川之间，向往着山河壮丽，但这个世界却要求他去做官，毕竟他学富五车，是个难得的人才。

于是一个原本应该属于诗和远方的人，被锁定在了官场之中。

最要命的是，他偏偏做得还不错。

1

郦道元的父亲郦范是北魏的青州刺史，也是北魏孝文帝最宠信的大臣之一。

郦范功绩卓绝，被朝廷委以重任。因此，郦道元有着一个不错的童年。或许正是因为父亲的影响，也养成了他刚正不阿的性格。

小时候，郦道元始终跟随在父亲身边，拥有良好的教育和开阔的眼界。

父亲因为工作需要经常到各地游历，郦道元一路跟随，小小年纪就看遍了河山。

他喜欢那些别有风情的地理风光，每一处山川，每一处沟渠，每一片丛林，每一块土地，都是他心中最神圣的事物。

北魏孝文帝太和十三年（489），郦范因病去世，郦道元直接继承了父亲的爵位，这是郦道元的入仕契机。

在许多人看来，这大概就算是最顺利的人生了，什么都不用做，就能依靠父亲而走上人生巅峰。但是，每个人的人生追求各有不同，其他人眼里的人生巅峰，却未必是自己想要的。

与父亲这种几乎天生就适合在官场生存的人不同，郦道元与官场是格格不入的，因为他正直，他不懂圆滑。这种人，只要将他放在官场里，就注定是要吃苦头。可也正因如此，他成了当时不可多得的优秀官员。

做官这件事似乎很复杂，需要去权衡许许多多的利弊关系，甚至会有人专门写书研究官场行事准则。可这些人偏偏就忘了，做官原本应当是一件很简单纯粹的事。

一个官，只要将他应管之事管好，那就圆满了。

郦道元也是这么想的。

太和十七年（493），北魏迁都洛阳，郦道元被任命为尚书郎。

尚书郎主要的职责便是伴君左右为君谋议，这样的角色在朝廷中其实是举足轻重的，因为他们的一句话便可能影响其他大小官员的命运和未来。因此，要做好这个官，必定会受到来自各方势力的讨好与针对。

郦道元并不在意周围如何，他想得很简单，事实如何，他便如何说、如何做。他不在意任何人情世故，也不在意任何力量制约，他只在乎世间公理。

如果所有的官都能如他这般想，那么官场就会很简单、很干净。但这世上，只要有权力，就会有算计。既然他不懂得权衡，不愿意圆滑，那么他就会在无意中被孤立。

还好，被孤立的不止他一个。

朝廷上，有一个与郦道元惺惺相惜的人，也是对郦道元影响颇深的人。这个人便是李彪。

对于官场的态度，李彪与郦道元几乎是如出一辙，他们都是近乎无情地刚正不阿。

李彪较郦道元更甚一些，他甚至对当初提拔他的李冲也毫不留情。

很多时候，人们其实并不能完全做到非黑即白，大多数人都是灰色的，就像李冲。

在官场上，如李冲这样的人非常多，因为大家都处于灰色地带，所以遇到一些事时，彼此都会睁一只眼闭一只眼，一团和气。

可惜李彪并不是这样的人，他就是眼里容不下沙子，即便是提拔他的伯乐，他也不能容忍。

郦道元则刚好是李彪最喜欢的那种官，在他看来，郦道元是纯白的，是洁净的。所以李彪向朝廷推举了郦道元，让郦道元升任治书侍御史。

在李彪看来，官场上就是应该多一点如郦道元这样的人。可李彪没看到的是，从古至今，他与郦道元这种都是少数派。

在李冲看来，李彪对自己的种种不留情面，都是他忘恩负义的体现。他向孝文帝哭诉李彪种种白眼狼般的行径，表示这个朝廷上"有我没他"，还有那个跟李彪狼狈为奸的郦道元也不是什么好东西。

孝文帝十分喜爱李冲，见爱臣如此，自然表示不会放过李彪。只是，孝文帝也知道这件事并不能全怪李彪，因此虽然李冲口口声声要李彪死，最后还是仅仅罢免了李彪的官职。郦道元也作为李彪的同党遭到免职。

李冲自己也不好过，对于李彪的无情，他又气又伤，在李彪被免职后不久也因愤怒伤身而亡。

公元498年，郦道元被免职。9年的官场生涯让他意识到一件事，那就是高山流水实在比人可爱多了。

2

这次免职只是开始，官场对郦道元的打击才刚刚起了个头。

北魏宣武帝景明二年（501），郦道元被下放到冀州镇东府，做长史一职。

其实长史相当于幕僚，官职并不高，权力也并不算大，郦道元偏偏就能将这个长史做得人人敬畏。

从御史变成长史，其中落差不可谓不大，郦道元并未消沉，更没有从中吸取任何"教训"。他仍然秉持最初的为官理念：管好所有该管的，而且一路管到底。

他的眼中容不下半点沙子，任何作奸犯科之徒，他都决不放过。若有人想做些小动作让自己免于责罚，只会遭到来自郦道元更大力度的打击。

人们没见过这样的官，毕竟，大家都是灰色的，认为通融一下有什么大不了的。可他们万万没想到，郦道元最恨的就是"通融一下"这种事。人们很不理解，怎么会有这么不通情理的人，郦道元也同样不理解，怎么人就是不能跟大自然一样简单直接，山就是山，水就是水，做人清澈一点怎么就那么难？

郦道元在冀州待了三年。三年来，冀州境内被郦道元管理得井井有条，但凡不老实的人，只要不想遭受牢狱之灾，都只能选择逃离冀州。

郦道元的功绩被上报给了朝廷，朝廷将其提升到鲁阳郡做太守。

升官了，权力就大了。权力大了这件事，在其他官员眼里可能意味着很多，但是在郦道元眼里，这就只意味着一件事，就是他能为百姓做更多事情了。

他向朝廷申请在当地建了学校，毕竟穷什么都不能穷教育，即便有一天他不在这里为官了，当地百姓仍能继续受到良好的教育。

当然同时，他仍旧秉承着一贯的风格，对所有作奸犯科者不吝最大的打击。

也就是在这段时间，郦道元留下了一个"酷吏"的名声。

一些人说他为政严苛，在他的管制下，人们每日活得胆战心惊。其实古人有句话，叫作不做亏心事不怕鬼叫门，若能遵纪守法，又为何会害怕一个执法的人呢？当然也有人说，水至清则无鱼，如果容不得一点沙子的存在，这世界还能有活人吗？

究竟是"酷吏"，还是"青天老爷"，这或许只能由心评判了。那些因郦道元建立学校而受到良好教育的孩子，都感受到了真实的善意。那些因郦道元严惩了恶人而体验到安稳生活的百姓，也感受到了久违的温暖。

公元512年，郦道元因政绩突出，被任命为东荆州刺史。

如果说官小时得罪的是小权贵，那么官大了，自然也就会得罪大权贵，当他得罪的权贵足够大时，也就距离丢官不远了。

在当时乌烟瘴气的社会环境下，一个刚正不阿的人可以在官场上停留十几年，已经很不容易了。

终于在延昌三年（515），郦道元因当地势力向朝廷告状，而被罢官回家。

这一次，郦道元是真的可以离人远一些，离诗和远方近一些了。

3

这时候的郦道元已经49岁了。

他半生为官，却始终看不懂官场。或许他并不是真看不懂，只是不想懂，更不愿意懂。他最想弄懂的，本与官场无关，而是他从小就满怀着浓厚兴趣的山川大河。

他一直想弄清楚那些地理形貌，想搞清楚水为何那样流，每处土地的特征究竟有什么不一样。

这些是从小就埋在他心里的东西，是他真正想将心思放在上面的东西，是属于他的初心。即便半生过去，对于童年时就埋下的求知种子，他仍然满怀热爱。

既已离开官场，自然不必再为凡尘俗事挂心。于是他将自己的整颗心都投入到了地理研究的事业上。

就是在这段时间，他完成了四十卷的《水经注》。

许多年后，《水经注》作为一本出色的地理学著作，被一代又一代的学者拿来研究。人们不但为书中的各种专业的地理知识折服，更为书中的优美文字而沉迷。即便抛开学术研究，这套书仍可作为一套散文游记来收藏。

官场抛弃了一个刚正的"酷吏"，却也在无意间成全了一套伟大的著作。

或许在郦道元完成《水经注》时，他才算是真正放下了心中的执念，后面不论再经历什么，都能坦然处之了。

与此同时，官场依旧需要他。

孝明帝正光五年（524），郦道元再度被朝廷起任，要他去平定叛乱。

朝廷就是这样，太平时最喜欢宠用那些懂事的、熟悉官场规则的人，而一旦真的出了事，就又要把那些不讨喜却真正有用的人请回来。

最气人的是，这些人也真的能帮助朝廷解决危机。

郦道元的确不负众望，帮朝廷平定叛乱，最后论功行赏，他被朝廷授任安南将军兼御史中尉。

按照前几次的经验，郦道元做了这么大的官，必然还要继续得罪人，结局可想而知。

果然，他再度得罪权贵，更因为他不懂圆滑不能转圜，最后一路得罪到了太后。

于是，当齐王有了叛乱迹象，太后及一众权贵都将郦道元推到了风口浪尖上，让郦道元监视齐王，齐王自然将其视为眼中钉，派叛军将其害死。

郦道元死于孝昌三年（527），表面上是死于叛军之手，实则死于朝廷权贵的借刀杀人。

一个心中写满了诗和远方的人，终究还是死于这人世间的丑陋。

人类历史能够拥有郦道元是幸运的，因为他为后世留下了传世瑰宝，但他所承受的结局，对于整个人类而言却是莫大的遗憾。

第四章

动荡事件：让历史告诉未来

在长达四百余年的一个历史旋涡中，我们可以看到秩序的瓦解，也可以看到规则的重建。每一次社会矛盾的爆发，几乎都带来了连绵不断的政权倾覆与人口迁徙，还有不断循环的冲突与争斗。不过，正是这种新的融汇推动了历史的跃迁，为隋唐帝国的统一做好了制度、组织与文化上的准备。

三国归晋：司马家族登上舞台

公元 220 年，曹丕逼迫汉献帝禅让，建立了曹魏政权。东汉已经剧终，但此时国家依旧是分裂的局面。

公元 265 年，距蜀汉灭亡两年后，司马炎终于做了老爹想做却没来得及做的事情，代魏称帝，建立晋朝。

三国的墓穴，此时已基本完工。

《三国演义》中有一句"天下大势，分久必合，合久必分"，汉朝以后，儒家思想成了流淌在中国人血液里的思想核心，"大一统"观念深深扎根。只是谁也没有料想到，最后统一天下的是晋。

公元 280 年，经过 15 年的筹谋，司马炎以六路大军攻破吴都建业。

至此，三国历史棺材板上的最后一颗棺钉，被重重砸下。三国云烟随大江东去，皆成往事。

1

那是一个盛行挖坑的时代。那一年，一个叫王莽的貌似忠良之人，不声不响地为汉王朝挖了一个大坑，并狠狠地将它推了下去。

可惜，白蛇虽被斩断，气数却未丧尽。

缓过气来的汉王朝竟从土里爬了出来，反杀了那个才不配位的篡位逆臣，并将其钉在了历史耻辱柱上。

后来便是刘秀与其后三位帝王拼命为后代打地基的历史。

"被坑怕了，心理阴影太大，能代替后辈做的，便尽力去做吧……"这也许是当时刘秀的内心写照。

"十分伶俐使七分，要留三分给儿孙"，可惜，后世的这一句话，他没看到，更没有参透。

其实不只刘秀、曹操、司马懿等，众多伺机权变的枭雄们，都未曾领悟到这一点。这些所谓的处世哲理，在他们看来也没有任何意义。他们只相信自己，相信当下。

然而，历史若要打起脸来，却是半点情面也不讲。

公元106年，将东汉王朝国力推上巅峰的汉和帝刘肇病逝，年仅27岁。汉王朝的国运，开始呈现滑坡之势。

接下来继位的刘隆，堪称是当朝存在感最低的酱油角色。出生百日被立为帝，不满周岁便龙驭宾天。

大权落于外戚之手。自此，历史的挖坑大幕再次被拉开。

离权力中心越近的人，越容易被权力吞噬。数十年的朝局宛如挖坑大赛。外戚挖完宦官挖，宦官挖完外戚回头再来挖，有时候皇帝还跟着一起挖……直到民间的挖坑组织——黄巾军成浩荡之势席卷八州的时候，朝堂上的王公大臣们才见识了什么叫"众人挖坑黑又深"。

他们已经忘了，当年高祖也是用了同样的方式，将大秦帝国埋葬于历史之中的。

黄巾起义始于公元184年，朝廷深陷外戚宦官的党争大坑之中难以脱身，无奈之下，唯以饮鸩止渴的方式，下令各郡自行募兵守备。

起义虽然渐渐平息，但各地长官已经实力大增，纷纷拥兵自重，雄霸一方。

这些"填坑大队"在堵截黄巾军的过程之中，顺带也把黄巾军的挖坑技术学会了。对于此时的大汉王朝来说，可就更不好玩了。

经过一系列的整合重组，三个大集团渐渐形成。曹魏、蜀汉与孙吴都认为自己才是中华"正统"，各自等待着统一天下的机会。

2

客观讲，曹操初涉政坛的时候，也曾经有为汉朝填坑的抱负，并且真的付诸行动。

只是后来他发现，坑越填越多，且越填越大。于是，他决定换一种方式。

他先是借"扫黑除恶"的旗号，在讨伐黄巾军的过程中积累资本，完事后又将枪口对准董卓，再后来又干掉了曾经的友军袁绍集团。

在这个过程中，他礼贤下士，广纳良才，麾下文臣武将如过江之鲫。当毛玠提出"奉天子以令不臣"的建议，更是让曹操手里的牌面多出一副王炸。

家道中落的刘备想要翻身，但空有一腔抱负是不够的。打仗是要花钱的，没钱谁和你玩。

草鞋的利润只能勉强果腹，完成大业还须另寻他路。

和所有人一样，此刻他想到了一种办法——借。

先是借"中山靖王之后"的大名，结交关羽、张飞两员虎将，一起拉大旗，镇黄巾，讨董卓。

后又借居陶谦、袁绍、刘表等诸侯，发展自己的实力。再后来和公孙瓒借了大将赵云，通过鲁肃作保，和孙权借了荆州。即使是死后，依然要借诸葛卧龙为其王朝续命。

通过一系列"有借无还"的骚操作，刘备挺进三甲，得以一展雄才。若非如此，卖草鞋的刘大爷也许只能嗟叹街头了。

只是伴随着实力的增强，"老赖"的帽子也越戴越紧，终于变成了自己的属性。这也为日后吴蜀争端埋下了隐患。

东吴孙家的命运是多舛的，始祖孙坚享年 37 岁，其长子孙策过世时，仅 26 岁。

虽然都是英年早逝，他们却在有生之年里为东吴打下了坚实的基础。

孙权接过哥哥的一手好牌，并没有坐吃老本，而是充分利用自家资源优势，将自己地盘的 GDP 翻了好几倍。

然而太会过日子的人，都有一个共同特点，那就是抠门，少了一些大局观。

"不谋全局者，不足谋一域。"这似乎也注定了吴国的结局。

3

当司马懿发动高平陵之变，诛灭曹爽的时候，不知道九泉之下的曹丞相是否在后悔得拍大腿。

曹操这个人惜才，同样也多疑，面对这个生有狼顾之相的谋臣，不是没有动过杀心。很多人都在诧异，上天都将"三马同食一槽"的天机托梦给他了，他为什么还是没下得去手呢？

这就不得不佩服司马懿的伏地之术了——揣着明白装糊涂。

你怀疑我，我不辩解，明面上我依然对你言听计从，为你出谋划策，显得肝脑涂地。私底下呢，我结交你的儿子曹丕，关键时候，我相信他会替我说话的。

司马懿不糊涂，曹丕也不傻。

他知道司马懿对于自己有不可替代的价值，所以一定会保下司马懿。

公元 220 年，一代雄主曹操驾鹤西归。那一年，司马懿 41 岁。同年，曹丕代汉自立，司马懿当初押下的宝，终于获得了丰厚的回报。

曹操始终对司马懿的狼顾之相颇为介怀，临终前告诫曹丕提防此人。

短命的曹丕将这些话当成了耳旁风，临终前把老爹的教诲忘得一干二净，将司马懿任命为四辅政大臣之首，给了他留在牌桌上的机会。

继位的曹叡并非庸才，小小年纪便深谙政治权谋，使得位高权重的司马家族再度蛰伏，继续自己的伏地生涯。

曹叡做了 13 年皇帝后，于 35 岁驾崩。临终前，他将年仅 7 岁的养子曹芳托孤于司马懿。从这一点可以看出，司马懿的伏地技能还是独步天下的。

善打太极的曹叡当然不可能把帝国命运的赌注全部押在司马懿身上，他任命的辅政大臣，除了司马懿，还有自己的铁哥们曹爽。

按太极宗师曹叡的设想，未来的朝局应该是曹爽与司马懿相互忌惮，相互制约，而自己的老婆孩子正好从中左右平衡。

司马懿这次还会乖乖听话吗？

出乎所有人意料的是，首先想要打破这种关系的，并不是司马懿，而是曹爽。

这个胖嘟嘟的官二代在膨胀的权力欲作祟之下，一而再再而三地排挤司马懿，意图独揽大权。他貌似做到了，其实却是被"专吃曹"的老司马给蒙骗了。

此时的魏国尚存在内忧外患，没有司马懿，基本玩不转。而曹爽存在的意义，也就只有制衡司马懿了。

在政治家的词典里，制衡不是打死，如果打死了，那不就彻底失衡了吗？

但曹爽不是政治家，虽身居高位，却是一个十足的废柴。

当把司马懿逼到称病不出的时候，他以为自己已经胜利了。而他却不知道，司马懿之子司马师暗中培养的三千死士正蓄势待发。

公元 249 年正月，曹爽带着一众随从陪皇帝曹芳为先皇扫墓。伏地已久的司马战队抓住战机，迅速占领中央有利位置，武器齐刷刷对准了慌忙跑路的曹爽。

尽管这个废柴选择了举手投降，但心狠手辣的司马懿并没有手下留情。

曹爽被灭三族。

至此，整个魏国，司马一家独大。

4

公元 251 年，司马懿寿终正寝，终年 72 岁。司马懿应该是三国里为数不多走得比较安详的枭雄。一生虽处处遭人掣肘，却也厚积薄发，为后世积累了足够冠绝天下的资本。

司马师接过父亲衣钵的时候，早已练就了一身过硬的政治技能。此时，他已年过四十。

他知道，自己还没有登基的基础，需要进一步剪除隐患。于是，他加班加点工作，希望早日羽翼丰满。或许是因为操劳过度，48 岁时，他就一命呜呼了。

兄终弟及，狼子野心路人皆知的司马昭上位了。

不得不说，这也是一位狠角色。当时魏臣诸葛诞反水，把自己的小儿子送去东吴，意图借东吴之力对抗司马昭。东吴觉得有机可乘，派出 3 万大军与诸葛诞 15 万兵马会合。

司马昭直接调兵 26 万，并且挟持国君一同上阵。在士气与实力的双重碾压下，诸葛诞付出的代价不只是自己的性命，还有一片尸山血海。

公元 263 年，司马昭派钟会、邓艾分兵入川，将蜀汉彻底推入坟墓。

此刻的司马昭距龙椅仅一步之遥。虽然哈喇子流了一地，但他知道，这一步，急不得。临门一脚如果踢不稳，司马家几十年的心血也许就付诸东流了。

他先是光明正大地要求少帝曹奂升自己为晋王，封地二十郡。然后……就没有然后了。

因为封王后不久，还没等迈出最后半步，他便也随父兄西去了！

这最后半步，也只能由儿子司马炎来走完了。

司马炎并没有磨磨唧唧，扭扭捏捏，一如当年曹丕代汉一样，只是礼节上弄了一个所谓的禅让仪式，便毫不客气地坐在了曾属于曹家的九五之尊的龙椅之上。

天道有轮回，苍天饶过谁！

曹操一生的辛苦，曹丕一时的得意，此刻都化为泡影，烟消云散。

只剩东吴孙家了。

孙家虽然依旧有长江天险据守，却再没有羽扇纶巾的赤壁周郎。如今坐殿的东吴天子，给祖上提鞋都不配。

公元 280 年，司马炎在休养生息十几年后，调遣大军，兵分六路，对孙皓的东吴发动了灭国之战。

其实这么大的阵仗还真是抬举了这位败家子了，仗还没正式开打，这位末代皇帝便被吓得尿了一地。

还没有开战就输了一半，到头来，他也仅能换回条命而已。对于这个贪生怕死的厌货来说，这就够了。

至此，三国归晋。

曹、刘、孙三家争了几十年，到头来，却不过是为司马家做了嫁衣裳。

不知道是不是上天对司马家夺取天下的方式有所鄙视，还是因为司马家前几代把人品败光了的缘故，他们建立的晋朝，虽名义上统一了中国，内部政治矛盾却一直难以解决，在爆发"八王之乱"时，将问题推向顶峰，这也直接导致了整个中原民族再次出现裂痕，给后来的五族乱华做下了引子。

这也许是当初司马炎一统天下时不曾想到过的。

八王之乱：残酷的击鼓传花

"红颜祸水"这个词，很容易让人产生一种误解，就是"祸水"们都长得倾国倾城。

尤其是皇帝身边的蛇蝎女子，必定是有着妲己一样的风姿，才可以蛊惑人心，祸害朝纲。

直到贾南风做了皇后之后，人们才恍然大悟：

祸水并不都是红颜，丑人也可以多作怪。

1

嫁给了晋惠帝司马衷的贾南风有多丑？

《晋书》中记载她的模样，"丑而短黑"。寥寥几个字，简单形象，真是一点也不委婉。

这样糟糕的形象能够当皇后，显然不是因为皇帝有什么特殊的审美癖好，而是因为人家投胎投得好，投到了西晋开国功臣贾充的家里。

在"司马昭之心，路人皆知"的时候，贾充就是司马家的骨干干部。

所以贾南风这种在相亲市场无人问津的女人，硬被塞到了傻子皇帝司马衷的手里。

司马衷有苦说不出，只好吃了个哑巴亏。

进了皇宫的贾南风很快露出了本性——她不仅是个丑女人，还是个恶女人。从太子妃到皇后，死在她手上的人不计其数，通往后座的地毯上沾满了鲜血。

此刻，已经成为皇后的贾南风，又在苦恼一个问题。

要如何干掉杨家外戚集团？

自从司马炎驾崩之后，朝政大部分都掌控在了太后杨芷和太傅杨骏的手里。这让贾南风十分不爽。

在司马炎的葬礼上，杨骏竟然带了一百多个带甲武士，说要保护自己，气焰十分嚣张。辅政之后，他更是将自己喜欢的人全部任命，将讨厌的人都罢官。

对于这样的局面，司马衷可以佛系，但是贾南风不可以。

她这个人"主人翁"意识很强，早已把江山看作了自己家的地盘，不允许有人撒野。

但她也明白，这事儿不能贸然下手。

杨家势力深厚，毕竟不像杀一个宠妃那样简单。贾南风托着那黑黑的圆脑袋，想到了一个好办法。

这个办法，还要感谢死去的老皇帝司马炎。

2

司马炎能够得到江山，是经过了几代人的努力。

坐上王座的那一天，他回想了家族几十年来的辛苦筹谋，没有沾沾自喜，反而很认真地思考了一个问题：

曹魏，究竟是怎么亡的？

这是个值得思考的问题。他想从这个问题的答案中，推导出一套方案，用于司马家的江山巩固。免得曹魏的悲剧，再次发生在司马政权身上，以此作为前车之鉴。

仔细琢磨了一番，他得出了结论：因为孤立无援。

为什么孤立无援？因为没有实行藩国制。

藩国制是历史的产物，在秦始皇的时代就已经废除了。秦统一天下后，实行的是郡县制。

只有汉高祖刘邦实行过一段时间藩国与郡县并行制，但是藩王权力一旦太大，势必会和中央产生矛盾，引发动乱，因此在汉景帝时期爆发了七国之乱。

曹魏政权上台后，曹丕经历过多年与兄弟的争斗，对同姓王充满警惕。

所以他坚决实行郡县制，让那些曹氏亲王几乎只空有个名头，并没有实权傍身。

所以当司马权臣有了谋反之心的时候，曹家小皇帝几乎孤立无援，像一只待宰的小羊羔。而曹家同宗同族的王爷们，因为手中没有权力，也只能爱莫能助，眼睁睁看着江山易主。

当想到这里的时候，司马炎恍然大悟地拍了一下大腿。

为了接受历史的教训，他创立的西晋，必须恢复藩国制。

公元 265 年，司马炎分封了二十七个同姓藩王，给他们独立的财权、人事权、军权，共同捍卫来之不易的司马王朝。

贾南风的心思，正是动在了这里。

她黑黑的丑脸上，忍不住洋溢出开心的笑容，很想和故去的公公来个击掌。

3

杨家外戚集团独揽大权，很多人都恨得牙痒痒。

没想到第一个动手的，却是贾南风这个女流之辈。

她的目的没那么高尚，不是为了国家，也不是为了正义，就是单纯想弄死他们，自己当家做主。

这个时候，她必须要为自己选择一个合作伙伴，拥有兵权的藩王最合适。她把目光落在了楚王司马玮的身上。

这，就是"八王之乱"的导火索。

公元 291 年，贾南风以老公司马衷的名义发了一道诏书：杨骏谋反。

诏书发出，楚王司马玮立刻切断了内军外军的联系，带兵冲进了杨骏的内宫，将他杀死在了马厩当中。

杨氏一党，一夜间覆灭。太后杨芷被贬为庶人，一年后郁郁而终。

贾南风心愿达成，得意万分，哼着小曲儿与司马玮瓜分了杨氏集团的权力。

但分着分着，贾南风就感受到了心痛的滋味。

她不喜欢和人分东西。

所以她又做了个决定：过了河的桥，拆了也无妨。

于是，她将德高望重的司马亮和卫瓘招入了京都，来制衡司马玮，同时寻找机会干掉司马玮。

三人游戏开始。

司马玮与另外二人果然不对付，整天吵吵闹闹，弄得朝廷内外都知道。

贾南风静候时机。等舆论发酵得差不多了，她派人送了一道假诏书，说司马亮和卫瓘谋反，让司马玮再次出面。

司马玮乐了，以为又要分东西了，一高兴忘了检查诏书的真假，带人拿刀就去杀了两个政敌。

第二天，真诏书下来了。

司马玮矫诏诛杀司马亮、卫瓘，勒令即刻出宫，哪儿来的滚回哪儿去。

司马玮这才知道中计，慌忙逃跑，不久后被杀，夷灭三族。

至此，在贾南风的搅动之下，已经死了两位藩王。

贾南风的时代到来了。

亲手策划了一出狗咬狗的剧情之后，她开始了长达八年的执政。

其实，她虽然人品不行，但是政治手腕还可以，如果不对太子司马遹下手的话，说不定可以一直得意下去。

怪只怪，她的字典里没有"见好就收"这四个字。

太子司马遹不是她的儿子，所以她总是睡不着觉，渐渐动了废太子的心思。

出于过去的成功经验，她打算再从诏书上入手。

公元 299 年，贾南风又在诏书上做了文章。她伪造了一封司马遹写的诏书，污蔑他要废掉晋惠帝与自己，使得司马遹的谋反罪名成立。

公元 300 年，太子司马遹被废。

这个动摇国本的举动，如同炸弹一样，炸开了西晋王朝所有的矛盾，也引爆了贾南风的灭亡。

4

动了太子的贾南风成为众矢之的，这些人中，以赵王司马伦为首。

但司马伦这个人心眼也很歪，司马玮的悲剧还历历在目。他很怕铲除了贾南风之后，司马遹再借机干掉他。

那他不是提着脑袋白玩了吗？

于是他办了一件很缺德的事情，就是先放出了太子政变的假消息，激怒贾南风，然后自己再"替天行道"。

其实这个游戏套路，贾南风并不陌生。但是被仇恨冲昏了头脑的她还是中计了。她一怒杀了司马遹，彻底引爆了舆论，掉进了司马伦挖的坑里。

司马伦带着梁王司马肜和齐王司马冏一起率兵入宫，杀死了贾南风。西晋王朝进入司马伦时代。

从司马伦之前的表现就能看出，这位也不是个大善人。很快，大家开始明白他葫芦里卖的什么药了，于是淮南王司马允与吴王司马晏又起兵攻打司马伦。

可惜这两个人实力不足，很快落败。一个死了，一个被关进大牢。

司马伦自信爆棚。他脑子一热，干了一件愚蠢的大事儿——篡位。

公元 301 年，司马伦废晋惠帝为太上皇，杀了前皇太孙司马臧，委任梁王司马肜主持朝政。

在之前所有的争斗中，没有人动晋惠帝的皇权。而当这块遮羞布被扯了下来，击鼓传花的游戏就开始了。

藩王们都在想：

如果上位是这个流程，那真是太简单了，我也可以当皇帝啊。

这下可好，藩王们都开始酝酿自己的计划。从前懒政的这帮家伙，一下子自律起来，各自飞速扩大军队。

西晋的中央集权，就这样垮了。

司马伦的终结者又是谁呢？

齐王司马冏。

5

齐王司马冏，是被司马伦拆掉的桥。

司马伦掌权之后，立刻将他赶回了封地，这也激起了他的不满。

不过，他不想单打独斗。司马冏扩充兵马，联合了成都王司马颖、河间王司马颙、长沙王司马乂等人，想要收拾司马伦。

司马伦发现了自己的危境，于是开始疯狂架空藩王们的权力。

没想到，这个举动引起了众怒。齐王司马冏趁机振臂高呼，邀大家共讨司马伦。一时间，几十万兵马奔赴京城，引爆了西晋开国以来最大规模的战争，

战争持续时间两个多月，阵亡将士近十万。

司马伦兵败，无奈之下，宣布太上皇司马衷复位，司马伦后被赐死。

在这场权力的洗牌中，成都王司马颖、河间王司马颙、齐王司马冏成了三大赢家。其中司马冏留在了洛阳，司马颖与司马颙分别回到了邺都和长安。

"八王之乱"最无聊的地方在于，剧情虽然略有不同，但是基本是在鬼打墙的状态里。

根本原因，就是貌似这些藩王都不是什么好东西，也都没什么大本事。

所以谁在这洛阳城中，都憋不出什么好屁来。只有长沙王司马乂，算是个意外。

他的特别之处在于，每个藩王的终极目的都是自己坐上那王座。只有他，是想恢复正统，将时间的指针拨回到黑暗来临之前。

公元302年，留在洛阳的司马冏立8岁的司马覃为皇太子，野心呼之欲出。

关键时刻，司马乂带着仅有的一百多个护卫，上演了一出螳臂当车。更令人惊讶的是，或许是他人缘太好，又或者是运气太佳，他竟然成功了。

司马冏的部下临阵倒戈，司马冏只得被迫向司马乂投降。

很快，司马冏被斩首示众，大权终于落入了好人司马乂的手里。

6

好人虽好，但是糊涂。

司马乂的愿望，就是让晋惠帝司马衷稳坐钓鱼台，让西晋的江山更加稳定。

不想弄权的他，决定为晋惠帝挑选一个周公一样的辅佐者。他选择的对象，是成都王司马颖。

在他看来，司马颖不只长得帅，还很勇猛，几次讨伐乱臣都有他的身影。他又不贪权，每次都回到自己的封地，还会开仓放粮给灾民，活脱脱一个大忠臣。

直到河间王司马颙起事的时候，司马乂才发现了司马颖的真面目。他像是忽然换了一副脸孔，出兵二十多万人，与司马颙一起夹击自己。

西晋王朝再次爆发了一场残酷的大战。

司马颖和司马颙的兵马加在一起，有三十万大军，浩浩荡荡攻向洛阳。

但司马乂也不是好惹的，接连打了几次胜仗，逼得司马颖和司马颙两个人起了内讧。

司马颙想撤兵，司马颖想攻城，眼看着深冬来临，搞得军队特别被动。

就在这个时候，洛阳城出了内乱。"八王之乱"的最后一王，东海王司马越出场了。

他是"八王"中的"小透明"，也是最会隐忍的一条毒蛇。

趁着三王争霸，他打了个出其不意，擒获司马乂，将叛军放入城内。

可怜忠厚老实的司马乂，被叛军推入了火中，哀号而死，年仅28岁。

他怀揣着理想雄心，想要给西晋王朝一个安定，却终究还是死于阴谋。

作为"八王"中死去的第五个王，他含恨告别这个世间，留下成都王司马颖、河间王司马颙、东海王司马越在摇摇欲坠的权力巅峰"斗地主"。

7

在战火的摧残下，都城几乎成了一片废墟。司马颖与司马颙却很高兴。

他们刚刚和司马越分了赃。

作为前辈，两个人理所应当地占了大头，还客气地鼓励司马越以后好好干，争取有更大的出息。

那时候的他们，丝毫没有意识到"螳螂捕蝉黄雀在后"的真理。

一直在默默酝酿的司马越，很快就要收起"八王之乱"的大网，成为那个笑到最后的赢家。

地狱之门早已打开，司马颖与司马颙被司马越这个"后浪"狠狠地拍了进去。

公元306年，司马越毒死了晋惠帝司马衷，杀死了司马颖和司马颙，以及他们的儿子。持续了16年的"八王之乱"终于打上了"剧终"的字幕。

阴曹地府中，阎王爷看着先后来报到的汝南王司马亮、楚王司马玮、赵王司马伦、齐王司马冏、长沙王司马乂、成都王司马颖以及河间王司马颙，不由得叹了一口气，"你们家以为这是旅行团吗？来了，可就再也回不去了"。

公元307年，司马越改年号为永嘉。

这个特殊的年号，即将带着残酷血色载入历史。

面对一个破败不堪的烂摊子，司马越终于意识到：

天下，已经四分五裂了。

王臣共治：皇权与士族的四手联弹

在"八王之乱"的尾声中，东海王司马越整顿河山，将晋惠帝迎还洛阳，开始了专政。

他将司马睿任命为安东将军，负责镇守建邺。

那个时候的他一定没有想到，这位安东将军的前路光明，远远超过了他自己。

在琅邪王氏的帮助下，司马睿拉拢当地士族，很快在江东建立了自己的一番天地。

西晋灭亡后，司马睿在士族拥护下称帝，因为都城"建邺"中的"邺"字，与司马邺同字，因此改名"建康"。

东晋王朝的序幕，缓缓拉开了。

1

人们都知道，"王与马，共天下"指的是王导和司马睿。但很多人不知道，"王与马"的初始组合，其实是王衍与司马越。

虽说，司马越是"八王之乱"最后的赢家，但是归根结底，他的身份不够根正苗红，所以需要士族的力量来辅助和支撑。

琅邪王衍，就是这样映入了司马越的眼帘。

作为一种微妙的政治联合，司马越以其执政地位来为琅邪王氏不断招揽资源，提升地位，王衍则为司马越摆平各种关系，并夯实自己的队伍。

而另一边，王导与司马睿的组合，并不是一种巧合，而是一种精心策划的复制。

当然，司马睿称帝这件事，是完全在意料之外的。

就连司马睿自己可能都没有想到。

论威望，论实力，论地位，他都没有任何优势。直到遇见了王导，他才有了跃跃欲试的念头。

一开始，司马睿很难面对江南士族的冷落。

这些家伙根本不把他放在眼里，不仅不来参拜，甚至连政令都不执行。

士族们的心理，王导了如指掌。他先建议司马睿去逐一拜访那些有名的江南士族。不久后，他又亲自导演了一场戏。

在建康，每年的三月初三被称为褉节，是人们都很重视的节日。几乎所有人，都会到江边去祈福。

褉节当天，司马睿坐在轿子中，仪仗队风光开路，后面跟随的是王导、王敦等人。江边人员聚集，大家都亲眼见证这一幕，很快传遍了整个城市。

顾荣等江南士族听说了这件事，他们认为连王敦、王导都对司马睿如此恭敬，那么司马睿绝不是等闲之辈。从此以后，不由得都高看了司马睿一眼。

后来，司马睿听从王导的建议，去亲自邀请顾荣和贺循出来做官。

因为他们在江南极具声望，如果可以收入麾下，那么其他人自然都会慕名而来。王导的这些计谋，终于使得司马睿在建康站稳了脚跟。

作为回报，琅邪王氏也在王导的带领下迅速崛起，成为当时最有权势的士族。

2

随着政权稳定，司马睿渐渐开始心疼旁落的大权，起用刘隗、刁协等人来牵制琅邪王氏的势力。

但以王导的老谋深算，加上王敦的军事实力，恐怕十个刘隗、刁协，也不是他们的对手。

更出人意料的是，司马睿的任性，让他不小心捅了马蜂窝。

皇权与士族的矛盾激化，让王敦叛乱一触即发。

司马睿差点被拉下王座，吓得魂飞魄散，很快就病倒了。

因为王导的处理得当，琅邪王氏的权势丝毫没有受到大的影响。在王敦死后，王导也依然升职加薪，带领着琅邪王氏走向巅峰。

直到颍川庾氏的出现，才让琅邪王氏的势头渐渐回落。

正所谓，一朝天子一朝臣。司马睿死后，司马绍即位。司马绍在皇位上仅仅坐了3年，就一命呜呼。临终前，他在诏书上写下了小舅子的名字——庾亮，希望他来参与辅政。

当仅仅 5 岁的晋成帝司马衍登上皇位后，兼具辅政大臣和太后哥哥双重身份的庾亮，顶起了颍川庾氏的势力，成为江左高门士族。

王导的根基很深，难以撼动。但是作为新的权臣，庾亮也完全不把王导放在眼里。

在平定王敦之乱的时候，庾亮就是功臣。他清楚地看见，琅邪王氏的天下已经过去了。

其实，庾亮的想法还是太自大了。

琅邪王氏的确在渐渐回落，但是翻看王氏的几代后人，从王羲之到王献之，依然还是稳稳地名士风流。到了南四朝，王家依然显贵。

反倒是庾氏的根基不够，在庾亮死后，两个弟弟接替了庾亮的职位。他们相继去世后，颍川庾氏就似乎激不起什么水花了。

从行事风格来看，江左士族更喜欢"王导式"的温和，而不喜欢"庾亮式"的"苛政"与"厉法"。

所以庾氏子弟的偏激，并未令世人真正接纳。

3

不同于琅邪王氏与颍川庾氏，龙亢桓氏的崛起，是军功所造就的。

而带领桓氏抓住这个机会的桓温，是托了庾氏的福，才进入主流视野的。从这个角度来讲，似乎也有了一种传承的意味。

桓温的父亲桓彝，生前与庾亮是好友。

桓温有一个朋友叫庾翼，正是庾亮的弟弟。

因为这样的巧合，庾翼向皇帝极力推荐这位好友："桓温少有雄略，愿陛下勿以常人遇之，常婿蓄之，宜委以方召之任，托其弘济艰难之勋。"

诚意满满的推荐，为桓温觅得了良机。他不仅得到了好的工作机会，还迎娶了南康公主，成了驸马爷。

不过，桓温不同于其他名流，他不喜欢搞裙带关系，只喜欢征战四方。

功夫不负有心人。

经过十余年的努力与厮杀，桓温已经占据了东晋版图的大半。龙亢桓氏，成为当时最有实力的士族。

此时，东晋的顶级士族已经有了四家，分别是琅邪王氏、颍川庾氏、龙亢桓氏和陈郡谢氏。

陈郡谢氏的崛起，大致与桓氏同时期。

但谢氏在谢安之前，已经有了谢尚、谢万等人的铺垫和打拼。不像桓温，几乎是以一己之力，扛起整个家族。

40岁的谢安出仕的时候，是在桓温的帐下做官。

在共事期间，桓温发现了谢安的才华，谢安也发现了桓温的野心，于是谢安找理由离开了桓温。

两人再见面时，桓温已经大权在握，不仅废黜了司马奕，将他贬为海西公，还另立司马昱为帝。

昔日的上下级，如今变成了死对头。

4

桓温的工作机会，是庾氏给的。谢安的工作机会，是桓氏给的。

或许冥冥之中，命运已经预示了某种交替关系。

桓温的篡权之路，因为谢安而停止了。

不只在新亭的那场宴会上，他拆穿了桓温的计划，让其只得暂时搁置计划。

在桓温生命的最后时刻，一个加九锡的心愿，也被谢安拖了又拖，最后拖成了一生的遗憾。

桓温死后，谢安凭借"淝水之战"，成就了历史上一场以少胜多的战役，成就了自己的盛名，也成就了整个谢氏家族的声望。

陈郡谢氏的势力飞涨，在东晋达到了鼎盛。

但谢安对桓温的弟弟桓冲，完全没有芥蒂与排斥，反而达成了某种同盟，关系处理得非常融洽。但他也清楚地看到，桓氏在桓温死后，似乎有了分裂的迹象。

长子桓熙和弟弟桓冲都想成为家族的掌门人，一场内讧悄然开始。

桓冲赢了，但他已经没有能力带着这个家族继续前进。桓氏的权力不断缩水，那一路后退的脚步，显得慌张而凌乱。

后来，桓温的小儿子桓玄继承了桓冲的爵位。这时，东晋皇帝已经是司马昱的儿子司马曜了。

谢安已经去世，世间早就变了模样。

司马曜的弟弟司马道子当政，政局再度陷入混乱。不久，司马曜的长子晋安帝司马德宗继位，这是晋朝第二个傻皇帝。

司马道子的手，搅动着朝纲，让整个东晋王朝摇摇欲坠。

桓玄做出了自己的选择。

他再次走了父亲的老路，举起反旗，声称要讨伐司马道子。

桓玄自江陵起兵攻入建康，废杀司马道子和元显父子，自封为丞相、太尉，顺利掌握了东晋王朝的统治大权。

公元403年，桓玄封楚王，加九锡，不久后便逼司马德宗的弟弟晋恭帝司马德文禅位给他，改国号为"楚"。

桓玄即位后不顾朝政，荒淫无道。第二年，以刘裕为首的"北府军"将领前来攻打。桓玄战败，吓得逃出都城，不久去世。

之后桓氏家族作为余党仍然不断反抗，直到410年才被彻底消灭，桓楚政权灭亡。

5

桓玄去世后，桓氏家族将皇权交回了司马氏，与其达成了和解。

他们对皇帝说：

您想学习尧舜禅让，但是桓玄没有天命来承载这一切。晋帝国依然是正统所在，如今我们将皇位交还。

桓氏的新接班人桓振，还在跃跃欲试地构建自己的新计划。

此时，刘毅率领的西征军已经杀入了荆州。

这一次，桓氏家族再也没有挣扎的余地，就彻底退出了历史舞台。

佛教进入：我要拿什么拯救

公元 310 年，洛阳城内，一片狼藉。

这座劫难之后的城市，刚刚死亡了三万多人。

他们有官吏，也有百姓。尸体还没有来得及处理，毫无章法地堆放着，散发出难以名状的气味。

一个 79 岁的老人，茫然地望着这满目疮痍的天地，不由得连连叹气。

这位老人就是佛图澄。

他是得道高僧，从西域来到洛阳弘法，准备修建一座寺院。可他没想到当自己走进这座城市的时候，看到的竟是触目惊心的景象。

跨越山水来到这里，恰逢乱世。

他一边走，一边念着经文，为陈尸街头的人们超度着。

绵延的惨状与悲剧，窒息了他的胸口。

他不禁问自己：佛法的种子，可以在这片土地上开出花来吗？

1

在洛阳避祸的日子里，佛图澄恶补了故事的来龙去脉。

他所闯入的这个世界，正处于一个黑暗的阵痛阶段。多民族南下的动荡，酿造了前面的悲剧。

洛阳这座城市，刚刚经历过一次洗劫。前赵皇帝刘聪与将军王弥先后光顾了这里，将皇宫珍宝与美女洗劫一空。后有刘曜攻打进来，火烧了皇宫，盗掘了皇陵，斩杀了无数官吏与百姓。

这片刚刚经历过磨难的土地，或许更需要佛法的普照。

佛图澄开始了他的传法，与人讲经，与人论法。

但这种愚公移山式的做法，效率很难提升。他闭上眼睛想了想，若真想要弘扬佛法，还是必须借助权力的力量。

在复杂的形势之下，佛图澄静观局势变化。

这时候，他发现在各方势力中，石勒的杀戮最重。只要石勒走过的地方，常常大开杀戒，手段凶残，甚至也对出家人下过手。本着弘扬佛法、普度众生的使命，他决定以此为突破口，为佛法弘扬打开局面。

同时他也发愿，一定要用佛法度化石勒。

在石勒的军营里，有一位笃信佛法的大将。佛图澄打听到了他的名字，是为"郭黑略"。

作为一个虔诚的信徒，当佛图澄出现在郭黑略面前时，他显得尤为激动。有生之年，可以受到一位来自西域的得道高僧指点，郭黑略高兴得语无伦次。

他二话不说，立刻拜了佛图澄为师，并受持五戒。

2

做了郭黑略的师父之后，佛图澄成了随军僧人，两人时常在一起研究佛法，也会交流军队的战略战术。

郭黑略是石勒的"十八骑"之一，很受石勒重用。

让石勒感到奇怪的是，郭黑略忽然变得非常神秘。几乎每一次出战，他都能提前预言出战役的成与败。

这样的本事，实在是很邪门。

石勒心直口快，根本藏不住心事，就把郭黑略找来解惑。

"你最近变得很不一样啊，好像智慧突然高出以往很多，提前知道战役胜负这件事，你到底是怎么做到的呢？"

按照佛图澄提前的交代，郭黑略借机极力推荐了自己的师父。

"将军您有福气，如今上天都来帮我们了。现在我认识了一位得道高僧，法术和智慧都了不得。他预言将军会占据中原，而他应该是军师。我这段时间的预言，其实全部都是他教给我的。"

石勒听完之后，既好奇又怀疑，吩咐郭黑略马上安排见面。

《高僧传》中记载，石勒与佛图澄见面的那天，明显表现出了自己的质疑。

佛图澄早有准备，他现场动用道术展现了看家本领，快速取得了石勒的信任。

他先用饭钵装了水，然后念咒焚香，片刻过后，钵中便长出一朵洁净的青莲，闪耀着夺目的光彩。石勒亲眼所见，大为吃惊，从此信服了佛图澄，真的把他留在身边做了军师。

3

拥有了佛图澄的石勒，就像是拥有了哆啦 A 梦的大雄，要多拉风有多拉风。

佛图澄也不厌其烦地展示着自己的神通，百试不爽。

有一次，石勒从葛陂回河北，要经过枋头。

佛图澄对郭黑略说："警惕枋头的贼军，他们晚上会来偷袭大营，这件事情提前告诉将军，有备无患。"石勒听了这个消息，乖乖做好准备。夜里，枋头人果然来偷袭军营，正好掉进了石勒的"陷阱"。

佛图澄的预言总是很准，但石勒还是经常犯嘀咕，因为这种事实在太神奇，实在难以解释，他总想挑战一下。

他想试探佛图澄。一个晚上，他全副武装并佩戴着尖刀，坐在军营里。然后找人去问佛图澄："你猜猜大将军在哪里？"

佛图澄微笑着接了这个幼稚的游戏，说："平静安居，无敌无寇，为什么要夜间持械啊？"

还有一次，鲜卑人段末波进攻石勒。石勒好奇结果如何，就跑去问佛图澄。

佛图澄捋了捋白胡子，说："这件事儿，昨天问了寺里的风铃。它说，明日早饭的时候，就可以活捉段末波。"

石勒一想，这就差不多是早饭时间呀。到底准不准？

石勒转身就跑了出去，登上城楼一看，段末波的人马黑压压一片，看着挺吓人的，不由得骂道："佛图澄忽悠我，这段末波兵马众多，几时能够活捉他？"

佛图澄出现在他的身后，说："已经捉到了。"

话音刚落，出城的城北伏兵迎头就碰上了段末波，顺手就活捉了回来。

佛图澄劝石勒："此人宜放，不宜杀。"

石勒立刻照做，当场放人。后来，段末波果真成了石勒的得力干将。

4

公元 328 年，刘曜进攻洛阳，镇守洛阳的人是石虎。

石勒询问佛图澄的预测。佛图澄说："刚才法轮上的铃声表示'秀支替戾岗，仆谷劬秃当'。"

这两句羯族语的意思是说，军队能活捉刘曜。

石勒大喜，他亲自带兵去见证"伟大的时刻"。到了洛阳后，没几个回合，看似强大的刘曜就露了怯，马掉进水中，人被生擒了。

不久，石勒称帝，改元建平，史称后赵，封佛图澄为"大和尚"。

在他的倡导下，很多人开始信佛保平安，修建寺庙的步伐也加快了起来。

一天，佛图澄忽然无厘头地说："今年葱里有虫子，吃了会害人，告诉百姓不要吃。"石勒马上下诏，勒令境内百姓不得吃葱。结果搞笑的是，想要造反的石葱立刻心虚了，找不到支持他的人，只得逃走了。

建平四年（333）的春天，那日晴朗无风，佛塔中的铃铛忽然响了起来，佛图澄告诉大家，"国内将遇到大丧"。

七月，石勒去世，石弘即位。

不久，石虎篡位，改元建武，迁都邺城。

他对佛图澄更加尊崇，下诏令其穿锦缎衣服，乘坐雕花的辇车，由常侍以下的官员抬辇车，太子、三公在两侧扶持。

石虎还规定：朝会上，呼"大和尚"号之后，在场所有人都要站起来，以表敬重；司空每日早晚均须向佛图澄问安；太子、三公每五日朝见一次。

因为佛图澄受到的尊重，更多百姓信了佛教，甚至剃度出家。

5

佛图澄的预测依旧很灵验。

从前没有人在黄河里见过鼋（一种大鳖），那日有人无意捕到一只，将其献给了石虎。佛图澄见到却说："桓温要打到黄河了。"

不久，桓温的军队就打到了黄河。

还有一次，石虎在白天睡觉时做了个梦，一群羊背上驮着鱼从东北方徐徐而来。

佛图澄低着头沉吟，"此梦不太吉祥啊，鲜卑人要占领中原了"。

不久，鲜卑人果然插手了中原之争。

石虎又做了个奇怪的梦。梦里有一条飞龙在西南方向降了下来。他将这梦告诉佛图澄，佛图澄立刻哎呀了一声，"坏了，灾祸将至。大概十日之内，佛塔以西，此殿以东，会有血光之灾，您一定要小心"。

《晋书》记载，仅仅两日后，石虎的儿子石宣预谋造反，不仅在佛寺中杀了石韬，还想用屠刀对付自己的父亲。

石宣的阴谋彻底败露，石虎震怒。

但佛图澄劝他，"既然都是自己的骨肉，就高抬贵手放过他吧。如果这次可以慈悲对待，起码可以换得六十年国运。否则，他很有可能变成扫把星，未来让你倒霉的"。

儿子敢杀老子。石虎对这事儿实在没那么容易释怀。所以完全将佛图澄的话当作了耳旁风，将石宣杀死。

一个月后，有一匹尾巴烧焦了的马，突兀地出现在洛阳城的中门。它走出显阳门，面对着东宫却不进去，接着往东北走，瞬间就消失不见了。佛图澄摇了摇头："糟糕，灾祸到了啊！"

石虎耗费巨资建造了太武殿。完工之后，殿前群臣赴宴，佛图澄也在其中。

那日，他立于大殿上环视一周，口中念念有词，"大殿啊，大殿，荆棘子将长成林，刮烂人的衣裳"。

没有人听懂这其中的含义。

他也没有试图解释。

6

在太武殿的墙上，有石虎命人画的古代圣贤、忠臣、孝子、烈女，等等，但从样貌来看，没有汉人。

十几天后，画中的人头都缩入肩中，只露出头发和帽子。老迈的佛图澄竟然站在那画前哭泣不止。

他在邺西紫陌找了一块地，开始为自己建造坟墓。

坟墓建成，他回到寺庙端坐，口中自语：

"还要三年吗？不要。还要二年吗？不要。还要一年吗？不要。还要百日吗？不要。还要一月吗？也不要。"

此话落地后，便沉默起来，再也不开口讲话。唯独提前对弟子法祚交代了一句："戊申岁祸乱已生，己酉岁石氏当灭。趁着祸乱未至，我先去了。"

公元 348 年十二月，佛图澄于邺宫寺中去世，享年 117 岁。

死后不久，一个雍州来的僧人说，看到佛图澄向西入关了。

石虎诧异，所以找人挖开了佛图澄的墓，里面果然没有尸体，只有一块石头。石虎黯然低语："石头，难道是我？"

第二年，石虎去世。

石虎死后，其养孙冉闵号令"杀胡"，血洗了石氏后人。

人们忽然想起了佛图澄的那句"棘子成林"，原来，冉闵的小名，就是棘奴。冉闵篡位的事情，也早被预测到了。

公元 350 年，冉闵称帝，建立魏国，后赵灭亡了。

佛图澄不仅是后赵的政权参谋，也是当时最有力的宗教活动家。他利用国家的力量弘扬佛法，弟子多达万人，共建寺院 893 座，为中国佛教的发展奠定了重要的基础。

淝水之战：八十万对八万的魔幻战场

有时候，历史的一个瞬间可以开启很多逆转。

比如淝水之战之后，超级创业者苻坚迎来了滑铁卢惨败，佛系谢安走上权力巅峰，摇摇欲坠的东晋王朝奇迹般化险为夷。

这种种巧合让人怀疑，老天是否在那一瞬间，挥起了魔法棒。

那一天，谢安正在盘着腿下棋，淝水河畔的八十万前秦军哀号着败给了八万晋军。他们在慌乱中互相踩踏，在血色天际下四散奔逃。

众人啧啧称奇，这简直就是神转折。

原来看似来势汹汹的苻坚是个草包蠢货，将一手好牌打得稀巴烂。

淝水之战，真的输在苻坚的愚蠢，赢在谢安的智慧吗？

历史的真相，从来不会如此简单粗暴。

1

统一了北方的苻坚，既然可以扫平各国建立起强大的前秦，当然不是无能昏聩之辈。悲剧的起点是，这位乱世枭雄做了一个错误的决策。

其实对"创业者"来说，谁也不能保证所有决策都是正确的。但苻坚的这个跟头，栽在了一个可以影响命脉的重大战略性决策上。

它就是，贸然伐晋。

我们如果将前秦看作一家创业公司，它的发展速度与势头已经呈现出了碾压之势。

如果创业者苻坚可以再耐心一些，好好将公司的基础夯实，或许就不会功亏一篑，或许迟早会成为全面占领市场的龙头老大。

但悲哀的是，很多公司都不是死于对手，而是死于野心。

公元 382 年，苻坚兴致勃勃地召开了一场动员大会，主题是——伐晋。

在会议讲话上，他满怀激情地表达了自己的构想："今四方略定，只有东南一隅，未沾王化。现计我国兵士，可得九十余万，朕欲大举亲征，卿等以为可否？"

众人互相看了看，陷入一片沉默。

如果是"一言堂"的公司，当领导兴奋地抛出一个大项目，并描绘出光辉前景的时候，所有人都应该用力鼓掌，把手拍红，随后用多种语言和角度来纷纷表达出"领导英明，领导说得对"的中心思想。

很显然，这并不是前秦这家公司的企业文化。这也从一个侧面说明，苻坚一直还是个不错的领导。

沉默不是办法，毕竟领导发言是以"可否"二字结束的，是想征求大家的意见。

于是，会上开始陆续有人委婉表达看法。

权翼先举了手，表示领导说得太好了，我们大家也都很兴奋，但是晋国目前挺安定团结的，也有几个脑子灵光的骨干大臣，实力也不能小瞧，所以现在伐晋是不是再缓缓？

苻坚的脸色不大好看，示意了下一个举手的石越。

石越换了个套路，他说最近夜观星象，发现福星落在晋国，和老天爷作对可没什么好果子吃。另外，就算晋国不可怕，但是长江可怕啊，咱是不是三思而后行？

苻坚坐不住了，噌一下以"反方辩友"的身份站了起来。

"看看你们一副没见过世面的样子。当年周武王伐纣，不是也犯过福星吗？人家不是也彻底胜利了吗？长江天险又如何？就咱们这么多军队，冲过去把鞭子丢进去，都能把长江填满。"

发言完毕，苻坚满意地看了看大臣们目瞪口呆的表情。至此，他精彩的发言为历史留下了一条成语：投鞭断流。

接下来的会议，就是乱哄哄的一锅粥。大家你一言我一语，就是不上苻坚的套。

苻坚等了又等，失望至极，匆匆宣布散会。

2

事实证明，当一个创业者有了执念的时候，就离翻车不远了。

因为执念面前，人会失去理智。

散会之后，苻坚单独留下了苻融，希望得到他的支持。毕竟作为核心领导层，兄弟两人如果一条心，也可以将这事儿敲定下来。

没想到，苻融也不同意伐晋。

他动之以情，晓之以理，说那些反对的大臣都是真心为国家着想，才不去拍他的马屁，希望苻坚可以采纳意见，收回这个可怕的想法。

最后，苻融还使出了两招撒手锏：一是流下了眼泪，二是搬出了王猛的遗嘱。

毫不夸张地说，王猛是那个帮助苻坚打下江山的人。在临终之前，王猛特意嘱咐不可伐晋。

一直将王猛看作诸葛亮的苻坚，还记得他说过的话吗？

他记得。

但他还是想实现自己的梦想。

为此，他听不进去所有劝诫，不论是苻融，还是继任者苻宏、和尚道安、宠妃张夫人。他偏偏不信，就找不到那个支持自己的声音。

他等到了。点赞的人，终于出现了。

慕容垂，就是那个敲锣打鼓支持苻坚伐晋的人。

自从燕国被前秦吞并以后，慕容垂就来到前秦上班，但心里一直惦记着老东家。他心里也有一个执念，就是复国。难怪在金庸老先生的作品里，慕容家族也在对复国心心念念，如同魔怔一般。

慕容垂的目的很简单。这一战如果赢了，对他没什么坏处。这一战如果输了，前秦必然大乱，此时或许就是复国良机。

喜悦的苻坚，完全没有听见慕容垂在把算盘敲得噼里啪啦。慕容垂的支持，让他心里的那团火，烧得更旺了。

公元383年，苻坚宣布全面进军伐晋，慕容垂为先锋，姚苌为龙骧将军。八月初二那天，他带着60万步兵和27万骑兵，在战鼓声中绵延出发。

东晋接到了消息后，按照谢安的部署，将谢石任命为征讨大都督，谢玄为前锋都督，一起率领八万人抵抗前秦军。

接到这个消息的苻坚，笑了。

他带着必胜的信心与骄傲，一步步走向了深渊。

3

苻坚的败，败在轻敌。

当苻坚带着先锋部队来到寿阳，与东晋军队只剩淝水之隔的时候，他因为对结果太过于自信，竟然还没有开战就先招降。

他的内心戏是：反正你们也打不过我，我大人有大量，给你们个投降的机会吧。既然是注定的结局，我们为何不把伤害降到最低呢？

接着，他又选择了一个错误的人。他派出了东晋降将朱序，带着这个光荣而伟大的任务来到了晋军统帅谢石的麾下。

没想到，当初朱序是被迫投降，心里一直就惦记着东晋这个老东家。

见到谢石之后，他立刻向其献计，并将前秦军的软肋和盘托出：

"前秦军虽有百万之众，但较为分散，大批部队还在后面埋头赶路，如果等前秦军全部集合起来，那这仗根本没得打，必须趁前秦军立足未稳迅速发起进攻，击败其前锋部队，挫其锐气，就有可能将前秦军完全击溃。"

为了验证这个消息，东晋猛将刘牢之带了五千精兵偷袭了洛涧，发现对手果然很窝囊。

这虽然只是一场小规模的偷袭，但是彻底震惊了前秦军。

因为刘牢之的这个队伍太厉害了，每个人都是可以以一当十的尖子生。在前秦军眼里，他们误以为这就是晋军的平均水准。

这样的战斗，根本就是实力的碾压。

不过，苻坚没有太在意这个小插曲。

因为对于他的全盘胜算来说，这个小小的失败并不算什么。他将几十万大军全部驻扎在了淝水西岸，晋军根本无法渡河。

这个时候，他又收到了谢石写来的一封信：

您孤军深入，却在岸边死守，想困死我等是不存在的，我们呢，其实也不想这么纠结，干脆您把军队往后撤一撤，为我晋军过河腾出块地儿来，我们打一场文明礼貌仗，如果输了，我们心甘情愿归顺岂不痛快！

原来，谢石与谢玄遇到的最大问题，就是没有办法渡过淝水。写了这封信之后，他们也没什么把握，原本没抱什么希望。

没想到，苻坚的回信很快就来了。

"同意，我们撤。"

谢石与谢玄不禁相视一笑。原本觉得不可能赢，但是苻坚这一招接着一招的臭棋，倒让他们看到了胜利的希望。

接下来，就看朱序的了。

4

在苻坚眼里，同意撤退也是一种战术。

退出一片空地，我们痛痛快快地打一架，速战速决，总比每天隔着淝水互相对视要好。

除此之外，他还想了另外一招，就是趁着晋军半渡的时候，让前秦军铁骑冲杀上去，将其团灭。

想到这个画面的时候，他都要努力控制自己得意的神情。

但魔幻的事情很快发生了。

当前秦军接到了"向后转，齐步走"的指令后，人心顿时就慌了。作为军人，他们只知道向前冲，当领导下令向后退的时候，每个人的心都开始打起了鼓。

正在慌乱的时候，朱序在军中扬鞭大喊了几声"前秦军败了"。

"轰"的一声，军心涣散。

所有人都乱了阵脚，开始四散逃去。一时间，人踩人，人推人。原本应该是一场有组织的撤退，变成了乱哄哄的溃逃。

渡过了淝水的晋军乘胜追击，全无斗志的前秦军就这样惨败。

苻坚没有想到，"投鞭断流"的奇迹没有出现，他真正体验到的是"风声鹤唳"与"草木皆兵"。在"不战而败"的耻辱中，他痛苦地撤退，并于乱军之中负伤，狼狈地逃到了洛阳。

有人说，朱序是"淝水之战"的关键人物。那一声"前秦军败了"，就如同魔咒一般，使得前秦军意志轰然倒塌。

也有人说，谢安才是"淝水之战"的上帝之手。他以非凡的智慧，导演了一场精彩的大戏。

但其实，如果前秦军真的是一支训练有素的军队，朱序的呐喊只能换来人头落地，谢安的假装淡定也只能换来啪啪打脸。

因为对于真正的军队来说，就算是明知迈向死亡之地，也会走出铿锵的力度。

前秦军的不堪一击，带着注定衰败的基因，早就深植在这支队伍的命运中。

淝水之战的结局，是偶然之中的必然。一个朱序不可怕，可怕的是人人都是朱序。一声"前秦军败了"不可怕，可怕的是每个人心里都这样想。

这支队伍看起来很威风，真实的情况却是各怀鬼胎。

苻坚能统一北方，靠的是强力兼并，这支队伍是在战争中打出来的，是包括了鲜卑族、羌族，以及匈奴、乌桓等各族部队的杂糅体，他们缺少一个统一的魂魄，因此一旦到了流血牺牲的时刻，就会全线溃败。

这是苻坚不得已的选择，因为氐族政权的小马，根本拉不了这艘大车。

统一北方后，前秦总人口数字为1600万，而氐族总人口仅有几十万。再看军队的人数，苻坚的嫡系部队还不到十万人。

因此，他所带领的大军，是一支刚组合不久的多民族联合军，充满了反扑的隐患。他们中的很多人都与慕容垂一样，不但对前秦军没有胜利的信念，反而盼着出点幺蛾子，可以趁机重新自立门户。

这支磨合不够的队伍就像是抢来的媳妇，与前秦同床异梦，压根就不是一条心，只能将苻坚带向深渊。

可惜，苻坚因为执念太深而忽视了这一点。

他太想一统天下了，没想到一夜回到解放前。

5

王猛临终前的话，苻坚只信了一半。

王猛说："东晋帝国是正朔所在，所以我们不应该图谋东晋帝国；鲜卑、羌是我们最危险的敌人，所以我死后，您应该逐渐剪除他们。"

苻坚并非不懂得鲜卑、羌的威胁，但他想先统一，再整顿内部。

寄人篱下的慕容垂与姚苌都读懂了这一点。

因此，他们就算为了自保，也要大力支持伐晋。因为如果不伐晋，苻坚整顿内部的步伐就更近了。

淝水之战的失败，让慕容垂与姚苌燃起了希望。

符坚一蹶不振，认为自己已经没有颜面再治理天下。

不久，鲜卑、羌等部族纷纷举兵反叛，重新夺回政权。短短几个月的时间，北方彻底崩盘，再次陷入分裂。

公元 385 年，符坚在武将山被姚苌俘虏。因为不肯交出传国玉玺被缢死。

符坚死后，前秦迅速灭亡。

曾经最有可能一统天下的政权，悲壮地消失在了历史长河中。

诸强争霸：多民族交响曲

当西晋的藩王们都在忙着布局"权力的游戏"时，他们忽略掉了一个严重的危险信号——中央集权失控。

各地叛乱频频，不论是流民，还是内迁少数民族，都在蠢蠢欲动。

公元 304 年，李雄在蜀地建立成汉，刘渊在中原建立前赵。

公元 439 年，北魏拓跋焘灭北凉。

在这 100 多年的时间里，中国北方和西南先后由匈奴、鲜卑、羯、羌、氐五个民族，建立了十六个国家，即成汉、前赵、后赵、前凉、北凉、西凉、后凉、南凉、前燕、后燕、南燕、北燕、夏、前秦、西秦、后秦，统称"十六国"。

1.成汉

十六国的第一个政权，是成汉。

创建者李雄是个氐族小伙子，他的祖辈在东汉末年就曾经为曹操所用，在魏国当过公务员。

"八王之乱"的时候，因为关西一带不太平，很多百姓向蜀地流亡。当西晋政府忽然跳出来，向流民高呼"向后转"，要求他们立刻返乡的时候，李雄与父亲忍无可忍，带着流民揭竿起义。

起义中，父亲不幸被杀。李雄最终打败了西晋军队，占领成都。

公元 304 年，李雄称成都王，两年后称帝，国号成，史称成汉。

公元 347 年，成汉被东晋的权臣桓温所灭，两年后彻底消除了残余势力，政权共存在 45 年。

2. 前赵

"八王之乱"，长期混战。王权这块蛋糕，谁都想要抢到自己的碗里。

有一支队伍，成了众王争相拉拢的对象，那就是匈奴兵。

这无疑是一支骁勇善战的队伍，极有血性。但众王万万没有想到的是，这反倒打破了匈奴的安静生活，亲手送上了崛起的好机会。

刘渊决定起兵的那一刻，其实很多人并不奇怪。

这不是一个很难理解的决定。鹬蚌相争，渔翁得利，自古就是乱世中的法则。

但是当刘渊将国号定为"汉"的时候，大家才真的傻了眼。

一个外来的民族，要在你的地盘上建立政权，当然要寻找一种正当性。只有穿上了你的马甲，才能堂而皇之。

刘渊的这波操作，绝对牛。

榜样的力量是无穷的，后来，各种少数民族政权都学会了这个做法，一起将晋王朝撕咬开来，各自瓜分胜利的果实。

刘渊死后，刘聪篡位。他与族弟刘曜、大将石勒一起带领军队攻破了洛阳和长安，正式为西晋判了死刑。

刘曜继位后，改国号为赵，史称汉赵。

汉赵内乱爆发，大将石勒与刘曜闹分家。

刘曜所建立的赵国史称前赵，石勒所建的赵国史称后赵。

3. 后赵

与刘曜分家之后，石勒建立了后赵。

十年间，石勒与刘曜不断约战，最后终于杀死了故人，也灭了前赵。

石勒死后，儿子被杀，皇位被侄子石虎篡得。

石虎死后，其后代也扭打作一团，争着做皇帝。

最后，石虎的养孙冉闵在混乱之中和了牌。

冉闵杀死了后赵君主石鉴，自己称帝，改国号魏，史称冉魏。

后赵灭亡。

4. 前燕

鲜卑的慕容家族在三国时期就粉墨登场，曾经与司马懿一起征讨过公孙渊，立下了战功。

"八王之乱"时，慕容家族帮助西晋王朝平叛。西晋灭亡后，慕容皝的父亲慕容廆一边向东晋称臣，一边申请封为燕王。

因为东晋开会讨论时间比较长，慕容廆没等到消息就去世了。

为了表示歉意，东晋授任慕容皝为镇军大将军、辽东公。4 年后，慕容皝不想再指望东晋，于是自立为燕王，建立燕国，史称前燕。

东晋见生米已经煮成了熟饭，就顺水推舟承认了他"燕王"的称号。

公元 352 年，前燕消灭了冉魏政权。

东晋权臣桓温北伐，败于前燕大将慕容垂。但慕容垂却被自家政权所猜忌，带着全家老小逃往前秦。

前秦苻坚收编了慕容垂后如虎添翼，开始讨伐前燕，不久，前燕灭亡。

5. 前凉

在十六国中，前凉是第一个汉族人建立的政权。

建立者张寔的老爸张轨，原来就是西晋封的凉州刺史，工作业绩非常不错，颇受爱戴。

东家有难，张轨总是心甘情愿去"救火"。无论"八王之乱"，还是"永嘉之祸"，都曾经出现过他的身影。

张轨去世后，张寔继续做凉州刺史。

西晋灭亡后，张寔拥戴东晋司马睿即位，自称凉王。

张寔去世后，其弟张茂继任，前赵封张茂为凉王，这是前凉王号之始。

但即使封王之后，前凉始终对东晋毕恭毕敬，愿意永远做东晋的小弟。

公元 376 年，前凉被前秦苻坚所灭。

6. 前秦

前赵刘曜在长安称帝的时候，曾经封过一个氐王叫苻洪。

后来，前赵被后赵所灭，苻洪就降了后赵。

后赵内乱，苻洪被各种人欺负，索性又降了晋。

苻洪死后，儿子苻健被东晋封为征西大将军。占领关中后，苻健称帝，国号秦，史称前秦。

前秦很强大，东晋权臣桓温来讨伐的时候，也吃了败仗。

在北方的乱局中，前秦不断发展壮大。到苻坚继位时，成汉、前赵、后赵、冉魏已经先后被灭，北方只剩下前燕、前凉、前秦三个国家。

慕容垂投靠前秦后，苻坚灭了前燕，6年后又消灭前凉。

前秦一统北方并占领西域，是中国历史上第一个统一北方的少数民族政权。

统一北方后，苻坚没有选择休养生息，而是决定一鼓作气，灭晋一统天下。结果在淝水之战中大败而归。

中国北方又陷入分裂的状态，前秦分裂成后燕、西燕、后秦、西秦、后凉、代国、翟魏等国，随后前秦被后秦所灭。

7. 后燕

后燕的建立者，是慕容垂。

淝水之战的时候，慕容垂就藏了心眼儿。

前秦落败，北方再度支离破碎。慕容垂趁机在荥阳复称燕王，史称后燕。

慕容垂与西燕争夺燕国领导权，最终消灭了西燕。此前，后燕还消灭了翟魏，国土曾一度恢复到前燕的盛况。

后来，北方政权北魏攻下了后燕的都城，后燕被分裂开来，北面的称北燕，南面的称南燕。

8. 北燕

公元407年，鲜卑化汉人冯跋在后燕发动政变，拥立慕容云为帝，史称北燕。

两年后，慕容云被权臣杀害，冯跋平定叛乱，自立为王。

冯跋死后，弟弟冯弘篡位，杀了冯跋的儿子。

冯弘在位期间，土地连年被北魏侵犯，苦不堪言。

公元436年，北魏攻入都城，北燕亡。

9. 南燕

后燕分裂成了南燕和北燕两个部分。

后燕宗室慕容德率领部分后燕军队在河南滑县自称燕王，后改称皇帝，仍以燕为国号，史称南燕。

公元 409 年，东晋刘裕率师北伐，第二年攻陷南燕都城，俘虏皇帝，南燕灭亡。

10. 西秦

鲜卑族的乞伏氏在汉魏时定居陇西，前秦苻坚统一北方后，任命乞伏司繁为镇西将军。司繁死后，由儿子乞伏国仁补位。

淝水之战后，苻坚打下的江山再次四分五裂。

公元 385 年，乞伏国仁自称大将军、大单于，筑勇士城为都，史称西秦。

西秦一直致力于扩大地盘，连年与后秦、南凉、北凉、夏、吐谷浑等国发生冲突。

它虽然歼灭过南凉，但被后秦、夏两度灭国。

11. 后秦

本着"认怂保平安"的原则，羌族首领姚弋仲每次遇到绝境的时候都会选择投降。十六国时期，他先后投降过前赵、后赵和东晋。

他死后，儿子姚苌投降了前秦，且在苻坚手下做得不错，一直被重用。

淝水之战后，西燕慕容泓自立。苻坚打算给他点颜色看看，于是派出了儿子苻睿和姚苌。结果兵败，苻睿也死了，姚苌吓得不敢再回前秦。

逃到渭北之后，姚苌被族人所拥立，建立后秦。

后来，前东家苻坚带兵来打他，却被他杀死。但前秦灭亡后，后秦也发生了内乱。

东晋刘裕抓住了这个时机，一路北伐。

后秦的姚泓一着急，想起了先人的光荣传统，投降刘裕，后秦灭亡。

12. 后凉

吕光是氐族贵族，也是前秦开国功臣吕婆楼的儿子。

他曾经率军征服西域，创下了东汉之后中原政权再度占据西域的辉煌。

淝水之战后，吕光就从西域回来了，将据点改为凉州。苻坚死后，他看起来悲痛欲绝，命令所有部下为苻坚披麻戴孝，哭得那叫一个伤心。

但前脚脱了孝衣，他后脚就建立了后凉。

吕光去世后，子孙为了争权频频内乱。

公元403年，后秦趁机派兵征伐，末代君主吕隆选择了投降，后凉灭亡。

13. 南凉

汉魏时期，河西鲜卑的拓跋氏走出了塞北，来到了河西凉州。一直到了拓跋乌孤这一代，已经深深扎根在了这里。

吕光建立后凉的时候，拓跋乌孤选择了归附。

公元397年，翅膀硬了的拓跋乌孤起兵反叛，打败了吕光的将军窦苟。拓跋乌孤自称大单于、西平王，建立南凉。

南凉末年，遇上自然灾害，颗粒无收。君主拓跋傉檀实在没有办法，只得亲自率军出去抢吃的。这时候，西秦趁机袭击了都城，南凉灭亡。

14. 北凉

段业本是个小人物。他的领导是杜进，杜进的领导是吕光。

因为跟着杜进征讨过西域，段业有了战功，被封为建康太守。

吕光建立后凉后，段业不断升职，做到了尚书的位置。

后来，吕光在西域班师回朝的路上，带回了另外一个叫沮渠罗仇的匈奴人，也做了尚书。

通过聊天他才知道，沮渠罗仇的家族因为住在卢水一带，也称"卢水胡"。

不过，沮渠罗仇比较倒霉。因为打了败仗，吕光一生气杀了他。

沮渠罗仇的侄子沮渠蒙逊起兵造反，派沮渠男成攻打段业所在的建康。沮渠男成劝段业辞职别干了，自己当皇帝。

段业那段时间正好也受到了排挤，于是在卢水胡家族的帮助下，建立了北凉。

后来，沮渠蒙逊左思右想，还是自己当皇帝好，所以造反取代了段业，并在篡位后灭掉西凉和南凉，统一凉州。

沮渠蒙逊去世后，儿子沮渠牧犍继位。

公元 439 年，北魏大军势如破竹，沮渠牧犍投降，北凉灭亡。

15. 西凉

西凉的建立者李暠，是李广的后人。

一开始李暠在北凉做官，做到了效谷县令、敦煌太守。后来他觉得敦煌这个地方真不错，索性自己建了西凉，并动不动就与北凉交战。

李暠死后，儿子李歆继承了光荣传统，仍然时不时就骚扰北凉。

北凉的沮渠蒙逊急眼了，于是用了一招"声东击西"。

他放话说要去攻打西秦，结果半路又偷偷折返回来。李歆果然上钩，带领三万兵马去袭击北凉的国都姑臧，正好落入沮渠蒙逊设下的埋伏。

公元 421 年，西凉灭亡。

16. 胡夏

刘勃勃，原来叫赫连勃勃。

赫连氏是匈奴南单于的后裔，后来才改姓刘，和刘渊算是同族。

刘勃勃一开始在前赵和前秦两家公司做过，后来跳槽到了后秦，被皇帝姚兴任命为安北将军、五原公，还在这里娶了媳妇。

但刘勃勃野心很大，没想好好过日子。他不仅截获了别人献给姚兴的八千匹战马，并以射猎的名义杀了岳父，合并了不少人马。

公元 407 年，他自称天王、大单于，建国号为大夏，后人也称胡夏，并不断找后秦的麻烦。

自己创业后，刘勃勃决定改回名字，继续姓"赫连"。

东晋刘裕北伐后秦，赫连勃勃趁机取了长安，公元 418 年，他在灞上称帝。

赫连勃勃去世后，儿子都不太省心。

北魏太武帝拓跋焘趁机讨伐，胡夏亡国。

至此，十六国的时代，即将谢幕。

17. 北魏统一北方

淝水之战后，曾经统一过北方的前秦再度分裂，变成后燕、西燕、后秦、西秦、后凉、代国、翟魏等多个小国。

代王拓跋珪趁机重建了代国。后来改国号为"魏"，史称北魏。

北方统一的接力棒，传到了北魏的手里。

它先后灭了后燕、北燕、北凉、胡夏，并征服了北方的柔然。

这个时候，南方的刘裕早已经灭了南燕与后秦，并废了晋恭帝，建国号为宋，史称刘宋。

北魏，成了第二个统一北方的少数民族政权。

中国告别了十六国时期，即将迎来新的大分裂时期——南北朝。

北魏统北：开启南北朝对峙时代

公元 439 年，北魏太武帝拓跋焘率领大军攻破北凉都城姑臧，北凉灭亡。

至此，经过拓跋氏几代雄主的努力，自西晋末年以来，135 年的十六国分裂局面得以终结。

中国北方实现统一，与南方政权形成对峙之势，中国历史的南北朝时期正式开启。

1

拓跋部与魏晋时期五个燕国的建立者慕容家族一样，同属发源于东北大兴安岭的鲜卑族。

虽是本家，发展境遇却各自不同。

由于慕容部出门打拼的时间比较早，赶上了历史机遇，所以日子过得风生水起，十里八村也都知道出了这么一号人物。

而留守老家的拓跋部，则还在继续着自己的龙套生涯，按部就班，勤勤恳恳地重复着自己的原始部落生活。

直到有一天，天上掉下了一个馅饼。一个差不多像陨石那么大的馅饼，多少有点偏倚地掉在了拓跋部不远的地方。

那一年，大汉帝国军队将占据蒙古高原的北匈奴部队打得向西逃窜，由于达到了预期的战略目的，帝国军队随即班师回朝。

此时，蒙古高原便成了一片无主之地。

拓跋部没有辜负上天的恩赐，趁机南迁。一步步将原先匈奴人的地盘，划入自己的领地。

蒙古高原肥美的水草也将他们从原始部落生活方式转变为游牧民族的生活方式。

此时的拓跋部，已开始向脱贫的目标挺进，但离致富还有一定距离。

发展是硬道理。而任何时候，发展都是离不开带头大哥的。

拓跋力微应该是拓跋家族有记载以来的第一位带头大哥，不过这位大哥的生平事迹大都是后来拓跋部建立北魏以后，以镀金的方式杜撰的，政治需要，说你行，你就行！

但拓跋力微在有生之年里，组织部族持续南迁，与中原文明积极通商、交流，发展经济，努力增强自己部族凝聚力等诸多方面的贡献是不容忽视的。

拓跋力微死后，拓跋部出现了短暂的动荡，此时急需一位带头大哥 2.0 出来镇住场面。

这一次站出来的，是力微的孙子拓跋猗卢，他重新将部族聚拢到一起，并把不听话的部落贵族斩尽杀绝，政治手腕不可谓不狠。

不得不承认，拓跋家的运气好到爆表。天上掉下一个馅饼后，又掉下一个果盘，算是饭后加餐吧。

因为此时的中原，正是西晋王朝大乱的局面。已小有家资的拓跋部便成了北方各派拉拢或者利用的对象。

拓跋猗卢没有过多迟疑，直接选择了根正苗红的中原正统——西晋。

正是这个决定，为后来的拓跋家族换来了一笔大到无法估量的政治资本。

公元 315 年，晋愍帝封拓跋猗卢为代王。这标志着拓跋部从一个部落联盟蜕变为割据一方的军政势力。

拓跋猗卢死后，其侄孙拓跋什翼犍继代王位。

作为 3.0 版的带头大哥的什翼犍，其性能上已经有了质的飞跃。

他已不再是一个单纯部落首领那样的人物，他开始向中原政治家学习，并身体力行地向他们的方方面面靠拢。

在一次战役中，他被敌人射瞎了一只眼睛。而当那个敌人被他的部将俘虏，当身边的人都力谏其对此人处以极刑的时候，他却表现得异常轻松。

他说，人家上战场就是要杀敌人的嘛，而他的敌人就是我们啊，奋勇杀敌，何罪之有啊？还把那人给放了。

别人射瞎了你的眼，你非但不报仇，还夸赞别人，没点魄力的人真的做不到。

大格局的什翼犍在政治上再进一步，吸纳汉人燕凤、许谦加入自己的团队，建立完善的类似中原的政治体系，摒弃带头大哥的做派，俨然表现出了一副君临天下的形象。

馅饼也吃了，果盘也用了，是时候尝点苦头了。

就在什翼犍吃饱喝足憧憬着未来美好时光的时候，南边那个邻居，借着"八王之乱"东风迅速崛起的前秦终于腾出手来了。

公元376年，前秦国君苻坚亲率五十万大军对拓跋代国发动了北伐战争。

什翼犍知道好日子到头了，硬着头皮组织各部应战，结果全线溃败，只能向老家方向逃亡。

不仅如此，后院也出现了问题，自己的庶长子头脑犯浑，发起内乱，丧心病狂地把自己的老爹在敌人追到前就给杀掉了！

这倒给前秦苻坚省了一些麻烦，没过多久，前秦大军便追击而至，捕杀了那个弑父的逆子，又把活下来的拓跋族余部分裂成两部，划给了匈奴刘库仁与刘卫辰。

拓跋部第一次建立的政权，就这么没了。

2

国虽然被灭，好在，根还没被斩断。

什翼犍最喜欢的孙子拓跋珪幸运地活了下来。历史向来就是这样，总是在看似云开雾散的拐角处，有意无意地留下几处伏笔。

拓跋珪与母亲被划分到了刘库仁部，这个孩子自小就展现出异于常人的特质，说话做事老成持重，没有一点孩子气。

刘库仁打心眼里喜欢这孩子，虽然拓跋珪是亡国部族之后，但他没有掩饰自己内心的想法，经常对人夸赞拓跋珪的长处。尤其对自己的几个儿子说："拓跋珪志趣不凡，将来一定能恢复他们拓跋家的荣光，你们一定要对他善加礼待。"

可以说，刘库仁是拓跋珪的贵人。因为有他，这个命运多舛的孩子才拥有了一个安定的少年时光。

可惜，好人不长命。

公元383年，灭了代国的苻坚在淝水大败，刘库仁在驰援途中，被燕国宗室慕容文杀害。

刘库仁的儿子刘显上位后，不知是忌惮拓跋珪的才能，还是记恨拓跋珪夺走了本该属于自己的父爱，总之，一反老爹当初的教诲，密谋除掉拓跋珪。

幸好拓跋珪人缘不错，提前得到了密报。

他缜密地分析了当前的形势，面对层层盯防，贸然跑路的成功概率不大，况且还要带着自己的母亲。于是，他决定换一种较为妥善的方法。

方法其实也简单，就是请刘显喝酒，挑好听的说，把刘显捧得飘飘欲仙，灌得醉生梦死。然后，他带上母亲与几个旧臣，轻骑奔逃至舅舅贺兰部。

舅舅贺纳是个实诚人，对这个外甥的爱，丝毫不输刘库仁。

他直接划出一个部落，交给拓跋珪治理，并且还时不时给他开小灶，鼓励他能再兴家园，光复故土。

拓跋珪没有辜负舅舅的期望，励精图治，深得人心，散落各地的拓跋旧部闻讯也纷纷前来投靠。

这时有人便向贺纳提议，是时候让拓跋珪复国了，毕竟招牌大些能引人。

贺纳欣然应允，这也是他所期待的。

公元 386 年，拓跋珪组织部族在牛川召开部落大会，宣布复国，继代王位。

必须说，刘库仁与贺纳识人的眼光不可谓不老辣。

没多久，拓跋珪便将刚刚复立不久的政权发展得生机勃勃。他和爷爷什翼犍一样，对于人才的任用不分种族，唯才是用。

对于未来，他也是有自己高见的。牛川毕竟地处偏远，很难伸开手脚。于是，他在继位不久便将都城迁到盛乐，占有了河套以东的广大草原地区。

这还不够，除此以外他还做了一项重大决定，那就是改国号"代"为"魏"，自称魏王。

史上鼎鼎大名的北魏政权建立，那一年，拓跋珪才 16 岁。

新兴政权往往都像新生的牛犊，虽然不惧猛虎，却没有谁能抵得住猛虎一口。

拓跋珪的确也是一头牛犊，只不过是一头早熟的牛犊。在头上的犄角长齐之前，脑子绝对是最有效的攻防武器。

拓跋珪环顾四周，非狼即虎。独孤部、库莫奚部、铁弗部、柔然部、高车部，还有后燕与西燕。

硬碰硬是绝对不行的，唯一的出路只有利用各方势力的矛盾，相互牵制，从而借机发展。

而其中实力较为强大的后燕与西燕这对亲兄弟给了拓跋珪可乘之机。

说来燕与魏也是本家，后来还联过姻亲，总之有着千丝万缕的关系。

而后燕与西燕关系则更近，为了正统之争闹得不可开交。

拓跋珪先是与后燕交好，牵制西燕的侵犯，后来又与西燕结盟，遏制后燕的扩张，反正就是在两边来回打太极。

在此期间，他趁机陆陆续续兼并了周围几个匈奴部落，其中就包括当初被苻坚分裂出去的，原本属于自己族群的刘卫辰部。

此时刘卫辰早已去世，继位的儿子刘勃勃被拓跋珪打败后，逃了出去，改名赫连勃勃，还建立了一个夏国，此处应该算是历史的一个小彩蛋吧。

如果这样一直发展下去的话，大家相互默契，靠吃些小鱼小虾度日，倒也能获得一时的安宁。

二十来岁的青年拓跋珪能耗得起，已过古稀之年的后燕国主慕容垂却等不了了。

一心要荡平天下的慕容垂终于还是率先发动了灭亡西燕的战役，西燕火速向魏求援，拓跋珪出兵援助。

戏剧性的是，还没等到拓跋珪的部队赶到，后燕便已攻破西燕都城，西燕灭亡了。

这下倒好，没打到狐狸，反而惹了一身骚。后燕与北魏的梁子，算是彻底结下了。

慕容垂吞并西燕以后，迅速将矛头对准了北魏。

公元 395 年，慕容垂以太子慕容宝为主帅，尽倾主力大举征讨北魏。

拓跋珪一看对方来势汹汹，听取了谋臣张衮的建议，没有像当年自己爷爷那样硬扛，而是选择了坚壁清野，避其锋芒的游击战术。

结果慕容宝在大草原上东跑西颠地找了几个月，一直从秋天找到初冬，硬是没有找到拓跋部人影。

渐渐地，士气逐渐低沉，人心趋于涣散。这是任何主帅都不愿意看到的一幕。

恰在此时，主帅慕容宝听到一条传言，说是自己的老爹驾鹤西去了！虽然没有接到正式的通报，慕容宝还是抱着"宁可信其有，不可信其无"的态度，决定从速撤军。

毕竟，回去晚了，皇帝的冠冕指不定戴到了谁的头上呢。

由于心中有了挂碍，所以他走得难免过于仓促。他虽然能将渡河的船只全部烧毁，却左右不了气候温度的升降。

就在慕容宝刚刚渡过黄河，焚毁大小船只不久，拓跋珪便带着亲自挑选的两万精兵，履着薄冰，不是如履薄冰，是真的履着薄冰追击而来。

慕容宝，你不是四处找我吗，我就在你身后呢。惊不惊喜？意不意外？

在一个叫参合陂的地方，还没来得及起床洗漱的后燕军队，被嘈杂声惊醒后，第一眼看到的，是无数穿着北魏铠甲的将士举起的战刀。

这是一场毫无悬念的战役，或者说是一场血腥的屠杀。慕容宝仓皇间仅带着几个贴身随从逃出重围，其余将士死的死亡的亡，被俘的几万人全被拓跋珪坑杀。

这还没完，当慕容宝被打得丢盔弃甲，狼狈逃回北燕后才发现，老爹只是染病，去世是假消息！

这下好了，经此一役，后燕国势大衰，而北魏则水涨船高。

被气糊涂的慕容垂哪里能咽下这口气，马上于公元 396 年发动了对北魏的复仇之战，拓跋珪故技重施，再次打起游击战。慕容垂心气难平，郁郁而终。

公元 396 年七月，拓跋珪在盛乐称帝，趁着慕容垂新死的时机，亲率四十万大军出兵后燕！

你不是一直都想跟我痛快打一架吗，来啊，谁不打谁是孙子！

还没等和北魏交锋，后燕宫内自己人先掐起来了。

公元 397 年九月，后燕国都中山城被北魏大军攻陷，后燕灭亡。

那个当初在参合陂被拓跋珪胖揍的慕容宝，又逃了出去，在龙城称帝，建立了北燕政权，颇有点打不死的小强的毅力。

至此，北魏变成了北方最为强大的政权。统一北方，也只剩下时间问题了。

3

然而就在一切向着好的方向发展的时候，皇帝拓跋珪身体却出现了状况，这与他长年服食术士们炼制的长生不老丹药有直接关系。

后期的拓跋珪心性大变，多疑且残暴！弄得整个朝堂人人自危。

在一次后宫事变中，他被自己的儿子拓跋绍杀死。一代雄主就此陨落，着实令人唏嘘。

继位的拓跋嗣性情柔顺，倾心汉学。在他执政的 14 年里，极少发动大规模的战争。

这也使得北魏政权得以休养生息，为下代国主拓跋焘统一北方起了承前启后的重要作用。

拓跋焘与爷爷、老爸一样，也是年少继位，那一年，他 16 岁。

拓跋焘知道，自家的牛犊不仅不怕虎，而且还能顶老虎！况且，现在的北魏，已成长为一头大公牛了。

此时年少却不轻狂的拓跋焘只觉得自己体力充沛，激素爆棚，望着周边的敌人们，他摩拳擦掌，跃跃欲试。

此刻他要考虑的，已不再是仗要怎么打的问题，而是要先打谁的问题。

当手下大臣们还对此争论不休的时候，拓跋焘一锤定音，要么不打，要打就要选择最厉害的。

于是他们将目标锁定在了实力相对最强的大夏。就是被拓跋珪打跑的那个赫连勃勃建立的夏国，历史给我们的那个彩蛋。

第一次出征并不是十分顺利，只抢得一些东西回来，没有伤到夏国的要害。

第二次则吸取第一次的经验教训，改变战术，取得了立竿见影的效果，他们一举攻破了夏国万城，在其后的公元 431 年，又将逃窜的夏国余部俘获，至此，夏国灭亡。

值得一提的是，逃亡的夏国余部在被俘获之前，逃窜至西秦，居然还迫使人家的国君投降了自己，使得西秦政权宣布灭亡。

临死还拉个垫背的，真是冤冤相报何时了啊。

这样一来，北魏等于吞了一个双黄蛋！

公元 432 年，北魏大军马不停蹄，又对北燕发起进攻，北燕皇帝慕容泓见大势已去，点燃了自己的皇宫，向东逃亡至高句丽。北燕亡！

此时，十六国政权就只剩一个对手了，那就是北凉。

北凉地处西北苦寒之地，本来日子就不好过，北凉前主沮渠蒙逊对于自己的实力一向都是没有信心的，时常依附于中原强者，求得生存。

公元 433 年，沮渠蒙逊病亡，结束了自己惴惴不安的一生，有生之年没有被灭国，也算是某种意义上的此生无憾吧。

公元 439 年，拓跋焘御驾亲征北凉，没费吹灰之力，便将北凉都城姑臧包围。

沮渠蒙逊的儿子沮渠牧犍的骨头比他爹要硬一点，不过也只是硬一点而已。困守孤城一个半月以后，弹尽粮绝的沮渠牧犍出城投降，北凉灭亡，十六国统一。

完成统北大业的拓跋焘，本有机会再进一步，可惜，功成名就的他重走了爷爷的老路，脾气暴躁，动不动就残害功臣，从现代医学角度来看，这应该是家族遗传性精神障碍类疾病。

拓跋焘终于也没得善终，被宦官宗爱勒死，那一年，年仅 44 岁。

南朝更迭：宋齐梁陈轮番坐庄

在历史的舞台上纵目千年，一时英雄豪杰，抑或是土鸡瓦狗之辈，都成了茶余饭后的笑谈。风流总被，雨打风吹去。

晋以后，北方是鲜卑人的天下，你来我往，打得好不热闹。南方是汉人的政权，走马灯般更替，你方唱罢我登场。

不管汉人的地盘有多小，但在后人的历史中，总是以汉人的政权作为正统。所以在司马光的《资治通鉴》中，永远是以番邦异域的视角审视北方，而对南朝政权，带着无限的同情与怒其不争的愤慨。

南朝王朝的更迭之快是历史上罕有的，再如何聪明能干的初代帝王，要么自己到老便昏庸了，要么后代守不好这份基业。可见中国那句老话：虎父无犬子，实在很有道理。

南朝的诸位帝王就像是一个个慈悲心肠的赌徒，广开方便之门，以天下为赌资，自己坐庄却豪爽得不行，必须把祖辈留下的家业输给了赤脚大汉，这才抹一抹脖子了结一生，仿佛非得这样才了无遗憾一般。

1

辛弃疾的一句"斜阳草树，寻常巷陌，人道寄奴曾住"，让每一个有中学文化水平的人都记住了一个人：刘寄奴。

从词中也可以看出，刘寄奴一开始的条件并不好，所以这还是个励志故事，如果放到现在，评选个感动中国十大人物或者说创业十大杰出青年应该是不成问题的。

从名字也可以看出来，刘宋王朝的开创者刘裕，小时候是过得很苦的。穷人家的孩子早当家，所以刘裕很早便自己出去寻找出路，而他选择了参军。

后来刘裕在军中作战勇敢，而且已经展现出了一些主角光环，立下了不少功劳，在孙无终的部队中成了一名小军官，后来从军队最底层，靠自己的能力，一步步爬了上来。

通过打败了当时声势正旺的孙恩的起义军，刘裕正式踏上了东晋末期的历史舞台。而且由于刘裕是起于微末，又是从普通士兵一步步爬上来的，所以无论是在当时的民间还是在军中，他的威望都很高，大家都佩服他。

公元 403 年，东晋大司马桓温之子桓玄带兵谋反，攻入建康，逼晋安帝禅位给自己，建立楚国，并开始瓦解北府兵。

第二年，刘裕带着自己残余的不足两千人的兵力在京口起义反抗桓玄。

这一次起义，掀起了刘裕的开挂人生，不过四个月时间，刘裕就作为盟主，带领着众多起义军推翻了桓玄建立的楚国，并将晋安帝迎了回来。

接下来的剧情发展，基本每个人都能猜到。已经掌握了绝对军力的刘裕自然而然把持了东晋的政权，又用了不过两年的时间，一边休养生息，一边将桓玄的残余势力一网打尽。

之后刘裕便接连北伐南燕，又先后将卢循、刘毅、司马休之等内部势力平定，还攻占了西蜀和前秦国。

公元 420 年，刘裕将傀儡皇帝晋恭帝废掉自立为王，国号为宋。

经过刘裕的一番折腾，东晋的不少失地都被收回，国内也保证了基本的安稳。同时他还在国内实行了恢复举孝廉和考试、减免租税、压制豪强门阀等一系列休养生息利国利民的政策，整个刘宋王朝国力开始蒸蒸日上。

刘裕死后，儿子刘义符即位，由于年纪太小，再加上缺少了刘裕小时候那样艰苦的环境锻炼，所以从一开始就走上了一条昏君的道路。

在刘义符纵情声色的同时，北魏大军也对刘宋展开了进攻，靠着刘裕留下来的底子抵抗住了北魏的进攻之后，刘义符这个昏庸的小皇帝也被几位托孤大臣废掉了，刘裕第三子刘义隆即位。

刘义隆登基后励精图治，而且颇有手段，将大权逐渐掌握在了自己手中，不再受几位托孤大臣的限制。

刘宋王朝的国力再一次得到了提升，甚至可以说元嘉时期，是刘宋王朝国力的巅峰时期。

这个时候，刘义隆自然也想干出一番更大的事业来。要说大事业，那无非北伐收复失地了，于是从公元 430 年开始，刘义隆组织了三次北伐。

三次北伐，对刘宋和北魏的伤害都很大，可以说是生生打垮了两个国家。经过三次北伐，刘宋王朝本来好不容易积蓄的国力几乎消耗殆尽，而刘义隆的生命也走到了尽头。

在公元 453 年的一天，这个一心想要收复北方失地的帝王被自己的儿子刘劭杀害，武陵王、江州刺史刘骏又起兵讨伐刘劭等，最终攻入建康称王，史称宋孝武帝。

孝武帝在继位之初，在政治、经济乃至文化上都进行了一些卓有成效的改革，但是到了晚期却开始骄奢淫逸，而且他之前一系列的改革，尤其是为了加强中央集权而镇压宗室诸王的做法，埋下了仇恨的种子。

等到他病死之后，皇太子刘子业继位。

刘子业性情更加残暴，对宗室内的叔伯兄弟都是非打即骂，甚至肆意辱杀，对大臣也是极尽折磨，最终被湘东王刘彧与其弟建安王刘休仁等弑杀，宋明帝刘彧被他们迎为帝王。

宋明帝在即位之初还能坚持一些孝武帝的政策，但到了晚期，尤其是在领土被北魏侵占，与北魏划淮河为界之后，宋明帝也变了。再加上他为了巩固自己的地位和保证儿子顺利当上皇帝，滥杀功臣和宗室中的能人，整个刘宋工朝被折腾得不成样子。

2

公元 474 年，江州刺史刘休范带领两万兵马进攻建康，时任右卫将军的萧道成挺身而出，将其拦下。

当时宋明帝已死，其子刘昱即位，将萧道成升任为中领军，总率禁军。萧道成迅速地利用这个机会结交权贵和地方势力，为自己后来篡宋自立打下了深厚的基础。

刘昱即位之后，逐渐不满于阮佃夫掌控内外大政，在杀掉阮佃夫之后，还想将萧道成也一起干掉，将军政大权都掌握在自己手中。

萧道成尝到了权力的滋味，自然不肯轻易放权，那么留给萧道成的就只有弑君这一条路。

公元 477 年，此时萧道成接触到权力中心也不过三年多，萧道成抢在刘昱之前动手，将刘昱杀死，之后又将他的弟弟刘准立为帝，而朝政大权都落在了萧道成手里。

掌握大权之后，萧道成毫不掩饰自己的司马昭之心，很快就将自己的兄弟还有亲信安插到最重要的位置上，之后就是不断给自己加官晋爵，所有能够得着的名头，都一股脑安到了自己头上。

最终，只差那一步了。皇位，才是萧道成的终极目标。

当初刘宋王朝的建立者刘裕，也是一样逼迫着晋帝退位。六十年风云变幻，这次轮到了萧道成逼迫着宋帝退位。

齐高帝萧道成即位之后，一方面吸取刘宋王朝末期宗室之间手足相残的教训，告诫子弟要友爱；一边吸收了刘宋王朝过去的一些好的政策，让寒门子弟有了出路，也让百姓减轻了负担，使得南齐在前期出现了欣欣向荣的迹象。

不过，萧道成只当了四年皇帝。他的儿子萧赜即位之后，虽然也没有特别亮眼的表现，但总体而言能够沿着父亲制定的政策执行，经济恢复，社会安定。

但是齐武帝萧赜在晚年时，在选择继承人的问题上却出了差错，本来心仪的皇太子萧长懋突然病死，齐武帝自己也大限将至。匆匆之下，他将太子的长子萧昭业立为皇太孙，同时吩咐竟陵王萧子良辅佐。

齐武帝萧赜万万没想到，他自己一直喜爱的萧昭业演得一手好戏，平时一直在他面前装作乖巧孝顺的样子，真实的萧昭业却荒淫无度又毫无人性可言。

近卫军首领萧谌、萧坦之看见新即位的小皇帝这个样子，心中已经开始有了自己的小算盘。伴君如伴虎，跟着这样的君王，将来必定不会有什么好下场，所以二人决定先下手为强。

两人自然是没有称帝的胆量，所以他们暗中依附高帝侄子西昌侯萧鸾，公元494年，萧昭业还在和宠妃玩儿着羞羞的游戏，萧鸾便已经引兵入宫。

22岁的演员萧昭业结束了自己年轻的生命，他的弟弟萧昭文被立为新帝，不过很快也被杀死，萧鸾索性自立为帝，改元建武，是为齐明帝。

没想到，齐明帝也是演戏的一把好手。即位之后嘴上十分节俭，其实外俭内奢。而且，因为自己的王位就是抢来的，所以他也很害怕其他宗室成员效仿自己，便把整个萧氏几乎屠戮一空，这种狠毒的手段即使在整个南北朝史上，也很难有人能与之相媲美。

3

齐明帝死后，他的儿子——历史上著名的昏君萧宝卷即位。

关于萧宝卷的故事有很多，在每一个故事里，他都是被用愚蠢、猥琐等贬义词来形容的。

关于他的恋足癖、受虐倾向，还有步步生莲的穷奢极欲，以及将宫中当成菜市场，自己当小摊贩，这种种行为，即使放到一个普通人身上也有些不正常，放到一个皇帝身上，只能说萧宝卷脑袋有些问题。

事实证明，他的脑袋的确有些不好使。早在起初，萧宝卷昏庸无道就引起了始安王萧遥光、太尉王敬则以及大将军崔景慧等人的反抗，但是这些人都兵败被杀，更加让萧宝卷肆无忌惮了。

后来他杀掉了大将萧懿，并还开始猜疑萧懿的弟弟，也就是后来的梁武帝萧衍对他图谋不轨，于是南齐的末日到了。

萧衍听说了这件事情之后，担心自己被这个有些神经质的小皇帝杀了，而且萧衍本来也很反感这个小皇帝，觉得应该由自己来当这个皇帝才对。

萧宝卷的猜疑正好给了萧衍起兵的借口，永元二年（500），萧衍拥兵万余起兵谋反。当萧衍的大军即将攻入建康城的时候，太监茹法珍请求萧宝卷拿出钱财来赏赐给将士以激励他们英勇作战，结果萧宝卷却说："他们又不是只抓我一个人，凭什么要我来赏赐？"

萧宝卷的确是傻得可爱，萧衍还真是只想抓他一个人。不过没有那个机会了，将军王珍国实在受不了这个傻子皇帝了，直接将其弑杀。萧衍攻入了建康，自封梁王。在公元502年逼迫傀儡皇帝萧宝融退位，萧衍登基，改国号为梁。

萧衍在建立梁国之后，也同样在前期做出了一番有利于国家的政绩，而且萧衍本身文化功底不浅，当时梁朝的文风也很盛，成了北方汉人心中向往的正统所在。

但在后期，梁武帝好大喜功，而且笃信佛教。梁国经历了侯景之变，梁武帝自己也被活活饿死。虽然侯景之乱最终被平定，但是梁朝的根基已经被深深地动摇了，国内到处都是割据势力，中央政府已经名存实亡。

侯景之乱平定后，萧绎称帝于江陵，两年后就被西魏所灭，此时梁朝彻底陷入混乱，再加上北方的势力也乘虚而入，萧方智、萧渊明先后被立为帝王，却也只是徒有其名而已。

4

在梁朝的最后一段时间，大权落在了在平定侯景之乱中崛起的陈霸先和王僧辩手中，两人却因为废立之事产生了冲突，最终陈霸先杀死了王僧辩，大权独揽。

陈霸先是寒门出生，靠着自己的能力在侯景之乱带来的机遇中一步步成长。在掌握梁朝政权之后，他又用了近十年的时间，才将内部朝政稳定，同时自己的势力也扩大到了足以掌控一切的程度。

公元 557 年，陈霸先称帝，定国号为陈。此时王琳控制的梁元帝之孙永嘉王萧庄也在长江中下游地区称王，当陈霸先与之交战的时候，北周突袭王琳的大本营郢州，王琳带着萧庄逃亡北齐，梁朝历经十位皇帝，56 年的历史，终于在这一刻彻底宣告灭亡。

尽管陈霸先也是在废掉了梁帝而建立的陈朝，但是对陈霸先的评价却似乎要比前面几位好得多，甚至有人认为他是挑起了一副沉重的担子。

当时的南朝整体实力已经明显弱于北朝，但是陈霸先也没有忘记恢复汉地的志向，只是陈霸先没有等到实现自己志向的那一天便去世了，而他的继位者陈文帝陈蒨在位 7 年时间，也算是一位开明的君主。一直到了陈宣帝陈顼，恢复汉地的志向还没有被弄丢，甚至他也去实践了。

只是南北实力差距太大了，北伐失败，直接导致了南方更加衰弱，等到陈后主陈叔宝时，陈朝灭亡已经是历史的必然结果，这实在是怪不到陈叔宝头上，只是或许他让这个进程加快了一些罢了。

公元 589 年，隋军攻入建康，文艺青年陈叔宝被俘，隋朝统一南北，南北对峙的历史也正式结束了。

尽管南北朝时期，是中国历史上的一个动荡不安的时期，黑暗、死亡、残忍充斥着每一次战争与政权交替之中，但是也不得不承认，宋、齐、梁、陈四朝的存在是有着很重要的意义的，假如没有这些走马灯一般的朝代存在，虽然中华文化不至于断绝，但也绝对会缺少辉煌灿烂的一笔。

国史之祸：北魏第一大案

纵观中国历史的发展，史官文化一直特别发达。

几乎每朝每代，都会修撰史书。从《史记》到《清史稿》一共二十六史，中华上下五千年历史，就是在这些泛黄的书页中翻腾着。

就像现在许多明星都抢着上热搜一样，谁能够在史书中留下浓墨重彩的一笔，那就像是被时间裹上了保鲜剂，不会被人遗忘。

现在有些人为了出名甚至抛弃了底线哗众取宠，而古人则好歹还有些心理包袱，都想的是青史留名，没人愿意遗臭万年。

有句俗话叫"若要人不知，除非己莫为"。

但是对于统治者而言，严于律己不如严以律人，把知道并且敢说出去的人杀了，自然也就"人不知"了。

崔浩，就是因此成为炮灰的。

作为在北魏工作的汉人，他一生历仕道武、明元、太武三朝，为北方的统一做出了不可磨灭的贡献，而且一直是兢兢业业，任劳任怨。最后却因为修一部史书，得罪了一个家族，最终自己被杀不说，还连累整个北方大士族都受到了株连。

一部史书何以会让一个三朝元老被诛族？

又如何会牵连到整个北方士族都为之震荡？

这一切在不合理之中透露着合理性，揭开了当权者为了实现自己野心的背后，那尸山血海的一角。

1

从汉朝以来，士族就一直把持着整个国家的政权。

曹操当初因为出身卑下，便被"官N代"袁术和袁绍看不起。曹操费尽心机才一步步地爬上去，而袁绍和袁术等人却不费吹灰之力，只是靠着祖上四世三公的名头，便引来无数人才投奔。

但即使是曹操，在挟天子以令诸侯之后，也不敢过于得罪士族，只是不断地提拔寒门人才，以期望能够削弱士族的权力。

然而到了其子曹丕继位，九品中正制让阶级更加固化，出现了所谓的"上品无寒门，下品无士族"。

整个魏晋南北朝时期，士族的力量极大，即使是当权者，也不得不同这些士族们合作，才能够保证政权的安稳。

当西晋政权崩溃，北方陷入混乱之中，众多少数民族崛起。

但是，这些民族也不得不与北方的士族合作，利用他们来管理人数占绝对优势的汉人。

北魏便是如此。

拓跋珪趁着前秦分裂之际自立为王，开始了对北方其他各势力的逐个击破。最终在公元439年，太武帝拓跋焘统一了北方。

在这其中，一个叫崔浩的汉人成了其中具有决定性作用的一环。

2

崔浩出身于清河崔氏，母亲是范阳卢氏女，族中子弟多和世家大族联姻。

可以不夸张地说，整个北方士族都基本与崔家有关系。

本来士族之间便是这样一个由联姻搭建起来的关系网，在朝堂中一同把持朝政。如果说，有一天所有士族联合起来一起罢工，那么整个国家的政权都会陷入瘫痪。

除了拥有良好的家庭条件，崔浩自己的才学也十分出色。

他的父亲已经是一等一的人才了，小时候号称"冀州神童"，可是崔浩居然更牛，那已经不是"别人家的孩子"可以形容的了，几乎就是当时所有孩子们仰望的存在。

历史上记载，他从小就博览群书，只有你没听过的，没有他没看过的。他不仅仅读书多，而且读得精，读得透，和人谈论起来可以让人家心服口服。

可以说，崔浩在我们还是高中生的时候，便已经达到了研究生的水平，并且直接找到了工作，担任直郎一官。

这是一个偏重于文秘性质的官职。

众所周知，秘书是升官最快的职位。在北魏天兴年间，崔浩就升为了给事秘书。

后来因为拓跋珪觉得崔浩书法很好，对其更加偏爱，所以他就跟在了拓跋珪身边。这看起来是件好事，但是也潜藏着危机。

常言道：伴君如伴虎。何况晚年的拓跋珪比起猛虎还要喜怒无常。

晚年的拓跋珪或许是精神上出了什么问题，就像是一个随机爆炸的炸弹，说不定什么时候就要爆发一下，所以伴随在他左右的人就如同在玩徒手扫雷的游戏，随时都有丧命的危险。

有的人因为脸色变化被杀，有的人因为呼吸不协调被杀。

杀人原因千奇百怪，总之就是"我怀疑你对我不怀好意，我就先杀你"。

在这样强大的逻辑下，朝野之中再也无人敢接近拓跋珪，只有崔浩仍然勤勤恳恳地侍奉左右。

后来，众叛亲离的拓跋珪被他的亲生儿子拓跋绍杀死，拓跋嗣即位，是为明元帝。

3

如果说在拓跋珪一朝，崔浩还只是凭借着文学才华而被赏识提拔的话，到了明元帝一朝，崔浩才算是真正参与到军国决策之中，开始展现他卓越的远见，成为影响历史的谋臣。

明元帝爱好五行阴阳，其实皇帝多少都爱这个，历史上不求仙问道的皇帝掰着指头都能数过来。

崔浩，刚好是这方面的行家。从前以书法对上了拓跋珪的胃口，现在又凭借着五行阴阳之术对上了明元帝的胃口。尤其是崔浩几次占卜结果都应验之后，明元帝已然成了崔浩的粉丝，对其十分信任。

神瑞二年（415），魏国首都平城发生粮荒，太史令王亮和苏坦建议迁都，崔浩却从内部和外部形势估量，坚决反对迁都，并且提出了将没饭吃的民众下放到各州去蹭饭的建议。

明元帝采取了崔浩的建议，第二年秋天收成大好，百姓也安定了下来，避免了兴师动众的迁都。

泰常元年八月（416），东晋刘裕北伐，气势汹汹，将后秦打得落花流水。刘裕准备从北魏借道经过以便于进军关中，朝臣们一片反对声，并且认为应该派兵阻止刘裕继续北伐。

这本来是情理之中的反应，唇亡齿寒的教训在历史书上记载得清清楚楚，但崔浩提出了不同的见解。他提出应该借道刘裕，堵其后路，然后坐山观虎斗。

群臣：你就是爱唱反调是吧？

崔浩：我不是，我没有！

明元帝：我不听，我不听。

结果证明，有时候真理还真就掌握在少数人手中，明元帝派出去的大军惨败而归，这个时候明元帝才开始后悔。

连续两件大事，都证明了崔浩除了占卜忽悠之外，是有着真正的远见卓识的，所以明元帝对崔浩是彻底地叹服了。

后来，刘裕大军兵临潼关，明元帝赶紧第一个找来崔浩问怎么办，崔浩说："咱啥都不用办。"

于是北魏按兵不动，刘裕以摧枯拉朽之势解决了后秦之后便很快归去，果然和北魏没有发生半毛钱关系。

4

如果说明元帝时期，崔浩只表现出了一个守成者的姿态，那么在太武帝拓跋焘一朝，崔浩则成了北魏向外扩张的中坚力量。

经过明元帝的经营，此时的北魏国力强盛，已经完全具备了朝外扩张的实力，但问题是先打哪个。

此时北魏身边有两个心腹大患，一个是柔然，特点是游牧民族，好打不好灭；另外一个是夏国，有坚固城池，特点是好围不好破。

北魏国内关于先打哪一个的问题，也是争论不休。最终拓跋焘还是决定听从崔浩的建议，先行征讨夏国。

没想到连老天爷都在帮助北魏，夏国国王赫连勃勃正好翘辫子了，几个儿子又在忙着争夺皇位，于是拓跋焘果断出兵，将夏国打得元气大伤。

第二年，拓跋焘再次采用崔浩的建议，示敌以弱，引诱继位的赫连昌出城追击，并且在北魏军队处于不利局面的关键时刻，否决了宦官赵倪退兵的建议，最终一举击溃夏国军队，占据了夏国的都城统万城。

将夏国打废了之后，拓跋焘便想继续征服柔然，群臣大都不同意，依然只有崔浩坚决支持拓跋焘，并且崔浩还与太史令张渊、徐辩展开辩论，将两人说得哑口无言。

最终，拓跋焘举兵出其不意征讨柔然，将柔然主力击败之后，拓跋焘却没能够坚持崔浩的建议继续深入全歼柔然，而是被其他将领劝回，事后才知道自己错过了全歼柔然的大好机会。

两大心腹大患都被消灭了，剩下的北燕也在公元436年被灭，最后只剩下北凉躲在西北角瑟瑟发抖。

作为一位野心极大的帝王，拓跋焘怎么能拒绝统一北方的诱惑，很快就提出了要征讨北凉，一个叫李顺的人因为收取了北凉巨额的贿赂，所以不惜以谎话来欺骗拓跋焘，希望打消他征讨北凉之意。

但是崔浩再一次站了出来，是的，他又开撑了。

他引经据典，从《汉书·地理志》中找到了证据，通过一番逻辑论证，再次将李顺撑得只想吐血。

后来拓跋焘亲率大军讨伐北凉，彻底统一了北方。

5

三代君主，从安国定民，到休养生息，到向外扩张，北魏的一步步强大和崔浩是紧密联系在一起的，每一步都有崔浩的参与。

三代皇帝都对崔浩极为信任，到了拓跋焘这里，对崔浩的信任中还多了一些超越君臣的殊荣，比如去崔浩家中同他一起大快朵颐，甚至连拓跋焘的寝宫，崔浩也可以自由出入。

可惜，越是聪明人就越是自负，最后聪明反被聪明误的不在少数。

公元431年，崔浩"大整流品，明辨姓族"，表弟卢玄劝他不要这么做，他却不听。说白了，这件事情就是为各大士族再装点一下门面，但是北魏政权的当权者是鲜卑族，按照士族的标准是属于不入流的，这样一做自然就得罪了那些鲜卑贵族。

权势总能够轻易蒙蔽一个人的耳目，崔浩越来越飘了。在一次职位任命中，他居然将自己推荐的数十人都安排为郡守，或许是他以为拓跋焘已经拿不动刀了。

太延五年（439）十二月，拓跋焘将崔浩任命为司徒监秘书事，负责续修国史。

拓跋焘嘴上说着，"你们可一定要按照事实书写啊"，实际上的意思是"什么该写什么不该写，你们应该清楚吧"。

崔浩大声回答："明白！"

于是崔浩真的完全按照实情书写了，甚至在手下的建议之下，将《国书》还有自己作的《五经注》一起刻了一片碑林。

石碑竖立出来了，来来往往的人自然都能看到。但是在这碑刻之上，记载了拓跋氏在崛起之初那些屈辱而阴暗的故事。虽然是事实，却并非拓跋氏人想要让世人知道的。

对拓跋氏来说，这是一件无法接受的事情。

当你成为万人之上的主宰，有人把你小时候尿裤子、掉进粪坑、偷别人东西等事情曝光出来还在全网发布。

这，如何能忍？

6

拓跋氏贵族被激怒了，他们嚷嚷着一起进宫历数崔浩的罪状，要将崔浩处死。拓跋焘嘴角露出一丝冷笑，不知不觉中，这个当初自己信任的贤臣，早已经成了他的绊脚石。

直到崔浩被打入狱中，他还不知道这件事情有多么严重，只以为是自己接受贿赂的事情被举报了，顶多降职处理。

当拓跋焘亲自审问崔浩时，他才如梦初醒，原来拓跋焘早就想杀他了。

这个时候崔浩才意识到，自己这些年来做了多少触犯拓跋氏忌讳的事情，他也才恍然大悟，这是鲜卑族人的国家，不是汉人的国家。

太平真君十一年（450）六月乙亥，崔浩以"宣扬国恶"的罪名被诛杀。

不仅仅是他，还有整个崔氏，以及范阳卢氏、太原郭氏、河东柳氏等都被株连灭族，历史上称其为"国史之狱"。

不久之后，拓跋焘巡视阴山，指着那广袤的土地对杀死崔浩表达了一番后悔与可惜。

不过，这也只是一代君王回首往事的唏嘘。

至少在拓跋焘心中，牺牲崔浩是值得且必要的。

7

关于崔浩被杀一事，历史上对其被杀原因也多有议论。

有人说是因为鲜卑贵族和赵魏旧族的矛盾，崔浩成了牺牲品；也有人认为是因为崔浩功高震主，又不知道收敛，引起了鲜卑族与汉族的矛盾，所以被拓跋焘诛杀。

近代陈寅恪认为，崔浩被杀表面上是因为民族之别而引起的冲突，实际上却是皇权对门阀政治的一次绞杀。

这个观点可以说是非常有见地的。随着崔浩地位的提升，标志着在北魏统治下的北方各大官僚机构也基本被士族垄断，即使是鲜卑贵族也只能够混吃等死。崔浩大肆任用士族子弟的行为就是一个危险的信号，预示着士族已经开始企图将北魏变成东晋一般的由士族和皇权共同执政的局面，

一旦让这种情况继续下去，但凡拓跋氏内部出现一点问题，士族都完全有能力彻底把持朝政，真正取而代之。

在这种情况下，士族已经成了拓跋焘的心腹大患。

再者，士族都是汉人，对南方的政权有着天然的好感，如果拓跋焘想要南征，势必要受到北方士族的阻挠。

所以无论是为了遏制士族的继续发展，还是要为之后的南征铺垫，拓跋焘都势必要解决士族问题。

在这种情况下，激发了民族矛盾的崔浩就成了一个很好的借口，可以让拓跋焘名正言顺地发难，将北方士族一网打尽。

孝文帝改革：一场巨大的蝴蝶效应

一直觉得中华民族是一个神奇的民族，作为唯一不曾断绝而延续至今的文明，我们不是没有经受过外来的侵略甚至占领，但是我们总是能够吸收其他民族的特点，并将其发展融合。

元朝，蒙古族占领了中华大地，但是他们也不得不学习汉人文化；清朝，满族占领了中华大地，他们强迫汉人蓄起小辫子，改穿满人服饰，但他们也只是改变这些细枝末节的东西，在根本的文化内涵上，他们还是得学习汉人的那一套。

一直以来，外族都在潜移默化受汉民族文化的影响，但是真正全面自上而下发起学习行动的，却是不多。北魏孝文帝的汉化改革应该算是其中比较出名的一个案例了。

今人对北魏孝文帝之所以选择汉化改革的目的有很多猜测，最主流的观点是为了缓和民族矛盾，但是其实更多是因为汉文化本身就有着十分强悍的吸引力，让所有深入接触到的民族，都无法避免会有主动或者被动学习的行为。

这一场由孝文帝坚决要求执行的汉化运动，引起了巨大的蝴蝶效应，产生了远在孝文帝意料之外的变化和影响。

1

北魏是鲜卑族人建立的政权，鲜卑族源于东胡，被匈奴击败后，居于鲜卑山的一脉便称为鲜卑族，居于乌桓山的一脉便称为乌桓。

后来匈奴被汉朝打败，乌桓又被曹操消灭，北方大草原上便只剩下了鲜卑人，在永嘉之乱后，晋室南渡，北方彻底成了各个少数民族争霸的舞台，鲜卑族也在这个时候开始逐鹿北方。

公元 386 年，趁着前秦在淝水之战中大败，拓跋珪称王，并在不久后建立了北魏。后来太武帝拓跋焘继位，开始了他南征北战的一生。

当皇位传到了孝文帝手中的时候，北魏已经成为当时最强大的国家，并且统一了整个北方。

君主的成就讲究的是文治武功，但是太武帝已经把北方统一了，南方对于北魏来说，还是块难啃的骨头，孝文帝自然不会想去轻易尝试，那么他便只能将目光转向了文治之上。

早在孝文帝改革之前，北方就已经进行了一些汉化的行动。

孝文帝的祖母冯太后本来是一位汉女，出生于北燕王室，后来成了北魏的皇后。其子献文帝登上皇位之后朝局动荡，所以冯太后临朝听政，但是献文帝亲政没几年被迫退位，孙子孝文帝即位，冯太后只能继续临朝听政。

冯太后虽然只是一介妇人，却颇有政治手段，临朝听政时期几次下狠手解决了政敌和权臣，将权力牢牢掌握在自己手中。

在冯太后掌握政权的时期内，身为汉人的她已然实行了一系列汉化的措施。

当时的北魏官僚机构中，官员都是没有固定工资的，平时收入全靠自己贪污、掠夺或者是国主赏赐。这样一来，那些官员尤其是底层无法接触到国主的官员，就极尽所能地贪污受贿和盘剥百姓以增加自己的收入。

北魏的官场一片浑浊，官民之间的矛盾也是越来越深。

后来，冯太后根据汉魏的旧制度进行了一些改动，开始实行"班俸禄"，按照官员的等级大小来发放俸禄，虽然这些俸禄还是得从百姓那里来，但是好在有一定的数额规定，也就不至于任由官员去勒索克扣了。

除此之外，在田地制度上，冯太后采纳大臣李安世的建议实行了均田制。

所谓的均田制，其实就是将当时因为战乱导致的大量无主的耕田按照人口分给无地的农民，这种做法让北魏境内许多无人区都开始有了人口，百姓也开始安定下来。

要知道，北魏是鲜卑人政权，鲜卑人以前是游牧民族，是一种比较落后的生产方式，而均田制的实行，标志着北魏抛弃了过去那种落后的生产方式，而改为学习汉人先进的生产方式。

均田制对北魏加强封建统治和发展农业生产起到了很大的作用，这种制度一直到唐朝也还在继续沿用，可见其影响力之大。

2

孝文帝从小是由自己的祖母冯太后抚养长大的，所以孝文帝也深受汉文化的影响。但仅仅是受到影响还不足以成为孝文帝改革的必然理由，还有一点也十分重要，当时的北魏已经不得不进行一些改变来缓和国内矛盾了。

在孝文帝一朝，前面几代君主为了征服北方，对各族人民，尤其是对人口占多数的汉人进行了惨无人道的镇压，民族矛盾已经十分严重。在太武帝拓跋焘时期，盖吴领导的起义声势浩大，已经深深地撼动了北魏的统治。前几朝还能够通过对外战争转移内部矛盾，到了孝文帝一朝，外部暂时无战可打，于是国内各地的起义更加层出不穷。

孝文帝即位之后，先是进行了一系列的政治改革。

之所以先从政治上出手，一方面是为了暂时缓和官员与百姓之间的矛盾，另一方面也是为了试探官员们的反应和接受程度。

首先和百姓冲突最大的，就是普通官吏了，尽管冯太后已经着手改革了许多，但是依然无法从根本上解决官吏欺压百姓和尸位素餐的事情。

孝文帝首先实行了一种很现代化的绩效考核制度，有点类似于现在的年终绩效考核，不及格的直接降级处理，绩效很好的酌情升级。

这样一来可以调动官员的积极性，对于那些官员来说，也是一种很好的奖惩措施。

同时，当时的北魏国家税收制度也很混乱，不仅是收取粮食的容器没有固定，甚至还会发生县级收了一次之后，郡里还要再收一次，征收的过程也是各种黑幕。孝文帝对此实行了统一的标准，要求只能县一级征收。

魏晋时期，汉族之中以九品中正制为标准，便把当时的士族定下了品级。鲜卑人依照汉人的标准是不入品级的，孝文帝觉得这种标准不适合北魏，但是完全打破也会造成汉人士族的反感，所以他采取了一种比较折中的方式。

孝文帝将百官分为九品，每品又分正、从两级，后来又根据官职和家世将鲜卑贵族进一步分为了姓和族两个等级。这种明确的尊卑高下的等级观念无疑也是吸收了汉人的传统，而且也有利于汉人士族和鲜卑贵族的融合和接纳。

经过这三项举措，孝文帝基本缓和了国内百姓和官吏之间的矛盾，以及鲜卑贵族和汉人士族之间的隔阂，北魏内部得到了稳定。但是这还不够，这仅仅涉及孝文帝实现自己心中改革力量的准备工作。

3

经过测试，孝文帝发现鲜卑族内部其实对于许多汉化措施并不是十分抵制，于是孝文帝就开始实施进一步的计划。

汉文化的主要阵地在黄河流域，黄河流域才是中原腹地。一直仰慕中原文化的孝文帝就很想将都城迁到洛阳去。这样身在中原腹地，远离北方草原，也能够更好地学习汉人文化。

但是孝文帝知道，这个决定肯定会引起很多鲜卑贵族的反对。因为在他们看来，北方才是他们的根，一旦深入中原，他们固守的传统就会被打破，鲜卑就不再是鲜卑了。

这种观念其实代表了不仅仅是鲜卑，包括中国历史上许多次，面对外来优秀文化时候的态度。

这种观念主导下，就会出现清末的闭关锁国。祖宗之法不可变，但祖宗之法未必足以强大自身，当面对外界更加优秀的文化和制度时，我们应该睁开眼去看看，然后谨慎地选择学习。

孝文帝到底是了解那些一心只想着保住现有的荣华富贵的鲜卑贵族的心理，所以他没有直接提出迁都，而是说自己要南征。

"什么？大王要南征？"

"不行啊大王，南齐很强大，我们打不过啊！"

孝文帝冷眼旁观，直到任城王拓跋澄也站出来激烈反对，孝文帝这才宣布退朝，然后私下里再跟他解释自己要南征的真实目的。

公元493年，孝文帝带着三十多万大军南征，一路上，鲜卑贵族都是各种劝，千方百计想要让孝文帝停止南征。

当部队走到了洛阳的时候，恰好下起了连绵秋雨，鲜卑贵族赶紧借着这个机会劝孝文帝放弃南征。

"大王，您看这天都不帮您，您就放弃吧。"

"是啊大王，雨还不知道下多久。一直这么耗下去供给也跟不上啊。"

孝文帝露出了邪魅一笑道：

"那可不行，我们这么多人，这么大阵仗，就这样回去了那不是让人看笑话吗？"

"没人敢笑您，我们回去吧。"众大臣劝道。

"那还是不行，咱们必须得干点什么出来，否则就算现在没人笑，后代也一定会耻笑咱们的，不如我们就迁都洛阳吧，也只有迁都这种事配得上这么大的阵仗了。"

众大臣这个时候也只有苦笑了，南征那肯定是不行的，万一打败了他们这些人搞不好都要留在南边了。可是迁都，似乎也不行，洛阳距离北方太远了，离开了草原他们就觉得缺少了安全感。

不过，如果非要二选一的话，那迁都好歹暂时没事儿，那就只有选择迁都了。

于是在孝文帝半是强硬，半是用计哄骗的情况下，就将都城迁到了洛阳。

迁都以后的孝文帝，在政治经济上再次进行了一些小的改革，更大的变动则是在文化习俗上。

他开始要求大家都说汉语，不再说鲜卑语。

他还把鲜卑姓改为汉人的姓，比如他自己的拓跋氏就改为了姓元，独孤氏改为了刘姓。

此外，他还开始修建孔庙，让鲜卑族也开始尊奉孔子为圣人。

这一系列的制度，让汉族和鲜卑族之间的矛盾得到了极大的缓和，极大地促进了民族融合，也让原本的鲜卑族部落政权走向了更加彻底的封建化道路。

4

但是，孝文帝的这一系列改革，虽然给北魏带来了新的生机与活力，却也带来了许多新的危机，甚至直接导致了后来北魏的衰落直至亡国。

明明是好的改革，为什么最后却导致北魏在短短三十年后就亡国了呢？究其根本原因，在于孝文帝对于中华文化的认识并不够深刻。

中华文化并不是一成不变的，从文武周公，一直到秦皇汉武，乃至于后世，都是在不断地根据当时的情况进行自我修复和改造的。

孝文帝将北魏全盘汉化，这和后来在清末民初，有的人为了学习救国自强而提出全盘西化可以说是一个道理。

北魏有北魏的实际国情，汉文化也有汉文化的优劣，不加以选择和改造地全盘接收，只能是消化不良。

就拿政治改革来说，孝文帝继承了魏晋的九品中正制，然而九品中正制本来就是一个败笔，这个制度演化出来的门阀制度，将整个魏晋弄得了无生机，官场全被士族垄断，寒门出身的许多能人都是报国无门。而且这种门阀制度虽然一定程度上缓和了鲜卑贵族和汉族士族之间的矛盾，却在鲜卑族内部形成了新的矛盾。

孝文帝改革所学习的汉文化，大都是汉文化中的糟粕，却在学习的路上，将鲜卑人本身的传统都丢失殆尽，最终搞得文不成武不就。

总之，孝文帝的改革不论成功与失败，都是一次大胆的尝试，也是少数民族对汉文化在敬仰之中做出的一种积极的学习。

更重要的意义在于，这也对我们后人在面对外来文化的时候有一种警示作用。取其精华，弃其糟粕，这才是正确地对待外来文化的态度。既要保持民族的独立性，又能够充分吸收外来文化的精髓，这才是中华文化永远保持活力的秘诀。

侯景之乱：真实版大闹天宫

公元 549 年三月，侯景攻陷台城，梁武帝萧衍和皇太子萧纲都在城中。

看着眼前这个骨瘦如柴的老人，侯景没有感受到一丝仙风道骨或者佛法高深，只觉得堂堂帝王变成了如此模样，既可笑又可悲。

梁武帝坐在蒲团之上，面对眼前这个带着刀兵的羯族人，几十年的佛法修行毁于一旦。

当初他坐在王位上，听着下面的人山呼万岁，突然觉得好没意思，仿佛已经悟透了什么叫"四大皆空"。

可当眼前人抛出一条又一条侮辱性的要求时，梁武帝只觉得一阵血气上涌，佛家的嗔戒已经被丢在了九霄云外。

五月初二，梁武帝萧衍因拒绝了侯景的要求被断绝供应，活活饿死在台城。想必是其佛法修为还不够，没能够成功辟谷。

1

侯景其人，起于微末。北魏末年，爆发了六镇起义，擅长骑射的侯景趁势也带着一帮弟兄们起义，并且和后来的东魏之主高欢还有过一段同袍之谊。

之后的侯景先是在起义军中成了重要的将领，但是在葛荣成为起义军领袖之后，他又很快投靠了北魏的权臣尔朱荣，被尔朱荣任命为先锋，并在一次战斗中俘虏了昔日的首领葛荣，立下了大功。

这还不算完，在尔朱荣死后，当他得知了高欢崛起的消息，又毫不犹豫地带着部下投靠了高欢，正值用人之际的高欢自然很高兴，不仅接纳了侯景，还十分信任他，赋予了他很大的权力。

但是高欢也不傻，侯景当初和他的关系也说不上多深，这小子能两次背叛前主人，将来也未必不会背叛自己。所以高欢也一直对侯景留了一个心眼。

一方面，高欢对侯景极为依仗，侯景的确为高欢控制东魏和稳固政权立下了汗马功劳；但是另一方面，高欢也对侯景越来越忌惮。到了公元542年，侯景拥兵十万，专制河南，势力达到极盛。

侯景开始有了一些拥兵自重的苗头，越来越不将人放在眼里，甚至放出话来说：高欢在位的时候，自己不敢有异心，但是高欢之子高澄，自己无法与其共事。

这种话放出来，实在太过狂妄，容易惹火烧身。

公元547年，高欢病重之时写信召回侯景，想见其最后一面。

侯景敏锐地感觉到了事情不对劲，坚决不肯回去。最终高欢熬不住，将自己之前早就想好的对策告知了儿子高澄，带着遗憾去世了。

高欢死去，侯景公开背叛东魏。

高欢提前准备好的那些手段，终究没能用上。

2

南北朝不再是无数政权并立，历史似乎回到了汉末魏蜀吴三足鼎立的局面。

东魏占据最为富庶的中原地区，兵强马壮，最为强大。西魏偏居于西陇边境地带，国内民族众多，但宇文泰内安反侧，外御强邻，国力也是蒸蒸日上。梁朝位于江南地区，自晋氏南渡以来，江南地区的文化气息十分浓厚，再加上梁武帝本人也是一位爱好文学的帝王，所以梁朝成了当时的文化正统所在。

梁武帝在年轻时尚且能够励精图治，但是在国家安定之后，便亲小人而远贤臣，梁朝的官僚体系逐渐混乱，政治腐败造成的阶级矛盾也在逐渐加深。

梁武帝晚期还笃信佛教，甚至三次舍身佛寺，只是为了帮助佛教扬名和收敛钱财。由于梁武帝的提倡，梁朝佛教兴盛，四处可见金碧辉煌的寺庙。所谓"南朝四百八十寺，多少楼台烟雨中"就是指的这个时期。

而且佛寺大量圈划土地，还不需要缴纳赋税，吸引了大量民众出家为僧，对梁朝的经济生产和军事实力造成了很大的危害。

此时，南方的士族阶层已经完全腐朽没落了，整日里只会清谈玄学，或者是游山玩水，为了满足个人需要还大量蓄养奴婢，从事生产和参军的人越来越少，普通农民所需要承担的赋税却越来越重。

重重矛盾累积之下，梁朝早已经不堪重负，就像是一间华美的屋子，看上去富丽堂皇，其实却是纸糊的一样，经不起一点风雨。

这个时候，侯景就成了那个掀起风雨的人。

侯景宣布背叛东魏之后，本来是准备投靠西魏的，但是西魏并没有完全信任侯景，只是赐予他一堆官职，并不出兵帮助他。

侯景无奈之下，只得向梁朝求救，并提出要带着十三州依附于梁朝。

每一个南方的汉人政权，大概都做过恢复中原的梦。

只是梦终究是梦，若有人把梦当成了现实，那必定要空欢喜一场。

梁武帝恰好梦到了中原平定，自己成了晋氏南渡之后最伟大的帝王。而没过多久，侯景的降表就递到了他的面前。

3

接受，还是拒绝，这对梁武帝来说似乎是不需要思考的问题。

尽管许多大臣反对，他还是执意听信宠臣朱异的话，接受了侯景的投靠。

不仅如此，当东魏举兵讨伐侯景之时，梁武帝还派出了司州刺史羊鸦仁等率军接应。

狡猾的侯景同时联系了西魏和梁朝，他心中很清楚，两方都是惦记着他手中的土地和大军。

不过相比较而言，西魏的宇文泰对侯景的态度更加谨慎，在第一时间除了派军援助之外，还想将侯景召入长安之后剥夺他的兵权并接收他的土地。

侯景一眼看穿了宇文泰的企图，知道西魏没有自己发挥的余地，果断选择彻底投靠看起来有些傻乎乎的梁朝。

东魏第一次讨伐侯景被击退，第二次派出了慕容绍宗再次讨伐。早年侯景曾经跟着慕容绍宗学过一段时间兵法，算起来慕容绍宗还是侯景的老师。

梁朝既然接纳了侯景，自然也要出兵帮助，但是梁朝长时间的文恬武嬉，军队战斗力是一降再降，根本不是东魏的对手，被打得落花流水大败而归，连梁武帝的侄子萧渊明都被东魏俘虏了。

侯景终究寡不敌众，只带着八百人逃到了梁朝寿阳，之前说好的献给梁朝的土地，也都被东魏夺了回去。

4

这一次的失利，让侯景失去了依仗。

他一边在寿阳招兵买马希望有机会从头再来，一边向梁武帝提出要和王、谢等大族联姻。梁武帝愿意支持侯景自行发展，却看不起侯景的门第，坚决不答应帮助他说亲。

同时，这一战也让梁武帝意识到了，以梁朝的军队状况根本不是东魏的对手，于是当东魏派人来讲和的时候，梁武帝十分乐意地同意了。

可能在梁武帝眼中，过去掌握着大量兵马和领土的侯景是他恢复中原的希望，但现在的侯景不过是一只丧家之犬，根本不需要考虑他的想法。以至于东魏这么明显的离间计，梁武帝也入了套。

侯景在遭遇了失败之后，却变得更加清醒，他知道等到梁朝和东魏讲和之后，自己就会变成双方交换的筹码。侯景不愿意束手待毙，便决定反抗。

在反抗之前，侯景也做了很多准备工作，他毫不掩饰地向梁武帝索取钱财以扩充军队，梁武帝为了换回自己的侄子，对于侯景的要求尽量满足。

同时，侯景也深知梁朝内部的矛盾，偷偷联系梁武帝的养子萧正德，让其作为内应，允诺事成之后将拥立其为帝。

朝中不少大臣都看出了侯景的野心，梁武帝却认为侯景就像是离不开哺乳的婴儿一样，根本就不可能造反。

公元548年8月，侯景以诛杀中领军朱异、少府卿徐骥、太子右卫率陆验、制局监周石珍为借口，在寿阳正式起兵叛梁。

当梁武帝得知这个消息的时候，依然不以为意，导致被侯景连续攻占多个城池。梁武帝这才稍稍重视，派了萧正德去守丹城。

萧正德早已经和侯景串通一气，最终里应外合将建康也拿下，并将梁武帝和皇太子萧纲围困在台城。

台城在羊侃的主持下全力抵挡侯景的进攻，侯景一时间还未能攻克。在这段时期，侯景也兑现了自己先前的诺言，拥立萧正德称帝，萧正德封侯景为丞相。

为了让自己这个皇帝之位更加稳固，萧正德迫不及待地希望能够攻克台城，杀死里面的梁武帝尤其是皇太子萧纲。

但此时，梁武帝的另外一个儿子萧绎也领兵来援，使得侯景的压力很大。好不容易将援兵击退之后，侯景这才转过头来继续猛攻台城，但是羊侃其人颇有能耐，侯景火攻水攻都用过了，也无法破城。

慢慢地，各路勤王之师都陆续赶到，但也是各自心怀鬼胎，谁也不肯真的去和侯景交战。更有甚者，名义上是王师，其行径却比侯景的军队还要过分，四处烧杀抢掠，以至于百姓反而怀念侯景在的日子。

就这样，侯景将自己起初不过八百人规模的军队，逐步扩大到了十万人。

梁朝援军见侯景的势力日益壮大，推举司州刺史柳仲礼为大都督，统率诸军对侯景发动进攻。柳仲礼却是个无能之辈，最终被侯景击败。

此时，台城已经被围困了一百多天，由于粮草不足，再加上大量难民涌入，城内一团混乱。

守城的羊侃病死之后，侯景终于攻破了台城，见到了梁武帝和皇太子萧纲，并以梁武帝的名义发布诏令，遣散了来援的诸将。

梁武帝不肯答应侯景提出的各种苛刻条件，被活活饿死。侯景拥立萧纲为傀儡皇帝，是为简文帝。

萧正德这才知道自己被利用了，不服气的他还密召鄱阳王萧范带兵入京，想要除掉侯景保住自己的皇帝宝座，结果被侯景知晓后杀死。

5

侯景控制了简文帝之后，开始朝着三吴之地下手，很快就将三吴之地占领。其势力在这个时候达到了鼎盛。

此前向梁武帝请求赐婚士族被拒绝，侯景觉得很没面子。这一次，他不但强行迎娶了简文帝的女儿溧阳公主，还给自己封了一个极具现代感的称号：宇宙大将军。

侯景在建康春风得意，建康城外的梁朝诸王没有急着攻打侯景这个谋逆者，反而是起了内讧，自己打得不可开交。

好不容易，梁湘东王萧绎在内斗中获得了胜利。他之前被侯景打退过，现在卷土重来，各地豪杰也纷纷响应，声势十分浩大。经过你来我往几次三番的战斗，萧绎才好不容易重挫了侯景的军队。

公元 552 年，萧绎号召大家一起讨伐侯景，侯景成了人人喊打的过街老鼠。与整个梁朝比起来，侯景毕竟还是显得实力不足，很快就被陈霸先、王僧辩的军队彻底击溃。

后来侯景逃至胡豆洲，于四月十八日被部将羊鹍所杀，他的尸体也被运回了建康弃置在街头，许多民众纷纷生食其肉，其中包括被侯景抢占的溧阳公主。

可怜懦弱的简文帝萧纲，早在侯景死前一年就被废掉且杀死。侯景先是迎梁武帝曾孙豫章王萧栋为帝，接着逼迫他禅位给自己，将国号改为汉，也当了一年的皇帝过过瘾。

6

侯景之乱，可以说是魏晋南北朝历史上一次重大的历史事件，对整个南方都造成了很大的影响。

尽管叛乱最终被平定了，但是梁朝已经连表面上的强盛与安宁都无法维持，各个诸侯豪强纷纷割据一方，在战乱中崛起的陈霸先最为耀眼，他在公元 557 年迫使梁敬帝禅让，开创了陈朝。

接连的战乱，对好不容易发展起来的江南经济造成了巨大的影响。不过它也彻底揭开了士族脸上的遮羞布。南朝士族在经过数百年腐化之后，于梁末被基本消灭。此后越来越多的寒门子弟在战争中脱颖而出，成为雄踞一方的人物。

总之，侯景之乱固然是一次惨祸，但在某种程度上也推动了混乱时代更快地结束，加速了当时的社会转型，为后来的隋朝统一全国做了准备。

武帝灭佛：教派与王权的斗争

佛教于东汉传入中国，起初并未受到重视。直到魏晋时期，玄学兴盛，佛教与儒学、道家结合起来，才开始逐渐发展壮大。

当时许多名人都和僧人交往甚密，比如王羲之和支道林就是很好的朋友。佛教理论的逻辑思维颇为严密，可以帮助名士们更好地取得清谈的胜利。另外，当时政治黑暗，许多名士都寄情山水，佛教种种玄妙的境界也为名士们提供了一个逃避现实的精神世界。在名士的带领下，佛学研究越来越流行。

到了南北朝时期，异族统治汉人，为了压迫广大的劳动者，佛家的因果报应和三世说很好地符合了统治者的要求。而且这种理论，也让劳动者得以逃避现实的苦难，当被压迫者将希望都放到了来世，认为今生受苦是前世作恶的报应，是为来世修德，他们自然也就不会反抗压迫了。

南北朝时期的历代统治者大多大力提倡佛教，甚至自己都笃信佛教，这一方面有利于他们更加无休止地压榨百姓；但另一方面，随着宗教势力越来越庞大，并且逐渐开始朝着政治上渗透，也给他们的统治带来了很大的威胁。

终于，矛盾爆发了。

1

历史上一共发生过四次大规模的灭佛事件，被称为"三武一宗灭佛"，而这四次灭佛事件中有两次都是发生在南北朝时期，而且时间上相隔并不远。

一次是北魏太武帝灭佛，另外一次是北周武帝灭佛。两次灭佛的社会背景和灭佛目的其实是极为相似的。

在北魏发展的初期，统治者其实一直在帮助和推动佛教发展，比如北魏太祖道武帝亲自下诏，一边肯定佛教的同时，还要求有关部门重视佛寺的修建。

到了太武帝时期，由鲜卑人建立的北魏已经发展到鼎盛，不仅解决了身边的柔然和夏国，还将北燕和北凉都逐个消灭，基本统一了北方。

太武帝之所以能够统一北方，除了天时地利之外，还与其实行的一个措施有关，那就是全民皆兵，太武帝下令全民进入战时状态，凡是适龄男子都要应征入伍。

这样一来，北魏的兵员得到了极大的扩张，但是在这期间，太武帝也发现了许多问题。

比如，佛教徒规模太大，而僧人又可以不缴纳赋税、不服兵役和徭役，意味着国家要养着越来越大的僧人群体。这样一来，越来越多的百姓为了躲避繁重的赋税和兵役徭役，纷纷出家为僧。

即使北方已经统一，但是北魏内部还并未稳定，太武帝还有着染指南方的想法，如此多精壮的僧人，寺庙如此多的私产，都令太武帝既忌惮又眼馋。

同样，在北周武帝宇文邕时期，佛教也成了国家和社会的拖累。在北周的前身西魏宇文泰时期，宇文泰就是坚定的佛教徒，后来他的两任继承者都笃信佛教，到了宇文邕时期，佛教的发展已经严重影响到了国家的运行和社会的发展。

佛教也好道教也罢，本来都只是统治者用来统治民众的工具，但是当这些宗教发展超过了一定的限度，开始阻碍国家的发展，便引起了一系列尖锐的矛盾。

大量僧人可以用来从事农业生产和服徭役兵役，是人口繁衍的根本，寺庙拥有的巨额财产也可以用来为帝王们充实国库和发展军备。寺庙僧人拥有的种种政治经济特权，让当地官府和地主与之发生了不少冲突。

总而言之，佛教的过度发展，引起了社会各个阶层的反感。反过来，佛教发展积累的大量财富和人力，对于国家来说则有着不小的用处。

所以，灭佛其实是一种必然，只是北魏和北周分别采用了不同的方式。

2

伴随着佛教的深入发展，上自王公贵族，下至平民百姓，都有大批信徒。既然有着如此大的影响力，所以即使是要灭佛，也必须有足够的理由。

对于北魏太武帝拓跋焘来说，灭佛是他早已经埋在心中的念头。

早在太武帝始光初年，道士寇谦之在崔浩的支持下，将儒家学说和佛教仪式理论融合进了五斗米教之中，将其修改得更加迎合太武帝的喜好，并将之进献给朝廷。

还是在崔浩的极力劝谏之下，太武帝才注意到了寇谦之，也注意到了道教。于是太武帝开始以一种比较温和的方式抑制佛教发展，那就是提倡道教。

太武帝不仅祭嵩山、建立天师道场，还自称为太平真君，年号也改为太平真君。

但是太武帝的这种提倡并没有起到多少实质作用，让他有些恼火。宗教应是帝王统治的工具，现在竟然已经到了不受控制的局面。

太武帝以暴力手段灭佛的导火索，是太平真君六年发生的一次起义事件。

当时，拓跋焘亲自带领大军平定起义，结果在一处寺庙中发现了大量的兵器。

这触及了拓跋焘的底线。

很快，拓跋焘就下令将全寺僧人诛杀，并且查抄寺庙财产。在这个过程中，他又发现了寺庙和一些达官贵人勾结的证据。这表明佛教已经对整个北魏的官僚机构都造成了腐蚀。

此时，全国寺庙已经拥有了大量的精壮僧人，而这些僧人稍加训练就是很好的军人。且佛教在民间信徒广泛，再加上其拥有的大量财富，一旦与起义军关联起来，将会对整个北魏的统治造成极大的威胁。当发现佛教和北魏统治阶层也有了牵连的时候，拓跋焘不禁感到一阵后怕。

随后不久，这次事件渐渐蔓延扩大，波及了整个长安，进一步将范围扩大到了全国。整个北魏都展开了大规模毁灭寺庙、焚烧经卷、查抄财产的行动。

当时许多僧人都被杀死。拓跋焘还下令让所有五十岁以下的僧人必须还俗服兵役，全国上下都禁止包庇沙门，一经发现便要满门抄斩。

虽然当时的太子拓跋晃笃信佛教，在他的求情和帮助下，许多僧人得以远遁。但整个北魏境内的佛教都遭受了毁灭性的打击。一直到太武帝拓跋焘死后，文成帝即位，才下令恢复佛教。

3

在北周时期，宇文邕是一位有着雄才伟略的君主，在位期间做了不少利国利民的事情。父亲宇文泰死的时候宇文邕年龄还小，被托付给了宇文护。

宇文邕即位后，宇文护把持朝政，让其成了傀儡皇帝。

作为一名虔诚的佛教徒，宇文护借着宇文邕的手大力支持佛教发展。宇文邕表面不敢说什么，但内心十分抵触。

佛教过度发展的危害他已心知肚明，但出于各方面的考虑，他还是采取了比较温和的方式来处理。

宇文邕曾经三次召集群臣、名僧、道士，一起讨论儒释道三教的优劣，希望能够通过这样一种辩驳，将佛教的地位降低，将儒家的地位抬升。

但佛教僧人们本就擅长辩论，儒家和道家缺乏高手助阵，所以宇文邕的想法很难实现。

第一次辩论，宇文护坚决不同意降低佛教的地位，所以这一次的辩论没有任何成效；后来宇文护被宇文邕诛杀，宇文邕终于掌握了话语权，第二次辩论虽然定出了儒家第一，道教第二，佛教第三的次序，但是在佛教名僧的极力抗争下，这个次序也没能发挥任何作用。

但是这一次的辩论让不少人看出了宇文邕对佛教的真实用意，所以有人也提出劝诫，认为想要靠着僧众充实军队，靠着寺庙地产补给民众是不可取的。

公元574年五月，宇文邕再一次组织了辩论。这一次主要的矛盾焦点是在佛教和道教之间。当时道教以道士张宾为主力，佛教则以智炫为主力。

张宾在早年便曾经上书请求限制佛教发展，得到了宇文邕的赏识，这一次作为道教主力帮助宇文邕压制佛教，却被智炫辩驳得节节败退。即使宇文邕拉偏架，最后也是因道教太不争气，反而暴露了自己手脚也不干净。

本来宇文邕只是想压制佛教发展，没想到发现道教也是一丘之貉，盛怒的宇文邕决心将佛教与道教一同解决掉。

宇文邕当即发布诏令，焚毁道教和佛教的经卷以及雕像，道士和僧人都还俗为民，寺庙也推倒成为民宅。

当年六月，宇文邕下诏建立了一个特殊的机构，叫作通道观。通道观中请来了120名学士，都是当时著名的道长、僧人、儒士，他们的任务就是在一起研习各家经典，然后找到三教的共同点，消除三教的争端。

公元577年，北周灭掉了北齐，宇文邕再一次召集名僧，向他们解释尊儒灭佛的意义，虽然遭到了名僧慧远和任道林的反对，他们还以佛教的因果报应和阿鼻地狱对宇文邕进行威胁，但是宇文邕还是决定在原北齐境内实行灭佛运动。

最终在整个中国北方，第二次全方位的灭佛运动展开了，佛教在北方的发展遭受了再一次的重创。

4

两次灭佛运动前后相隔一百多年，都是发生在北方，都是由帝王发动。综合起来比较就会发现，和北魏太武帝的灭佛运动比较起来，北周武帝的灭佛运动显得更加成熟，对国家的好处也更大。

首先，北周武帝的灭佛更加温和，他在灭佛之前就召开了三次讨论会议，这三次讨论，其实就是给佛教打预防针，给了他们调整和反应的时间。在灭佛之后，朝廷也没有完全废黜僧众，而是设置了专门的机构，让那些高僧大德者继续研究佛法。

其次，北周武帝的灭佛运动更加彻底，不像北魏太武帝的灭佛那般，由于太子和达官贵人的阻挠，许多僧众都得以逃出，并在太子即位之后再次回到北魏。而北周武帝的灭佛是强迫占全国总人口十分之一的僧众还俗，当僧众有了家庭之后，即使佛教再次恢复，这些还俗的僧人也很难再入庙为僧了。

再次，北周武帝的灭佛对于社会来说更加有意义。他没有像北魏太武帝那般直接摧毁寺庙，而是将寺庙分给了王公贵族，一定程度上缓和了王公贵族对灭佛运动的反感。而且他还让僧侣还俗，充当了劳动力，恢复了农业生产，有利于社会的稳定和经济的发展。

而北魏太武帝让僧众去服兵役，社会生产的劳力还是严重不足，社会矛盾依旧没有解决。

最后，周武帝让儒释道三家精研经意，互相融合，以儒家为根本，融合佛、道两家，这是在逐步建立一个全新的思想体系，更加有建设意义。

其实不仅仅是中国古代，在西方，宗教与政治经济之间的矛盾也一直存在。当宗教成为一个享有大量特权的阶级时，就无法避免地与历史发展潮流发生冲突。尤其是当宗教与政治走向了对立面，就必然会引起统治者的反感。

因此，不论是南北朝，还是后来的唐朝，乃至于 16 世纪的欧洲对宗教的压制，其根本原因都是因为宗教活动对王权产生了威胁。

上帝也好，佛祖也罢，在帝王的刀兵之下，自救尚且不能，又如何解救世人？

北魏分裂：拉开后三国时代的大幕

汉末以来，群雄割据，最后剩下了东吴孙权、北魏曹操、蜀汉刘备三足鼎立，这一段三国争霸的历史通过罗贯中的《三国演义》广为人知。

但是历史上这样精彩的三国争霸的历史却并不是仅此一家，在南北朝时期，曾经也有那么一段时间，南北方耸立着三个国家，西魏、东魏和梁朝。

何以都是三国鼎立，后者却远没有前者的声名远扬以至于妇孺皆知的程度呢？我想其主要症结在于，前后两个时期的时代背景和国家状态不同。

前者，魏、蜀、吴三国鼎立，是在刚刚经历了汉朝的统一之后，经过了一段时期的混战，三方都有着统一全国的想法，所以彼此之间争斗不断，都想着将对方消灭。

西魏、东魏、梁朝三个国家，则是已经经历了长时间的分裂，两魏更是少数民族的政权，没有那么强烈的统一愿望，梁朝尽管有统一的想法，自身却过于弱小。

这种情况也就导致了魏、蜀、吴时期，通过对外战争涌现了一大批谋臣武将，在他们身上发生的故事无疑更有吸引力；而西魏、东魏、梁朝时期，各个国家的主要精力都在内部斗争上，充斥的是阴谋诡计和篡权夺位，对于民众来说吸引力大大下降。

何况这一段时期，北强南弱，汉人政权偏安一隅，后人也不愿意将这段屈辱历史再去反复强调。

古人不愿意掀开自己的伤疤，我们却不得不去掀开历史的遮羞布，看看这一段三国鼎立的局面是如何形成的。

1

北魏在经过几代君主的共同努力之后，到太武帝拓跋焘手中已经基本实现了北方的统一。后来又经过了孝文帝的改革，国家经济得到了一定的恢复，封建政治制度的进程得到了加速。

但与此同时，由于孝文帝的改革都只是停留在表面，没有根本触及深层内涵的东西，所以北魏社会矛盾依旧十分尖锐。

在整个北魏的统治中后期，各地的起义是连绵不断的，官逼民反的情况也是屡见不鲜。

公元 515 年，冀州僧人法庆领导了大乘教起义。北魏为了镇压这场起义，前后居然动用了十万将士。

除此之外还有河北、山东、关陇等各地的起义，起义军规模之大和北魏朝廷镇压之困难，都可以看出当时的社会矛盾已经到了一个不推翻旧朝廷就无法平息的地步，而旧的朝廷已经是秋后的蚂蚱，很明显地露出了疲态，只是张牙舞爪地用更加残忍的手段，色厉内荏得让大家产生恐惧。

真正打在北魏身上的那一记重拳，让病恹恹的老虎彻底连张牙舞爪的能力也失去的，是北方六镇之乱。

这北方六镇，本来是为了对付柔然而建立的，当时的柔然是北魏的心腹大患，而且经常侵扰北魏，所以北魏便在两国交界处布置了的大量的兵力，最后形成了六个军事重镇。

这六个军事重镇都由鲜卑族中出色的将领带兵驻守，久而久之便形成了如同唐朝中期安禄山一般的军事割据势力。

而且在孝文帝的改革中，学习了魏晋的九品中正制之后，在鲜卑族内也形成了门阀制度，这些驻守六镇的将领却因为偏远而被排除在外。再加上这六镇中多是鲜卑人，当时孝文帝改革要求说汉语，学习汉人礼仪制度，因六镇偏远，并与外界隔绝，所以依然保持着鲜卑人的特色。

当然了，鲜卑人好战尚武的特色，也一直被很好地保留了下来。

本来六镇是一个中心，洛阳是一个中心，两边互相不干涉对方，也一直能够保持着和平，但是这一切因为外界的一场侵扰而改变了。

公元 523 年，被北魏赶到了塞北深处的柔然出现了大饥荒，走投无路的三十万柔然人南下，在六镇中烧杀抢掠了一番之后飘然离去。

可是当时的北魏朝廷却只是象征性地给了一些抚恤，远远无法解决六镇被柔然肆虐之后留下的无数灾民的生存问题。

百姓没得吃，就要造反，当兵的没有饭吃，也要跟着一起造反，于是六镇相继发生起义。朝廷派兵前来镇压，却是屡战屡败。

第二年，六镇就完全被起义军控制，北魏朝廷完全是束手无策，无奈之下出了一个引狼入室的昏招儿。

北魏朝廷开始和柔然勾结起来，一起镇压起义军，起义军在腹背受敌的情况下很快就被打败了，无奈之下只能投降，而被俘虏的二十多万军民并没有得到朝廷的安置，而是将他们扔在了同样无饭可吃的河北等地。

这些军民忍无可忍之下选择了再次起义，同时带动了多地被压迫的走投无路的民众起义，虽然这些起义无一例外都被镇压了，但整个北魏已经是不堪一击，就像是一座庞大的宫殿，里面的柱子都已经东倒西歪了，距离倒塌也只差那么一根指头戳一下的力度。

2

戳了这一下的，是柱国大将军尔朱荣。

公元 528 年，尝到了掌握权力滋味的胡太后，为了效仿冯太后继续临朝听政，选择了毒杀亲生儿子孝明帝元诩，然后立三岁的元钊为皇帝。

在北魏，本来有一个十分残忍的制度叫作"子贵母死"，儿子当了太子，那么母亲就要被处死，胡太后却是个例外，她生了儿子还当了太子，她自己却不仅没死还被升为贵嫔。很快老皇帝去世了，胡太后的儿子孝明帝登基，胡太后便临朝听政。

皇帝年幼，太后临朝听政原本是有前例可循的，就在北魏孝文帝一朝也发生过。但是胡太后自己行为不检点，还极尽奢华享受，无论是在宗室中还是在朝堂上，都引起了很多人的反感。

尔朱荣手握重兵，在平定葛荣起义军的时候立了大功，也趁机将自己的势力发展到很大。再加上他本来就野心勃勃，如今正好以为明帝报仇的借口，率军南下。

尔朱荣在进军洛阳之前，先是私底下与当时声望很高的长乐王元子攸达成协议，承诺拥立其称皇。在里应外合之下，他很快就攻下了洛阳，将胡太后和元钊溺死水中，还埋伏兵马，将两千多朝臣尽数杀害。

这一次大屠杀，基本将孝文帝改革后确定的鲜卑贵族和汉人士族都杀了个干净。

尔朱荣杀得痛快，但杀完了自己也后悔。整个洛阳城基本都把他视作仇人，他自己也不敢在洛阳久居，跑到了晋阳操纵局势，将元子攸留在了洛阳。

元子攸果然被立为皇帝，但也只是个傀儡皇帝。偏偏他又是个有些抱负的，所以不甘愿一辈子只当个傀儡，便设计将尔朱荣召入洛阳，在尔朱荣毫无防备的情况下将其手刃。

尔朱荣死了，但这不意味着元子攸就摆脱了傀儡的命运。尔朱荣的堂弟尔朱世隆和侄子尔朱兆得知尔朱荣被杀的消息后带兵攻入洛阳，找到了元子攸，不久之后将其杀死。

可怜元子攸身为傀儡却没有傀儡的觉悟，想翻身却没做好翻身的准备。

不过好在他杀死了尔朱荣这个尔朱氏最杰出的人物，公元531年晋州刺史高欢攻入了洛阳，两年后攻占晋阳，将尔朱氏彻底消灭。

尔朱氏在北魏历史上只是这么昙花一现，却给了北魏皇室重重一击，整个北魏就在这一击之中轰然倒塌了。

3

高欢在诛灭了尔朱氏之后把持了朝政。

可是高欢拥立的傀儡皇帝元修和之前的元子攸一样，都没有演员的自我修养，无法很好适应自己的身份。

元修比起他的前任来说，好的地方在于他知道要摆脱控制，得学会借刀杀人。但是他还是没有意识到，只有将权力掌握在自己手中才能得到真正的自由。

否则，自己借的刀，也可能杀了自己。

元修全力支持宇文泰，准备依靠宇文泰的力量来消灭高欢。宇文泰对此心知肚明，他一边应付着元修，以此来换取更多的好处，一边积极发展自己的势力，谨慎地处理和高欢之间的关系。

公元534年5月，元修下诏讨伐高欢，高欢也同样以清君侧的名义和元修对着干。

当宇文泰得知这个消息的时候，他是犹豫的。他和高欢肯定无法成为朋友，但要说是敌人也未必就到了不得不兵戎相见的分上，一个无权无势的皇帝还不值得宇文泰这么干？但是这也是一个很好的机会。

宇文泰和众将士经过商量，决定一边派兵直接袭击高欢的大本营晋阳，一边派遣了一千骑兵接应元修。

从这个兵力布置就可以看得出来，宇文泰料定了元修必败，他要做的，不过是保住元修的性命，然后给自己一个北魏皇室正统所在的名头而已。

结果元修果然不是高欢的对手，最终仓皇逃到了宇文泰那里，宇文泰和高欢都手握重兵，谁也不想真的拼个你死我活，而天真的元修在投奔宇文泰后不久便被毒死了。

此时的北魏早已经名存实亡了，高欢和宇文泰各自扶持了拓跋氏皇族的皇子皇孙们作为傀儡皇帝，自己则成为实际上的掌权者。高欢在洛阳立清河王世子元善见为帝，是为孝静帝，宇文泰拥立元宝炬为帝，是为文帝，北魏正式分裂成了东魏和西魏。

4

西魏和东魏，都继承了北魏留下来的遗产，而且同处于北方，所以毫无意外地成了宿命之敌。

无论是高欢还是宇文泰，在基本稳定了国内局势之后，都十分想要打败对方，实现北方再次的统一。

当时西魏拥有洛阳以西的肥沃土地，而且宇文泰及其继任者采取了比较温和的休养生息政策，国力在稳步提升。而东魏的底子主要是当初六镇的流民和关东大族，军事实力强悍。

正是出于这种情况，高欢仗着自己的军事力量，屡次进犯西魏。

公元 543 年，高欢领兵十万渡过黄河直取邙山，宇文泰率军迎战结果大败而归，好在东魏军队也损失不小，无力再战。

公元 546 年，高欢再次率军十多万，围攻西魏的重要军事重镇玉璧。结果在并州刺史韦孝宽的坚守之下，高欢想尽了办法都无法攻克，最后因为高欢重病而不得不退兵。

这一次大战对东魏的影响很大，东魏多年积攒的兵力优势也在这一战之后荡然无存。再加上高欢在战后第二年病死，他的儿子高澄又和大将侯景不和，侯景最后同时投靠西魏和梁朝，西魏在这其中也获得了不少好处。

此消彼长之下，西魏和东魏的实力对比发生了变化，原本是东强西弱，现在转变为西强东弱，双方在北方就这么对峙了几十年之久。

不过北魏分裂成东魏和西魏之后，这两个称呼也没能存在太长时间，巧合的是，东魏是在高欢的儿子高洋手中才开始称帝建国，历史上称为北齐；而西魏也是在宇文泰的儿子宇文觉的手中建立了北周政权。

后来的北周和北齐也一直处于对立之中，而且和南朝的政权都有所冲突，但奇怪的是，在这个过程中，并没有出现诸如官渡之战那种脍炙人口的大战，也没有出现诸如周瑜、关羽这样的名将。

三国时代，大家争斗的真实目的自然是为了称王称霸，但是起码还会顾及自己的清誉，还有基本的道德约束。

到了南北朝时期，战争的丑陋性被展示得淋漓尽致，没有了正义与非正义的分别，打来打去不过是为了一己之私利，置百姓于不顾。

隋朝统一：帝国的再造

公元 589 年，隋灭掉了陈国。

时隔数百年的分裂与混战，中国历史再次迎来了统一的王朝。

对于实现统一大业的隋文帝杨坚，历史上的评价却是复杂的。即使到了今天，众多历史爱好者依然争论不休。

唐太宗李世民说他"性至察而心不明""欺孤儿寡妇以得天下"，朱元璋却认为杨坚"有君天下之德而安万世之功者"，近代历史学家吕思勉认为杨坚是一名"贤主"。

是千古一帝？还是无道昏君？他的功过在历史的长河中渐渐模糊。

对于今人来说，这个争论很无谓。但是对于当时的北周和隋朝而言，杨坚是一个振聋发聩的名字。

1

杨坚，自称望族弘农杨氏后代。后人多对此存疑，甚至陈寅恪考证出了杨坚其实是出身寒门，自称弘农杨氏只不过是为了抬高自己。

他的父亲杨忠跟随着宇文泰在关西起义，随着宇文泰权势越来越大并最终控制了西魏，杨忠的地位也随之而提高，官至大司空，被封为随国公。

每一位开国皇帝的出生似乎都要有一些神异的事情发生，《诗经》中记载的后稷是母亲踩到了天帝的脚印而怀孕生出来的；汉高祖刘邦的母亲也梦到和神仙嘿嘿嘿，出生的时候雷电大作，还有蛟龙出现。

就在南北朝时期，刘裕出生时有神光照耀，梁武帝萧衍出生时有异光，北周武帝宇文邕出生时也有神光照室。

作为隋朝的开朝皇帝，统一全国的帝王，杨坚的出生自然也不能在气势上输了，传说杨坚出生的时候有紫气充庭。不仅如此，杨坚长得还很玄乎。

根据《隋书》记载，杨坚额头上有五个突出的包，下巴很长，手掌上的纹路还很像是个王字，并且上身长下身短。

这副模样如果是真的话，即使在今天这个见人就喊帅哥美女的时代，也只能说不敢恭维。但是在那个时候，夸人还要没有底线，这副尊荣却是传说中的龙颜，是帝王的象征。

虽然好奇杨坚出生就是一副帝王之相，为啥还能活着长大，但这似乎不重要。重要的是杨坚长大了，还继承了父亲杨忠的爵位，成了北周的国公。

而且周武帝还聘杨坚的长女杨丽华为皇太子妃，两家人成了亲家，这让杨坚得到了周武帝的信任。

齐王宇文宪和内史王轨都曾经对周武帝建议将杨坚杀掉，理由居然是杨坚长得太奇特了，担心杨坚将来会谋反。但是周武帝宇文邕十分自信，认为皇帝是天命所归。

宇文邕不怕，但是消息传到了杨坚耳中，杨坚却有些心惊胆战。

他心想："我不就是长得奇怪了点，至于这么针对我吗？"

公元 578 年，宇文邕死了，皇太子宇文赟即位，是为周宣帝。他将杨坚的女儿杨丽华封为皇后，这一下子杨坚成了皇帝的岳父。

随着周宣帝皇位逐渐稳固，杨坚的权势也越来越大，两人之间开始出现政见上的不和。

周宣帝当时实行严酷法令，杨坚却多次向周宣帝提出劝诫，认为法令太过严苛对百姓不好，这样一来周宣帝就成了暴政的代表，杨坚却博得了一致的好评。

杨坚赢得了臣民的威望，也终于成了周宣帝的眼中钉。

有一次，周宣帝冲着杨丽华发火，扬言要杀掉杨坚。

他不是说说而已，而是真的付诸行动。一次将杨坚召进宫中，提前埋伏好了刀斧手，只要杨坚表情有所变化就直接将其砍死。

结果杨坚宛若面瘫，毫无表情，得以全身而退。

不过这一次经历，让杨坚彻底知道了自己所处环境的危险，所以他主动提出要远离权力中心，申请调任到藩地去工作。

这个要求正合周宣帝的心意，当即将其任命为亳州总管。

在他看来，只要杨坚离开了朝廷，在朝堂之上不再拥有话语权，那么也就对自己没有了威胁。

这个时候的杨坚，已经有了取代北周自立为王的想法。

但他对局势的估计是清醒的，当庞晃建议起兵时，他理性地表示时机未到。

2

虽然远在亳州，杨坚并没有自暴自弃，而是积极等待着机会。虽然已经远离了朝廷，但是朝堂之上百官之中，皆是他的耳目。

周宣帝是个不争气的皇帝，杨坚一走，他没有了压力，也就越发放纵起来。

他甚至觉得当皇帝还要处理政务，太影响他享受生活了，于是直接将皇位传给了儿子，自己当起了太上皇，整天就在后宫里面鬼混泡妞。

公元 580 年，周宣帝终于把自己玩得奄奄一息了。御正下大夫刘昉、内史上大夫郑译这两个人早就被杨坚收买了，他们伪造了诏书，将杨坚召回辅佐朝政。

杨坚回到朝中之后被任命为丞相，总领百官，朝政大权基本落在了杨坚手中。时机已到，他加快了夺取北周政权的脚步。

首先，之前周宣帝颁布的法令十分严苛，引起百姓普遍的不满。杨坚主持朝政之后，就实行比较宽和的政令，还以身作则提倡节俭，赢得了朝野上下一致的认同。

其次，杨坚将几个最有威胁的藩王召回了长安，变相囚禁起来，防止他们关键时候举兵反对。

相州总管尉迟迥看不过杨坚独揽朝政，举兵反对杨坚，郧州总管司马消难、益州总管王谦也跟着起兵响应，结果被杨坚派兵打败，朝堂之外最大的威胁就这样被一举消灭了。

最后，雍州牧毕王宇文贤以及其他五王也看出了杨坚的野心，准备起兵反抗杨坚，却被杨坚提前发现。宇文贤被直接诛杀。杨坚担心继续诛杀其他五王会引起震动，所以先安抚了一番，在后面几年中先后将五人以谋反的名义杀死。

至此，北周内部杨坚篡权自立的阻碍基本上被清除了。

公元 581 年，杨坚封随王。

二月，北周静帝宣布禅位给杨坚。

杨坚程序化地推辞了三次，这才坐上了皇位。

因为杨坚认为"随"字寓意不好，所以定国号为"隋"，将会在不久后统一全国的隋国正式建立了。

3

杨坚在建立隋国之后，经过一段时期的休养生息和实施了一系列有利于民生发展的措施，隋的国力得到了极大的提升。

当时北方的突厥人已经逐渐发展壮大起来，在北周和北齐对峙的时候，突厥便在两方中间占尽了好处。后来杨坚谋夺北周政权，突厥还趁火打劫，掠夺了边境一部分土地。

北周宇文氏有一位公主嫁到了突厥，在她的大力游说之下，突厥大举进攻隋国。

面对突然进攻，杨坚坚决予以反击。击退后，为了防御突厥再次骚扰边境，他修筑了长城和堡垒，并且采取了一系列外交策略，使得突厥分裂成了东西两部。

最终，兴兵侵略隋国的沙钵略大可汗不得不向隋朝上表称臣。

除了突厥，吐谷浑也在隋国建立之初骚扰边境，隋文帝同样给予了坚决的还击。可以说在解决边境外敌的问题上，杨坚为后世君王做了不错的榜样。

当内部矛盾和外部敌人都解决了，杨坚这才开始谋划毕生的大计，统一全国。

统一全国的第一步，杨坚决定先拿西梁开刀。西梁是当初萧梁的一小支，盘踞在江陵一带，国力微弱，一直都是北朝的附庸。如今杨坚既然决意统一全国，那么完全可以先拿下这个"小目标"。

公元 587 年，杨坚将西梁的国王萧琮召到了长安，然后便派兵占据江陵，西梁至此宣告灭国。

4

灭西梁对杨坚来说只是举手之劳，南方的陈国才是杨坚的心腹大患。

灭陈国，是杨坚完成统一大业最重要的一步。

公元 588 年十月，他任命儿子晋王杨广为尚书令，同时指派清河公杨素作为行军元帅，带领八路大军共五十一万八千人出发。

战线从东海到巴蜀，全面朝着陈国发动进攻。

反观陈国这边，陈后主陈叔宝昏庸无能，许多大臣以为有长江天堑在，就算是百万大军，也不足为惧。

其实早在正式进攻之前，隋军就采取了一系列的准备措施。

隋军采用了尚书左仆射高颎的建议，选择在收获的十月发动进攻，并且在一开始的时候只用小股兵力骚扰，搞得陈国不得不重兵防守而无法从事农业收割。反复几次之后，陈军已经习以为常。

隋军大将贺若弼还卖掉了军队中本来就需要换掉的老马，然后用来换取战船，买来了战船却不使用，而是藏起来，只在江面上摆放了几十艘破旧的小船，让陈军以为隋军没有水兵。

总之，隋军用了各种各样的办法，目的都是让陈军放松警惕。

趁着陈军疏于防备的时机，隋军顺利渡过了长江。

隋军渡江而来的消息传到了陈叔宝的耳中，他这才慌了，开始组织抵抗。

但陈国长期以来疏于军备，哪里敌得过士气正盛的隋军，屡战屡败。陈叔宝见大势已去，只是啼哭，将大权交给了同样没什么本事的施文庆，自己躲起来和爱妃一起逃避现实。

当时陈国还有十几万大军，如果能够任用贤能之人，凭借着陈国水军上的优势，完全可以和隋军抗衡。但是显然，陈国没有这样的机会。

陈国在施文庆的指挥下乱成了一团，很快隋军就攻破建康。

陈叔宝得知隋军攻破建康，知道自己如果被抓到肯定下场凄惨，爱妃也会遭到凌辱，于是带着张丽华和孔贵嫔躲入了枯井之中。

最终，陈叔宝还是没能在枯井中逃过一劫，被抓到了隋军大将韩擒虎的帐前，并被押解回了长安。

陈国境内的其他将士得知陈后主被抓，无心战斗，投降了隋国。

至此，隋灭陈。

隋朝实现了中国南北方的基本统一。

5

隋朝灭掉陈国之后，实行了很多有利于平民百姓的政策。

这些政策很大程度上对于士族来说是一种削弱，所以有许多士族都很反感隋朝的统治，他们在江南、岭南一带聚众造反，甚至还攻击州县。

杨坚对于这种情况绝不姑息，派杨素带领大军前往平叛，一路上势如破竹。岭南地区的少数豪族凭借着山川之势与隋军抗衡，隋军用了几个月的时间，就将这些叛军或是消灭或是安抚，实现了隋朝全境内的和平安宁。

对于整个中国来说，隋文帝统一全国的意义是重大的，他使得经受了数百年分裂的国家得到了统一，也使得饱受战乱的人民有了一个和平的生产生活环境。

虽然隋朝存在的时间并不长，但是正是这一段时间的统一，使得国家统一的念头在每个人心中都扎了根。隋朝建立的许多制度，都为后来的唐朝所承袭，成为中国古代政治经济制度的基础。